Wolfgang Schäuble

Und sie bewegt sich doch

Wolfgang Schäuble

Und sie bewegt sich doch

im
Siedler Verlag

Inhalt

Vorwort   7

Erstes Kapitel
Und sie bewegt sich doch –
Die Überwindung des Status quo   17

Zweites Kapitel
Über den Charme imperfekter Lösungen –
Politik gestalten in der modernen Demokratie   51

Drittes Kapitel
Die Wiederentdeckung der Freiheit –
Pfadfinder für die mündige Bürgergesellschaft   83

Viertes Kapitel
Handeln in die Zukunft –
Unsere Hausaufgaben im globalen Wettbewerb   113

Fünftes Kapitel
Strategien für den Wandel –
Die europäische Antwort   163

Sechstes Kapitel
Modellkasten Europa –
Netzwerke von Subsidiarität und Identität   223

Vorwort

Am 10. Dezember 1997 meldete AP um 0.30 Uhr, daß die »Unterhändler am Dienstag abend nach knapp dreistündigen Gesprächen durch einen von Journalisten nicht mehr bewachten Eingang des Bundeshauses ... verschwanden«. Theo Waigel, Hermann Otto Solms und ich hatten damals in meinem Büro im Gespräch mit Rudolf Scharping, Hans Eichel und Ingrid Matthäus-Maier versucht, die Blockade der SPD-Mehrheit im Bundesrat doch noch zu überwinden und wenigstens zu einem ersten Schritt bei der Steuerreform zu kommen. Daß sich in der gesamtpolitischen Lage das Interesse der Öffentlichkeit natürlich besonders darauf konzentrierte, war allen Beteiligten klar. Doch unter der »Wächterfunktion der Medien« hatten wir bisher etwas anderes verstanden als das Belagern von Hauseingängen.

Die Episode ist symptomatisch für die Bedingungen, unter denen sich Politik im Medienzeitalter vollzieht. Sie steht unter permanenter Beobachtung und damit unter dauerndem Erfolgszwang. Das hat nichts mit dem Herstellen notwendiger demokratischer Transparenz zu tun, sondern es handelt sich um das Umfunktionieren normaler politischer Prozesse in eine Abfolge von scheinwerferbeleuchteten Ereignissen. Gerade bei Verhandlungen über schwierige Fragen, die ein Nachdenken über komplexe Zusammenhänge und diskursives Herantasten an sachgerechte Lösungen erfordern, also meistens zeitaufwendig sind, ist eine künstlich dramatisierte Ereignisöffentlichkeit der erste Schritt zur Negativsaldierung des Geschehens in der öffentlichen Wahrnehmung. Denn melden die beteiligten Politiker nach einem derart aufgeladenen Treffen nicht unmittelbar Vollzug, so gilt das Gespräch als gescheitert, oder die Nachricht lautet, man habe sich ergebnislos vertagt, was sozusagen ein halbes Scheitern ist.

Natürlich ist Politik auf die Medien angewiesen, um Öffentlichkeit für ihre Ziele und Akzeptanz für ihre Entscheidungen zu finden. Da Politik Handeln zum Besten des Allgemeinwohls ist, hat die Allgemeinheit zu Recht ein Interesse an möglichst umfassender Berichterstattung. Aber bekommt sie diese auch? Die moderne Infotainment-Kultur huldigt lieber der fetzigen Überschrift, der flotten Schlagzeile und bestenfalls noch Fünf-Zeilen-Meldungen, in denen die komplizierte Wirklichkeit kaum eine Chance hat, hinreichend dargestellt, geschweige denn erklärt zu werden. Wer als Politiker etwa fünfzehn Sekunden Zeit hat, um in ein vorgehaltenes Mikrofon etwas über die Zukunft des Rentensystems zu sagen, der wird nicht viel mehr tun können, als zu betonen: »Die Rente ist sicher.« Warum das so ist, welche Reformnotwendigkeiten damit verbunden sind, gar welche Alternativen zur Wahl stehen und warum man sich so und nicht anders entscheidet, all das läßt sich in einer Viertelminute nicht unterbringen.

Sind unter derartigen Medienbedingungen überhaupt noch ernsthafte politische Debatten möglich? In einem Land wie Deutschland, in dem es keine besonders entwickelte politische Streitkultur gibt, in dem die Lust am Wettbewerb der Argumente und dem Kräftemessen konzeptioneller Entwürfe nicht unbedingt ein Breitensport ist, macht das Nachrichtenprinzip der zuspitzenden Verkürzung das Verständnis der Menschen für die Komplexität von Sachverhalten jedenfalls nicht größer. Vertrauen in die Problemlösungskompetenz der Politik entsteht nicht punktuell, sondern baut sich durch wiederholte positive Wahrnehmung längerfristig auf. Vertagte Runden, ergebnislose Verhandlungen, Konferenzen ohne Botschaft – ein derart intonierter Nachrichtenkanon ruft zwangsläufig einen Unmutsreflex hervor: Die reden nur und lösen nichts!

Politik gerät so leicht in den Verdacht, sich vor den eigentlichen Fragen zu drücken, nicht ernsthaft genug über schwierige Sachverhalte nachzudenken und den Menschen keinen reinen Wein einzuschenken, sondern Theater zu spielen vor den fernsehgerechten Kulissen Potemkinscher Dörfer. Die symbolische Geste, wie der herzhafte Biß des Landwirtschaftsministers ins heimische Steak oder das kraftvolle Durchschwimmen des wieder sauberen Rheins durch den Umweltminister im Neoprenanzug, ist als Inszenierung eines tatsächlichen politischen Erfolges in Ordnung, darf ihn aber nicht ersetzen. Das Verführerische der heutigen Medienwirklichkeit liegt im umgekehrten Effekt: Die Inszenierung von Politik wird als ihr Erfolg verkauft, die Substanz bleibt dann entbehrlich.

Die Einführung und die rasante Verbreitung des Fernsehens nach dem Krieg und besonders in den sechziger Jahren haben eine Revolutionierung der Öffentlichkeit bedeutet. Heute erleben wir eine immer raschere Vervielfachung und Segmentierung der Möglichkeiten dieses Mediums. Gerade das Fernsehen hat tiefe Spuren in unserer politischen Kultur hinterlassen, die nicht alle positiv sind: Die Personalisierung und Skandalisierung der politischen Berichterstattung, was zu entsprechender Wahrnehmung und Bewertung des politischen Geschehens führt; die Überflutung mit Informationen aus den entlegensten Weltgegenden, die eine Omnipräsenz des TV-Konsumenten erzeugt und damit seine unbegrenzte Verantwortlichkeit suggeriert; die Distanzlosigkeit des Mediums gegenüber der Privatsphäre des einzelnen und des sich in die Öffentlichkeit Begebenden, was oft mit einem Verlust jeglicher Würde einhergeht, sei es passiv als Objekt des Interesses, sei es – und das leider nur zu oft – durch bewußtes Mitspielen. Gerade die Politik wird in ihrem symbiotischen Haßliebe-Verhältnis zu den elektronischen Medien nicht selten ein Opfer ihrer eigenen Eitelkeiten.

Skandalträchtigkeit und Sensationsgeneigtheit bestimmen

häufig die Priorität der Themen, Personen rangieren vor Sach-zusammenhängen. Zahlreiche Untersuchungen haben diese Ursachenketten mit ihren Auswirkungen auf die Wahrneh-mung von Politik in den letzten Jahren intensiver aufgezeigt, als das hier geschehen kann.

Auf der Folie einer sich dramatisch verändernden Welt, im Angesicht von Entwicklungen, die scheinbar nicht zu beein-flussen sind, unter der Knute einer von hyperaktuellen »Ist-Zeit«-Kategorien bestimmten 24-Stunden-Live-Berichter-stattung wird das diskursive Abwägen von Argumenten zum exotischen Sonderfall. Ironischerweise entspricht die Reduk-tion auf das 15-Sekunden-Statement, in den USA treffend *sound-bite* genannt, oder die entsprechende, aus Konkurrenz-gründen dramatisch zugespitzte Verkürzung in der gedruck-ten Schlagzeile exakt dem Beschleunigungsdrall der moder-nen Welt. Die Häppchenkultur hat insofern auch die Politik erreicht. Zwar ist heute jede öffentlich verfügbare Information in Sekundenschnelle abrufbar, doch das für seriöse Mei-nungsbildung unverzichtbare Element des Erklärenden, des argumentativ Entwickelnden, des ruhigen, substantiellen Ab-gleichens der Argumente verflüchtigt sich im hektischen Ge-schäft des Jetzt und Hier.

Der mit alledem verbundene Qualitätsverlust bei der Ver-mittlung von Politik hat Rückwirkungen auf die Qualität von Politik überhaupt. Denn wenn die erste Frage nicht mehr lau-tet, ob ein Gesetz, ob eine bestimmte Reform notwendig ist, sondern ob sie »vermittelbar« sind, liegt darin schon eine Teil-kapitulation vor den Mechanismen der modernen Medien-kommunikation. Im Zweifel findet die Reform dann nicht statt, oder nur so, daß sie nur ja nicht irritiert, was ihren Wert regelmäßig mindern dürfte, weil sie nur noch halbherzig da-herkommt. Politik, die auf Zustimmung der demokratischen Öffentlichkeit angewiesen ist, steht deshalb vor dem Dilemma, sich entweder den Beschleunigungstendenzen in der Bericht-erstattung anzupassen, was zwangsläufig zu Lasten der politischen Inhalte gehen muß, oder mannhaft dagegen zu halten, was notabene öffentliche Zustimmung kostet. Im einen Fall wird Politik seicht, im anderen droht sie ihre Mehrheitsfähigkeit zu verlieren.

Damit hier keine Mißverständnisse aufkommen: Es geht nicht um billige Medienschelte. Erst die massenhafte und unmittelbare Verbreitung politischer Informationen und Meinungen ermöglichte schließlich die Entstehung einer »Öffentlichkeit«, eines gemeinsamen Forums der Meinungsbildung, die allein das Volk zu einem zur Volksherrschaft fähigen Subjekt, zu einem *demos* werden läßt. Diese Beschäftigung mit einer gemeinsamen Agenda für relevant gehaltener Themen konstituiert die politische Nation. Auf öffentliche Meinung ist letztlich, wie David Hume schon im 18. Jahrhundert wußte, jede Regierungsgewalt gegründet. (»It is therefore on opinion only, that government is founded.«) Demokratie ist geradezu die Staatsform der öffentlichen Meinung, wie der Baseler Professor René Rhinow schrieb.

Max Weber hat 1919 in seinem Vortrag »Politik als Beruf« die andere Grunderkenntnis benannt: »Die Politik bedeutet ein starkes, langsames Bohren von harten Brettern mit Leidenschaft und Augenmaß zugleich.« Und er fügte hinzu: »Es ist ja durchaus richtig, und alle geschichtliche Erfahrung bestätigt es, daß man das Mögliche nicht erreichte, wenn nicht immer wieder in der Welt nach dem Unmöglichen gegriffen worden wäre.« Hat diese klassische Beschreibung gestalterischer Politik aber nicht längst ihre Gültigkeit verloren, weil Politiker und Journalisten sich zu blinden Knechten immer schnellerer Entwicklungen machen lassen? Liegt die hohe Kunst des Politischen heute nicht eher in der virtuosen Beherrschung einer Infotainment-Klaviatur statt in der Mühsal des Bretterbohrens? Gibt es unter solchen Umständen überhaupt noch jene kritisch prüfende Öffentlichkeit, welche die politische Nation zu konstituieren vermag?

Ich glaube ja. Regieren im Zeitalter der Globalisierung muß

das Kunststück fertigbringen, auf das Tempo der Veränderungen zu reagieren, aber nicht in die Beschleunigungsfalle zu tappen. Da es illusorisch wäre, die Gesetze der Medienbranche ändern zu wollen, muß man mit ihnen klug umgehen und sich die Fähigkeit zur Distanz bewahren. Politik darf deshalb nicht der Kurzatmigkeit verfallen, darf nicht die täglich neue Schlagzeile liefern wollen oder sie sich abpressen lassen, sondern muß sich – im Sinne eines Elements der Verlangsamung – immer wieder der roten Fäden ihres langfristig angelegten Handelns vergewissern und diese auch deutlich machen. Stetigkeit in der Politik erfordert das Wissen um Ziele: Wohin wollen wir, und wie kommen wir dorthin? Welche Möglichkeiten sind der Politik gegeben, wo liegen ihre Grenzen? Welche Mosaiksteine müssen nach welchem Muster den Rahmen füllen, damit ein Bild der Zukunft und ihrer Chancen daraus wird?

Dieses Buch ist aus solchen Fragen entstanden. Es versucht, Antworten zu geben, Richtungen zu weisen in das neue Jahrhundert. Es geht um politische Leitlinien für die Reform von Wirtschaft und Gesellschaft. Es geht um Strategien für den Wandel, um die Frage, wie viele und welche Veränderungen der weltweit schärfer gewordene Wettbewerb von uns erzwingt, aber auch darum, ob wir umgekehrt globale Entwicklungen beeinflussen, ja sogar steuern können, wenn wir dafür die nötigen Voraussetzungen schaffen. So vielschichtig die Probleme sind, die es dabei zu bedenken gilt, so regelmäßig stößt man auf eine immer wiederkehrende Erkenntnis: Es gibt nicht das Patentrezept, nicht die perfekte Lösung. Auf viele Fragen, die die Menschen bedrängen – Arbeitslosigkeit, soziale Gerechtigkeit, Kriminalität, Zuwanderung, Umweltschäden –, gibt es keine endgültigen Antworten, wohl aber lassen sich Prinzipien entwickeln, die in ihrer Summe ein Ordnungsmuster ergeben, mit dem die Herausforderungen bewältigt werden können. Eines davon ist die Wiederentdeckung der Freiheit, die Wiedereinsetzung des Menschen in seine Mündigkeit.

Die Gesellschaft, die noch vor wenigen Jahren so erstarrt, so bewegungsunfähig erschien, löst sich aus den Fesseln der Bequemlichkeit. Sie ist heute reformbereit, vorausgesetzt, sie sieht Notwendigkeit, Sinn und Zweck ein. Hier schließt sich der Kreis zu Max Weber einerseits und dem öffentlichen Diskurs andererseits. Reformen sind gemeinhin Unternehmungen, die dem Bohren der dicken Bretter entsprechen, die langsam, aber beharrlich vorangetrieben werden müssen und selten – sofern es sich nicht um die Verteilung von Wohltaten handelt – auf ungeteilte Zustimmung in der Öffentlichkeit stoßen. Sie wird um so schwerer zu erringen sein, je verkürzter über Inhalte und Zweck berichtet wird, je eher der große Zusammenhang im Streit ums nebensächliche Detail untergeht und sich die Sinnhaftigkeit hinter einer dichten Nebelwand von inszenierter Vordergründigkeit verbirgt.

Fortbewegung, jeder Segler weiß das, ist aber auch gegen den Wind möglich. Es ist zwar komplizierter, als einfach mit dem Wind zu segeln – und man muß die Regeln kennen, wie die Segel zu setzen sind –, aber es geht. Jedoch darf man eines nicht verkennen, was auch jeder Segler weiß: Wenden und Halsen zum Ankreuzen gegen den Wind kann man nur dann, wenn Grundvoraussetzungen erfüllt sind. Die Griechen mußten noch – wie wir aus der Odyssee wissen, oft jahrelang – auf günstige Winde warten, die die Heimkehr ermöglichten, denn sie hatten die Erfindung noch nicht gemacht, die das Kreuzen gegen den Wind erst ermöglicht: den Kiel unter dem Boot.

Was beim Segelboot der Kiel ist, sind für die Politik in der Kommunikationsgesellschaft politische Führungskraft und der seriöse Austausch der Argumente, das ruhige Abwägen von Für und Wider, der Streit um die Sache. Nur wenn es darüber einen gesellschaftlichen Grundkonsens gibt, sind ernsthafte politische Debatten auch in einer Zeit möglich, in der die Medien mit »real time information« die Bugwelle der Beschleunigung bilden. Ich will nicht ausschließen, daß die Medienrevolution in Zukunft auch deutlich positive Entwicklungen für die Politik und den politischen Diskurs bereithält und möglich macht. Manches in der direkten Kommunikation zwischen Abgeordneten und den Bürgern, die sie vertreten, deutet darauf hin. So ist es ermutigend zu sehen, in welch hoher Zahl Bürgerinnen und Bürger zum Beispiel Texte von der Homepage der Unionsfraktion im Deutschen Bundestag herunterladen, um sich direkt und umfassend zu informieren. Auch die zum großen Teil sehr substantiellen Kommentare, die wir auf dem herkömmlichen, aber eben zunehmend auch auf dem Weg der elektronischen Post dazu bekommen, stimmen mich zuversichtlich.

Auch das Fernsehen könnte in diesem Sinne in Zukunft deutlich stärker, als es das gegenwärtig ist, ein interaktives Medium werden, nicht nur im Hinblick auf *Video on demand* oder TV-Shopping, sondern eben auch für den ernsthaften politischen Diskurs. Wer den Thesen des an der New Yorker Columbia University lehrenden Spezialisten Eli M. Noam folgt, der mag im Cyber-TV, wie er die von ihm postulierte »Dritte Fernsehrevolution« nennt, Chancen erkennen, selbst das Fernsehen in ein Mittel zur interaktiven Kommunikation zu verwandeln. Aus einigen Gemeinden und Regionen Amerikas wird sogar von interessanten Beispielen der »electronic democracy« berichtet, die sich auf die neuen Medien, insbesondere auf das Internet stützen. Allerdings sollte man Vorsicht walten lassen, weil das in Deutschland bewährte Prinzip der repräsentativen Demokratie nur bedingt kompatibel ist mit solchen elektronischen Bürgerbeteiligungsmodellen.

»Das Bewußtsein ist genial, weil es weiß, was wichtig ist«, schreibt der dänische Autor Tor Nörretranders. Nicht die Vielzahl der Informationen, sondern die Urteilskraft, zu erkennen, was wichtig ist, dies zu bewerten und daraus die richtigen Handlungsimpulse zu ziehen, ist die zentrale Fähigkeit des Menschen und Bürgers in der demokratischen Gesellschaft. Auswahl und Vertiefung, Rückbezug und kritische Überprüfung, diese gilt es zu stärken, und insoweit ist das Lesen und das zur Konzentration und Reflexion einladende Buch ein unverzichtbarer Verbündeter. Ich habe jedenfalls die Hoffnung, daß auch im Zeitalter von Cyber-TV, Datenautobahnen und Infotainment Zeit sowohl zum Bohren dicker Bretter als auch zum Bücherlesen bleibt und es wenigstens mitunter kleine Zeitfenster gibt, in denen die Show und die Sensationslust zurückstehen, damit wir im Interesse der Sache auch in den Massenmedien komplexe politische Sachverhalte in der ihnen angemessenen Weise diskutieren können.

Walter Bajohr, Dirk Rumberg und Peter Siebenmorgen haben mich wieder erst zu dem Projekt überredet und dann unermüdlich bei der Verwirklichung geholfen. Ohne ihre Kompetenz und ihren Einsatz hätte ich es nicht geschafft, und dafür bin ich dankbar.

Wenn sich daraus ein Anstoß für eine inhaltsbezogene Debatte über die Zukunft unseres Landes ergibt, hat sich unsere Anstrengung gelohnt.

Gengenbach/Bonn, im Mai 1998   *Wolfgang Schäuble*

Erstes Kapitel

Und sie bewegt sich doch –
Die Überwindung des Status quo

Und sie bewegt sich doch, möchte man mit Galileo Galilei ausrufen. Daß die Erde nicht stillsteht, weiß die Menschheit nun seit bald einem halben Jahrtausend, daß die Welt um uns herum aus den Fugen zu geraten scheint, ist jedem spätestens seit 1989 klar. Daß aber Bewegung in Politik, Gesellschaft und sogar in die Apparate der Bürokratie hineinkommt: Das haben viele schon nicht mehr für möglich gehalten.

Verliebt in den Status quo seien die Deutschen, so mußte die Diagnose noch vor ein paar Jahren lauten. Wo man auch hinschaute, überall waren gewaltige Kräfte der Beharrung am Werk, die Zukunftsfähigkeit Deutschlands drohte an Besitzstandsdenken allerorten zu scheitern. Diese Zeiten sind vorbei. Vieles hat sich geändert – in die richtige Richtung.

Sowohl die Ergebnisse dieser Veränderungen als auch die sprichwörtlich über Nacht gekommene Bereitschaft, ehedem Abgelehntes nunmehr zu akzeptieren, sollten uns ermutigen. Erinnert sich noch jemand an die hochgradig emotionalisierte Diskussion über neue Aufgaben für die Bundeswehr? Die Skepsis gegen die Teilnahme unserer Streitkräfte an friedenserhaltenden, friedenssichernden, auch an humanitären Aufträgen der internationalen Gemeinschaft war übermäßig, was eingedenk unserer Vergangenheit ja auch nicht unverständlich war. Nachdem aber das Bundesverfassungsgericht dem lange schon von der Unionsfraktion im Deutschen Bundestag vertretenen Standpunkt, daß solche Einsätze vom Grundgesetz gedeckt seien, beipflichtete, war die Diskussion von einem Tag auf den anderen verstummt.

Die deutsche Mitwirkung am Friedensprozeß im ehemaligen Jugoslawien wird heute allgemein mit großer Selbstverständlichkeit begrüßt. Mit der Einführung des Euro wird es genauso gehen. Die Angst vor dem Verlust der D-Mark ist groß, und ihr ist nur sehr unzureichend mit Argumenten der Vernunft allein beizukommen. Das ist gerade das Wesensmerkmal einer jeden Angst. Wenn aber der Übergang erst einmal vollzogen ist, werden alle staunen, wie man nur glauben konnte, eine Währung minderer Stabilität zu erhalten. Die Preisschilder werden in den Supermarktregalen gewechselt, wie vor einigen Jahren die Postleitzahlen umgestellt wurden, und wenn die Menschen merken, daß sie auch mit dem neuen Geld einkaufen können wie zuvor, werden sie ebenso erstaunt über ihre vormalige Abwehrhaltung sein, wie sie es heute eingedenk der Ablehnung neuer Postleitzahlen sind. Man mag einwenden, daß dieses Beispiel ein wenig verharmlosend klingt, und in der Tat ist natürlich nicht zu bestreiten, daß die Umstellung von einer bewährten Währung zu einer neuen, mit der es naturgemäß keinerlei Erfahrung gibt, etwas ganz anderes ist. Der Mechanismus der Angst vor dem Kommenden ist indes der gleiche. Nicht anders war es mit den Ängsten vor der Volkszählung oder der Stationierung von Mittelstreckenraketen in den achtziger Jahren. Die pessimistischen und Hysterie schürenden Einlassungen in der öffentlichen Diskussion fanden mehr Gehör; die Angst vor dem Kommenden richtete sich in den Schreckensgemälden des Orwellschen Überwachungsstaates und eines kommenden Atomkriegs in Europa ein. Nach dem Vollzug gegen allen Widerstand waren die Ängste jedoch schnell verflogen, und es zeigte sich, daß die im Streit zu kurz gekommenen Argumente der praktischen Vernunft sich bewahrheiteten. Alles spricht dafür, daß wir mit dem Euro eine ähnliche Erfahrung machen werden, wenn die Politik an ihrem Handlungs-, Führungs- und damit praktischen Orientierungsauftrag gegen alle populistischen Versuchungen festhält.

Stillstand in Deutschland? Davon kann wirklich keine Rede sein, wenn man die vergangenen Jahre vor dem geistigen Auge Revue passieren läßt. Gewiß fehlt mancher Veränderung der Glanz der großen politischen Inszenierung. Und wahr ist auch, daß wir noch im Aufbruch begriffen sind, erst am Anfang stehen, das Ende der Etappe noch nicht erreicht haben. Ja, zuweilen haben wir dieses auch noch nicht in aller Schärfe im Blick. Allzu wenig freilich, darauf wird noch zurückzukommen sein, kann es jedenfalls nicht sein. Denn die einzige konkrete Forderung der SPD im Wahlkampf ist es ja, die durchgesetzten Reformen wieder rückgängig zu machen.

Aber auch sonst hat sich schon viel in die richtige Richtung bewegt. Die deutsche Wirtschaft ist wieder wettbewerbsfähiger geworden – gerade in Sektoren, die unter einem besonders harten internationalen Konkurrenzdruck stehen. Das Paradebeispiel hierfür ist die Renaissance der Automobilindustrie. Wir haben uns gegen die Billigkonkurrenz aus Asien behaupten können, und anders als in den Vereinigten Staaten, wo die Wiederbelebung der Automobilproduktion nur durch drastische Personaleinsparungen und signifikante Reallohneinschnitte möglich wurde, haben wir gezeigt, daß die Zukunftssicherung des Wirtschaftsstandortes Deutschland nichts mit dem düster an die Wand gemalten Schreckensszenario eines »Downsizing«, eines Abstiegs, zu tun hat. In anderen, besonders zukunftsträchtigen Bereichen, etwa allem, was mit Gen-Technik zu tun hat, hat sich Deutschland in den vergangenen vier Jahren von einem der weltweit unattraktivsten Standorte zur größten Wachstumsregion in Europa entwickelt. Vernünftig angelegte, auch in langen Fristen denkende und handelnde Politik, die sich einerseits energisch gegen die von manchen Seiten gewünschte ethische Bedenkenlosigkeit behauptet hat, die aber zugleich durch eine konsequente Forschungs- und Ansiedlungspolitik Investitionskapital nach Deutschland zurückgeholt hat, beweist ihre Richtigkeit letztlich durch ihre Erfolge. Daraus entstehen Modelle für die Zukunft.

Nicht weniger ermutigend sind die nach einer Durststrecke nun Jahr um Jahr wieder neue Rekorde aufstellenden Patentanmeldungen in Deutschland. Und das ist nicht nur den vielen Bastlern und Tüftlern im Lande zu verdanken, sondern auch den vielen Pionieren der Kreativität und Innovation, die zukunftsrelevante Erfindungen für den Wirtschafts- und Produktionsstandort Deutschland bereitstellen. In einem Land, das arm an Rohstoff und teuer in der Produktion ist, wird es in Zukunft mehr denn je darauf ankommen, bessere Produkte und intelligentere Lösungen als unsere Konkurrenten auf dem Weltmarkt anzubieten, wenn wir unser hohes Wohlstandsniveau halten und wieder mehr Menschen daran teilhaben lassen wollen. Daß die OECD der deutschen Volkswirtschaft sehr günstige, ermutigende Wachstumsleistungen und -perspektiven bescheinigt und unsere Standortpolitik lobt, ist einstweilen nur ein schwacher Trost für die vielen Millionen Menschen, die auf Arbeitssuche sind. Aber es stimmt hoffnungsvoll, daß die Dynamik sich jetzt immer stärker entfaltet, daß Konjunkturbelebung nicht mehr völlig durch Rationalisierungsmaßnahmen und die Erhöhung der Produktivität aufgefressen wird, sondern erstmals wieder deutliche Beschäftigungseffekte zeitigt.

Ob Stillstand oder Bewegung festzustellen ist, hängt wohl auch vom Standpunkt des Betrachters ab. Eine Veränderung freilich, die wichtigste zumal, dürfte kaum bestreitbar sein: Die Einsicht, daß sich vieles ändern muß, damit alles im Guten bleibt, hat mittlerweile weit Raum gegriffen. Das Bewußtsein für die Notwendigkeit umfassender Reformen ist in der Bevölkerung tiefer ausgeprägt als in einigen Teilen unserer politischen Meinungsführer und Macher. Wenn heute allenthalben ein Reformstau beklagt wird, so sollte man ein paar Jahre zurückschauen, als das Gegenteil zu konstatieren war: Nichts dürfe sich verändern, alles solle beim alten bleiben, so war doch noch bis vor kurzem die vorherrschende Stimmung. Der Kontrast könnte kaum größer sein. Heute muß Reformpolitik nicht mehr so sehr gegen allgemeine Widerstände ankämpfen, sondern kann sich des Rückenwinds einer großen Mehrheit der Bevölkerung und gesellschaftlicher Gruppen versichern. Es stimmt, daß manches von dem, was in den vergangenen vier Jahren auf den Weg gebracht wurde, einstweilen im Unfertigen verblieben ist. Daß zum Beispiel die große Steuerreform, vom Bundestag im Juni 1997 verabschiedet, bislang nicht durchgesetzt werden konnte, weil der Bundesrat mit seiner SPD-Mehrheit jede Zustimmung verweigert, ist ein Ärgernis erster Ordnung. Aber der Einsatz für den großen Wurf hat sich dennoch gelohnt: Er wird jetzt möglich, da das Bewußtsein für die Richtigkeit des Ansatzes – Entlastung, Vereinfachung, Sicherung des Wirtschaftsstandortes – gewachsen ist.

Nicht der Wettbewerb um Bewahrung und Zementierung des Status quo, sondern der um die besseren, zukunftssichernden Reformen ist das entscheidende Spielfeld der politischen Auseinandersetzung geworden. Die Debatte wird zeigen, ob es alle wirklich ernst meinen, wenn sie von »Modernisierung« reden. Aber allein die Tatsache, daß die Begriffe »Modernisierung« und »Reform« die von allen politischen Kräften reklamierten Zukunftsformeln geworden sind, zeigt, daß die meisten Deutschen jetzt bereit sind, sich zu ändern, daß sie den Anforderungen der Zukunft aufgeschlossener gegenüberstehen als noch vor ein paar Jahren. Es gibt demnach keine Veranlassung, resigniert die verpaßten Gelegenheiten zu beklagen, so ärgerlich und auch schädlich für das ganze Land die Verzögerung des Notwendigen ist. Der Grundgedanke des Reformbedarfs ist heute unbestritten. Das ist das Entscheidende.

»Eine Regierung muß danach beurteilt werden«, so hat es John Stuart Mill in den »Considerations on Representative Government« klassisch formuliert, »was sie mit dem Volk macht. Auch danach, was sie aus dem Volk macht, ob das Volk besser oder schlechter wird unter ihrer Leitung und ihrem Einfluß«. Der enorme Lernerfolg der vergangenen Jahre, die gewachsene Einsicht in die Notwendigkeit von Maßhalten, von umfassenden Modernisierungsreformen in Wirtschaft und Gesellschaft, die Wiederentdeckung der Freiheit gegenüber der Sehnsucht nach Betreuung, all dies sind im Sinne Mills große Erfolge der vergangenen Jahre. Gerade in dem Verdruß darüber, daß die Politik den Erfordernissen der Zeit hinterherhinkt, zeigt sich die Nachhaltigkeit unseres Reformansatzes.

Dies alles kann natürlich kein Anlaß zur Selbstzufriedenheit sein, weil eben in weiten Stücken erst das Bewußtsein, aber noch nicht das Handeln auf der Höhe der Zeit angelangt ist. Reformpolitik in Deutschland freilich hat nunmehr einen starken, den stärksten Bundesgenossen, den man sich wünschen kann: das Volk.

Natürlich findet niemand Freude am Verzicht. Und der Gürtel ist noch nicht dadurch enger geschnallt, daß man eben dieses postuliert. Hat sich aber erst einmal herumgesprochen, daß es keinen bequemen Weg gibt, so sind die Menschen durchaus zur Einschränkung, zum Maßhalten bereit. Das Beispiel der Lohnfortzahlung im Krankheitsfall zeigt dies. Während die Gewerkschaften immer noch versuchen, diesen sogenannten »sozialen Besitzstand« mit Zähnen und Klauen zu verteidigen, und die Durchsetzung von Karenztagen sich als ungemein schwierig erweist, ist der Krankenstand in den Betrieben auch ohne staatlichen oder tarifvertraglichen Zwang gesunken. Nicht, daß die Deutschen über Nacht im Durchschnitt gesünder geworden wären, ist hierfür der Grund, wobei die Frage, wieviel Fehlzeiten bis dato tatsächlich durch Krankheit verursacht worden sind, zwar reizvoll, aber statistisch kaum zu beantworten ist. Maßgeblich für die Trendumkehr war wohl die Sorge um den Arbeitsplatz, die der abstrakten Erkenntnis, daß die deutsche Wirtschaft unter zu hohen Arbeitskosten leidet, eine konkrete Gestalt gegeben hat. Aber diese Erkenntnis, darauf deuten alle verfügbaren Indikatoren hin, ist nicht zuletzt dadurch geschärft worden, daß erstmals durch die heftige öffentliche Diskussion um die gesetzliche Änderung der Lohnfortzahlung für viele der Zusammenhang zwischen voll bezahlten Fehlzeiten und Arbeitskosten erst verständlich und als Risikofaktor für die Sicherheit des Arbeitsplatzes begreifbar wurde.

Lenin würde sich die Augen reiben: Nicht eine Partei ist die Avantgarde der Gesellschaft, sondern die Gesellschaft macht ihren Eliten Beine. Die ungewöhnlich große und positive Resonanz auf die Adlon-Rede des Bundespräsidenten ist dafür ein ermutigendes Beispiel. Während sich viele der angesprochenen Entscheidungsträger in Politik, Wirtschaft und Verbänden pflichtschuldigst in Beifall übten, die Konsequenzen aber lieber den anderen überlassen wollen, trafen Roman Herzogs mahnende Worte exakt den Nerv des größten Teils unserer aufbruchbereiten Bevölkerung.

Die Menschen haben tatsächlich ein waches Gespür dafür entwickelt, daß wir inmitten einer Entwicklung stehen, deren Ergebnis wir noch nicht mit hinreichender Sicherheit vorhersagen können. Die Misere auf dem Arbeitsmarkt ist hierfür das sinnfälligste, auch schwerwiegendste Indiz, bei weitem jedoch nicht das einzige. Schon immer war es die vornehmste Aufgabe verantwortungsbewußter Politik, sich die allgemeinen Dinge angelegen sein zu lassen. Politik ist Werk der Gemeinschaft an der Gemeinschaft. Was der einzelne nicht alleine schaffen kann, muß die Gemeinschaft leisten; was die kleinen Gemeinschaften, auch im Zusammenschluß, nicht schultern können, ist Aufgabe der Politik.

Heute hat es für viele Menschen den Anschein, als versage die Politik vor dieser Herausforderung. Der Staat und seine Institutionen: ein gefesselter Gulliver, der hilflos und handlungsunfähig die Schultern zuckt, wo sich doch schicksalhaft der Menschen Lebensbedingungen verändern? Zur Ungewißheit, wie es weitergehen könnte, gesellt sich Unzufriedenheit, mischt sich Ungeduld. So türmen sich einerseits die

Erwartungen an die Politik immer höher, andererseits wächst der Verdruß an ihr, von der sich jeder Rettung erhofft, aber immer weniger sich wirklich etwas versprechen. »Die Wähler erwarten von den Gewählten alles und halten von ihnen nichts«, stand über einem Aufsatz von Gerhard E. Gründler in der Tageszeitung »Die Welt«. Wozu noch diese Parteien, wozu noch diesen Staat, wozu, so könnte es schließlich heißen, noch Demokratie, wenn die Politik die Menschen doch mit ihren Problemen, mit ihren Sorgen, Ängsten und Nöten alleine läßt?

Zum Glück ist es so weit noch nicht, aber die mahnenden Zeichen einer weitreichenden Skepsis mehren sich, vor allem im Osten Deutschlands. Das liegt auch an der doppelten Erfahrung, daß einerseits der Wechsel von einem totalitären System zu einer freiheitlichen Ordnung quasi über Nacht, jedenfalls mit enorm hohem Tempo vollzogen wurde, daß andererseits aber die Wende zum Aufschwung und zur Bürgergesellschaft sich nur in stockenden, hinter den Erwartungen zurückbleibenden Schüben vollzieht. Die Menschen in den neuen Bundesländern haben den »Goldenen Westen« nach der Wende von 1989/90 zu oft von seinen unerfreulichen Seiten kennengelernt. So nimmt es nicht wunder, daß ihr Vertrauen auf eine automatisch besser werdende Zukunft, wenn alles nur nach den Regeln der alten Bundesrepublik läuft, doch eher verhalten ist. In einer solchen Gemütslage stoßen die Verkünder scheinbar einfacher, in Wahrheit verlogener Lösungen auf offene Ohren. Der für manche überraschende Erfolg der rechtsextremen DVU bei den Landtagswahlen in Sachsen-Anhalt findet darin seine Erklärung.

Erst wenn man sich diese Tiefendimension der Wahrnehmung – vor allem in den neuen Ländern – vergegenwärtigt, aus der die Menschen ja ihre Schlüsse ziehen, wird klar, was wirklich auf dem Spiel steht. Es geht nicht nur um Arbeitsplätze und soziale Sicherheit; heute geht es auch nicht mehr bloß um die Zukunft dieser oder jener Partei. Von unser aller

Fähigkeit, die vor uns liegenden Probleme zu meistern, hängt im letzten auch die Überlebensfähigkeit der freiheitlich-liberalen Demokratie ab.

Von dem bedeutenden Nationalökonomen Mancur Olson stammt die These, daß reife, stabile Gesellschaften von Zeit zu Zeit Erschütterungen von außen oder Revolutionen im Inneren brauchen, um ihre Dynamik zu erhalten. Andernfalls würde ein immer dichter werdendes Netz sozialer Beziehungen zwischen Staat, Wirtschaft, Verbänden und Gewerkschaften den Wettbewerb lahmlegen, damit zu Stagnation und schließlich zum Niedergang von Wirtschaft und Gesellschaft führen. Ich bin kein Anhänger solcher Theorien, weil sie das zynische Kalkül befördern, es müsse nur alles schlechter werden, damit es wieder besser werden kann. Ich bin vielmehr der festen Überzeugung, daß die freiheitliche Gesellschaft des Westens aus eigenem innerem Antrieb die notwendige Kraft aufbringen kann und aufbringen wird, sich zunächst einmal aufbauende Widerstände gegen notwendige Veränderungen rechtzeitig zu überwinden, bevor sich die Dinge krisenhaft zuspitzen. Aber dafür braucht es den Mut nicht nur der Führungseliten, auch unbequeme Wege einzuschlagen, die beharrliche Geduld, mit kleinen Schritten voranzukommen, die Gelassenheit, mit unperfekten Lösungen leben zu können.

Allerdings werden wir nicht weiter kommen, wenn wir uns nicht von Anbeginn ehrlich Rechenschaft darüber ablegen, was vernünftigerweise von der Politik erwartet werden darf. Dies ist besonders schwierig in Zeiten des Wandels, die immer auch eine Stimmung des Ressentiments, die Empfänglichkeit für Populismus und scheinbar einfache Lösungen begünstigen. Die immer oberflächlicher werdende Art, in der unsere Medien die Wirklichkeit widerspiegeln und teilweise damit sogar auch neue Wirklichkeit produzieren, führt leicht in die Versuchung, es mit einer Politik des billigen Jakob zu versuchen. Doch unterschätzen wir die Bürger nicht! Natürlich hoffen sie, wie jeder Mensch in einer schwierigen Situation, daß es doch vielleicht noch einen einfachen, einen bequemen Weg in die Zukunft geben könnte; aber insgeheim wissen sie doch, daß es der unbequemere Weg sein wird, der sie dem Ziel am nächsten bringt.

»Man kann niemanden überzeugen, der im tiefsten nicht schon überzeugt ist«, so hat es Joseph Schumpeter einmal formuliert. Die Anzeichen dafür, daß die Bürger unseres Landes im tiefsten ihres Inneren bereits überzeugt sind, kann man heute nicht mehr übersehen. Überzeugungsarbeit für den richtigen Zukunftskurs muß also damit beginnen, die Überzeugung aus dem Innersten in den handlungsbestimmenden Vordergrund zu heben. So wird es auch möglich, auf mehr Eigenverantwortung und Selbstbestimmung zu setzen und der weitverbreiteten Unart abzuhelfen, bei allen Problemen zuerst mit den Fingern auf die Politik zu zeigen, diesem pawlowschen Reflex, daß für alles und jedes Bonn verantwortlich, immer die Regierung gefordert sei.

Wenn es mit den richtigen Wegen und Lösungen einfach wäre, hätten wir wahrscheinlich ein paar unserer Probleme längst nicht mehr. Aber noch nie konnte Politik die Schwerkraft aufheben. Auch die Grundrechenarten lassen sich per Dekret nicht umstürzen. Unwetter und Flutkatastrophen sind mit Gesetzen nicht wirksam zu verbieten. Selbst die zu beklagende demographische Entwicklung kann nicht mittels einer Abstimmung geändert werden, denn weder die Tatsache, daß die Menschen heute älter als früher werden, noch der Rückgang der Geburtenzahlen hat seine Ursache in dieser oder jener politischen Mehrheit.

Wem das zu banal ist, dem sei hinzugefügt, daß auch die Grundbedingungen wirtschaftlichen Lebens nur sehr bedingt dem Einfluß der Politik unterwerfbar sind. Politik allein schafft keinen Arbeitsplatz, da stehen Unternehmer und Gewerkschaften weit stärker in der unmittelbaren Verantwortung. Daß Kapital sich stets die günstigsten Verzinsungskonditionen sucht, ist eine jener Grundgesetzlichkeiten, die zu ignorieren

Wirklichkeitsflucht wäre. Jeder, der ein Sparbuch besitzt oder sein kleines Vermögen anlegen möchte, weiß um diese Gegebenheit. Ein Unternehmer rechnet nicht anders, er will sein Kapital möglichst gewinnbringend arbeiten lassen. Oft genug ist dabei Deutschland nicht der interessanteste Standort, und so kommt es, daß er seine Kapitalverzinsung durch die Auswahl kostengünstiger Produktionsfaktoren, wozu die Arbeit und deren Preis zählen, zu optimieren versucht.

Darüber zu klagen nutzt nicht viel, und mit Überschriften à la »Wege aus der Globalisierungsfalle« ist uns wenig gedient. Wichtiger ist es, über die Konsequenzen, die zu ziehen sind, nachzudenken; auch laut nachzudenken, denn man sollte nie auf den Einfallsreichtum möglichst vieler verzichten. Wir sollten uns dabei auch der weit verbreiteten Angewohnheit unserer Bedenkenträger und Besitzstandsverteidiger widersetzen, diejenigen, die ein Problem benennen, ohne schon perfekte Lösungen bereitzuhalten, gleich des Hochverrats zu verdächtigen.

Mit Nach-, Vor- und Querdenken allein ist es jedoch nicht getan. Das Nachdenken muß auch zu Ergebnissen führen, zu möglichst realitätstüchtigen Ergebnissen. Die Welt als Wille und Vorstellung – das befriedigt vielleicht Intellektuelle oder manchen Wahlkämpfer, als Rezept für verantwortliche Politik taugt es nicht. So umfassend darf die Analyse nicht werden, daß kein konkreter Schluß mehr daraus gezogen werden kann. Und die Wünschbarkeit des ganz großen Reformansatzes entbindet nicht von der Realisierbarkeit des nächsten Schrittes. Also brauchen wir beides: kreatives Nachdenken, tabufreies Suchen nach Lösungen für neue Probleme einerseits und realitätsbezogenes Handeln andererseits.

Innovation geht alle an

An der Schwelle zum 21. Jahrhundert stehen wir vor der Situation, daß unsere Zukunftsfähigkeit und das ökonomische Fundament unseres Staatswesens gefährdet sind, weil unsere Wettbewerbsfähigkeit im Zuge der Globalisierung gelitten hat. Die Industriestaaten Westeuropas müssen zwangsläufig alles daransetzen, in dieser Konkurrenz wieder Boden gutzumachen. Ein Ansatzpunkt hierfür sind die Kosten der Arbeit, die bei uns zu hoch sind. Ob dies freilich der allein entscheidende Punkt ist, kann bezweifelt werden. Um mit einem Randbeispiel zu beginnen, das immerhin für Großbetriebe gilt: Häufig wird darüber geklagt, daß Arbeit hierzulande zu teuer sei, unter anderem auch aufgrund der hohen Lohnnebenkosten. Das ist im Grundsatz richtig. Aber man sollte auch nicht verschweigen, daß eine Vielzahl von großen Unternehmen freiwillige – also weder vom Gesetz vorgeschriebene noch durch Tarifverträge verpflichtend festgelegte – betriebliche Sozialleistungen ausschütten. Bei einem der größten Versicherungskonzerne Deutschlands beispielsweise liegt die Summe derartiger Ausschüttungen an seine Mitarbeiter in der Größenordnung eines Jahresgewinns.

Das Kostenargument ist damit nicht vom Tisch, sondern nur relativiert. Große Teile der mittelständischen Wirtschaft, in Produktion wie Dienstleistung, sind in der Tat von den hohen Lohnkosten, den direkten wie den indirekten, bedroht. Aber bei der Suche nach einer wirksamen Strategie für mehr Beschäftigung ist die Neujustierung der Arbeitskosten nur ein Element – und keineswegs das allein entscheidende, wenn Wende und Aufschwung von Dauer, also zukunftsorientiert sein sollen.

Die stürmischen Veränderungen in Zeiten der Globalisierung sind viel umfassender und fundamentaler, als daß sie durch das vergleichsweise einfache und wenig Einfallsreichtum erfordernde Drehen an der Kostenschraube bereits gemeistert werden könnten. Wer behauptet, es gäbe einfache und zudem noch schnell greifende Lösungen, verkennt den Kern des Problems. Wahr ist, daß wir uns im Vergleich zu anderen Volkswirtschaften für die geleistete Arbeit mehr Wohlstand leisten als unsere Konkurrenten. Das wird auf Dauer nicht ohne weiteres gutgehen können. Wollen wir das erreichte Wohlstandsniveau halten oder sogar noch steigern, müssen wir auch in der Arbeit besser sein. Mit einer weiteren Erhöhung der Produktivität – hier liegt Deutschland ohnedies schon in der internationalen Spitzengruppe – ist es allein nicht getan. Im Grunde können wir unsere Wettbewerbsfähigkeit im internationalen Rahmen nur behaupten, wenn wir innovationsfreudiger sind als andere.

Dieser Weg ist dornig, gewiß – aber ermutigend zugleich. Es ist, um es etwas zugespitzter auszudrücken, der Weg der permanenten innovatorischen Revolution. Denn Strukturwandel, vor allem, wenn er international hervorgerufen wird, bedeutet immer einen Prozeß des Aufholens und Vorwärtsdrängens in neue Tätigkeitsfelder. Das ist übrigens nicht einmal etwas Neues, das hat es auch schon zu Zeiten Ludwig Erhards gegeben. Schätzungen zufolge waren in Deutschland 1958 etwa die Hälfte der Arbeitsplätze verschwunden, die es zehn Jahre zuvor noch gegeben hatte. Trotzdem meldete Deutschland damals Vollbeschäftigung, weil mehr Arbeitsplätze durch Investitionen und Umstellungen neu entstanden, als alte weggefallen waren.

Ein so kritischer Begleiter der (west-)deutschen Entwicklung wie Karl Jaspers schrieb Ende der sechziger Jahre: »Der Bevölkerung der Bundesrepublik geht es wirtschaftlich so gut wie noch nie (...). Es herrscht eine Zufriedenheit im Eifer des Lebensgenusses bei ständig geringer werdender Arbeitszeit und Vermehrung der Konsumgüter, der Reisemöglichkeiten und Vergnügungen. – Trotzdem gibt es eine Unruhe. Ist dies Leben auch sicher? Man fürchtet sich. Die Denkenden sehen die politische Faktizität mit Sorgen. Wohin treiben wir?« Nicht nur die Fragestellung ist noch immer aktuell, auch Jaspers' Diagnose zur mentalen Befindlichkeit der Deutschen trifft noch immer zu. Also alles nur *déjà vu*? Haben wir es damals wie heute am Ende nur mit der typisch deutschen Angewohnheit zu tun, eher angstvoll in die Zukunft zu blicken, Entwicklungen, die andere gelassen sehen, künstlich zu dramatisieren?

So einfach liegen die Dinge nicht, die Anlässe für Unruhe und Sorgen sind nicht beliebig oder gesucht. Sie waren es nicht zu Karl Jaspers' Zeiten, sie sind es heute noch sehr viel weniger. Als Jaspers sein Buch schrieb, befanden sich die westlichen Industriegesellschaften in einer beispiellosen Aufschwungphase. Westeuropa, Amerika, Japan – seit Kriegsende extensives Wachstum, eine steigende Zahl von Erwerbstätigen, ja sogar Mangel an Arbeitskräften, wachsender Wohlstand auch breiter Schichten. Und Deutschland marschierte trotz aller Schäden aus dem verlorenen Krieg an vorderster Front, mit »Wirtschaftswunder« und »Made in Germany«.

Dieses Szenario hat sich zunächst unmerklich, heute unübersehbar verändert. Das Schlüsselwort heißt Globalisierung, weltwirtschaftliche Verflechtung im Zeichen sich öffnender Märkte. Neue Informations- und Kommunikationstechnologien – vom Telefax über Glasfaser bis zum Internet – ermöglichen den weltweiten Zusammenschluß von Kapitalmärkten, die Vernetzung von Produktions- und Entwicklungskapazitäten. Technologisches und Managementwissen ist überall und jederzeit zugänglich und nutzbar. Moderne Verkehrsinfrastruktur erlaubt den schnellen und preiswerten Transport von Gütern rund um den Globus. Für jede Stufe der Wertschöpfungskette können die jeweils kostengünstigsten Standorte ausgesucht werden.

Alles dies hat dazu geführt, daß die entwickelten Volkswirtschaften in der Konkurrenz um Produktionsanteile und Arbeitsplätze zurückgefallen sind. Im Grunde kann heute die Mehrzahl der Produkte an vielen und immer mehr Orten der

Welt hergestellt werden. Der Historiker Paul Kennedy schätzt, daß 1,2 Milliarden Menschen der Dritten Welt schon bald in der Lage sein werden, rund 85 Prozent der Tätigkeiten aus den Industriestaaten zu übernehmen. Sie würden dies zweifellos für einen Bruchteil der Entlohnung tun, die bei uns üblich ist.

Diese Konkurrenz kann der Westen niemals aufnehmen, geschweige denn gewinnen. Nicht mit den Schwellenländern Südostasiens, nicht mit den mittel- und südamerikanischen Ländern, noch nicht einmal mit unseren osteuropäischen Nachbarn könnten wir ernsthaft mithalten, was Lohnniveau und die daran geknüpften Sozialleistungen angeht. Denn das würde bedeuten, daß wir unseren Lebensstandard auf das Niveau dieser Länder absenken müßten und damit letztlich auch unser gesamtes Kulturniveau.

Wer zu Pessimismus neigt, könnte an dieser Stelle resigniert aufgeben. Denn wir sitzen ja offenbar in einer Art Wohlstandsfalle, weil uns der erreichte Wohlstand, der erreichte Lebensstandard an notwendigen Anpassungsleistungen hindert. Wird am Ende der amerikanische Wirtschaftswissenschaftler Lester Thurow recht behalten mit seiner Prophezeiung, die alten Industrienationen würden schleichend untergehen, so wie einst das alte Rom?

Gewissermaßen erleben wir gegenwärtig die Probe auf Jaspers' Exempel. Wir haben viel erreicht, aber wer viel hat, hat auch viel Angst, viel zu verlieren. Als der Heidelberger Philosoph seine Diagnose notierte, beobachtete er den leicht einsehbaren Zusammenhang vom Wohlstand, dessen Wachstum auch das Bedürfnis nach Sicherheit anwachsen läßt. Und in modernen Gesellschaften richtet sich das Sicherheitsbedürfnis tendenziell mehr an die Gemeinschaft als an die Eigenvorsorge und Eigenverantwortung. Die Verheißungen des »sozialdemokratischen Zeitalters«, wie es Ralf Dahrendorf einmal genannt hat, haben diesen Trend stark unterfüttert: Zunächst aus den volkswirtschaftlichen Zuwächsen, später dann durch Staatsverschuldung, nahm sich die Politik die Mittel, um sich fürsorglich des Sicherheitsbedürfnisses der Wohlstandsbürger anzunehmen, und suggerierte Sicherheit des einzelnen durch die Haftung der Gemeinschaft für alle Lebenslagen.

Heute vertritt keine nennenswerte politische Kraft mehr dieses Konzept. Zumeist ist unter dem Eindruck leerer öffentlicher Kassen Abschied von den alten Versprechungen genommen worden. Aber immer noch herrscht nicht genügend Klarheit darüber, daß auch ohne die Not der Finanzierbarkeit die Umkehr vonnöten wäre. Denn ohne die heilenden Kräfte der Freiheit hat noch keine Gesellschaft die Herausforderungen der Zukunft gemeistert, was in Zeiten beschleunigten Wandels noch mehr gilt.

Das Neue, das Kommende, ist immer das Ungewisse und fördert das Bedürfnis nach Sicherheit. Daß diese ganz wesentlich mit der Stärkung der Freiheit zu tun hat, ist das eine. Sicherheit durch Selbstvertrauen ist eine stärkere Bastion gegen Zukunftsängste als das Vertrauen auf die Fürsorge anderer. Das andere ist der Blick auf das, was auf uns zukommt. Sowenig wir das bereits in allen Einzelheiten und Konsequenzen kennen und erkennen können, ist dies dennoch kein Grund, sich bange machen zu lassen. Denn wir dürfen auch nicht so tun, als sei Globalisierung ein neues Phänomen. Was Karl Marx noch wußte, hat heute selbst die politische Linke vergessen: Die ganze Wirtschaftsgeschichte der Menschheit ist auch die Geschichte eines fortschreitenden Globalisierungsprozesses: die geographische Ausweitung von Märkten, die Internationalisierung der Arbeitsteilung, die Beschleunigung schließlich des Prozesses selbst aufgrund gesteigerter Kommunikations- und Transfermöglichkeiten. Auch die Grundstrategien, wie satte Volkswirtschaften auf die als Bedrohung empfundene Globalisierung reagieren können, sind aus der Geschichte bekannt: Der stärkste Impuls ging stets in die Richtung, es mit Abschottung zu versuchen. Protektionismus und merkantilistische Negierungen des Neuen erwiesen sich jedoch stets als die auf Dauer unangemessenen Gegenbewegungen. Die klügere und stets erfolgreichere Strategie war immer die der Offenheit und Öffnung.

Die aktuellen Erfahrungen erfolgreicher Anpassungsstrategien angesichts des gegenwärtigen Globalisierungsschubs weisen in die gleiche Richtung. Die Horrorszenarien der vergangenen Jahre sind widerlegt, wie das Beispiel der Vereinigten Staaten zeigt. Das Hauptargument gegen die amerikanische Antwort auf die veränderten Rahmenbedingungen lautete bis vor ein paar Jahren: Gut bezahlte Arbeitsplätze fielen dem Strukturwandel zum Opfer, während die – neue Möglichkeiten der Erwerbstätigkeit produzierende – »job creating machine« nur schlecht bezahlte McJobs ausspucke. Als Beschreibung der Anfangsphase Mitte der achtziger Jahre mochte dies zutreffen. Im weiteren Verlauf erwies sich die darauf gründende Prognose vom »Downsizing« indes als falsch. Zu den ehedem schlecht entlohnten Billig-Jobs gesellten sich im Lauf der Zeit immer mehr gutbezahlte, weil durch den zunächst brutalen Anpassungszwang an die neuen Bedingungen ein Kreativitätsschub sondergleichen im Bereich der Dienstleistungen ausgelöst wurde. Seit einigen Jahren kann man in Amerika nicht nur beobachten, daß die Zahl der Arbeitsplätze immer weiter wächst, sondern auch die Einkommen in den neuen Feldern der Beschäftigung und Erwerbstätigkeit Jahr um Jahr neue Rekordhöhen erklimmen. Auf die gesamte amerikanische Volkswirtschaft umgelegt, gibt es mittlerweile Reallohngewinne wie nirgendwo sonst in der westlichen Welt.

Der Blick auf Asien muß uns ebensowenig das Fürchten lehren. Daß die neuen Tiger keineswegs jene wilden, beißwütigen Raubkatzen sind, die ein paar Jahre lang als Lebensbedrohung der westlichen Wirtschaftswelt im Dschungel der Globalisierung beschworen wurden, wissen wir inzwischen. Die in den achtziger Jahren viel zitierte japanische Gefahr ist heute auch kein echtes Schreckgespenst mehr. Natürlich liegen die Ursachen für die beträchtlichen Einbrüche der asiatischen Volkswirtschaften jeweils ein wenig anders. Aber eines haben sie gemeinsam, und vieles spricht dafür, daß die aufwachsenden Tiger der Zukunft eine ähnliche Lebensentwicklung durchmachen werden: Arbeitsplätze in diesen Ländern, die im Weltmaßstab billig sind, bedeuten national relativen Wohlstand und Sicherheit. Ist beides erst einmal verinnerlicht, wir kennen das nur zu gut, setzt das Verlangen nach mehr ein. Damit beginnt eine Dynamik, die über kurz oder lang immer neue Konsumbedürfnisse entstehen läßt und gewisse Standards sozialer Sicherheit hervorrufen wird.

Langfristig werden aufstrebende Volkswirtschaften nur stabil sein können, wenn mit dem wirtschaftlichen Aufschwung eine stete Verwestlichung einhergeht. Das hat nichts mit imperialistischen Anwandlungen oder abendländischen Anmaßungen zu tun, sondern mit einer schlichten, aus Erfahrung abgeleiteten Erkenntnis. Ganz zutreffend hat Michel Camdessus, der Direktor des Internationalen Währungsfonds, mit Blick auf die andauernde Krise unlängst festgestellt, daß die asiatische Art des Wirtschaftens hoffnungslos veraltet, ja ein »Auslaufmodell« sei. Urs Schöttli, der Hongkong-Korrespondent der »Neuen Zürcher Zeitung«, stellt deshalb zu Recht fest, daß 1998 ein »ordnungspolitisches Schicksalsjahr« sei: Ohne klares Bekenntnis zum westlichen Modell der Marktwirtschaft, das – wie alle Beispiele der Geschichte zeigen – ohne wertorientierte Demokratie dauerhaft nicht zu haben ist, lassen sich nur ökonomische Strohfeuer entzünden. Der entfesselte, ungezügelte Kapitalismus produziert kurzfristig enorme Erträge. Ohne das Regulativ eines demokratischen Ordnungsrahmens jedoch begünstigt er die Verfestigung autoritärer Strukturen und demontiert damit sein Fundament – die Freiheit. Zusammenbrüche sind die absehbare Folge. Es ist wohl wahr, daß diese für uns sehr brenzlig sind, und es kann niemanden freuen, wenn die krisengeschüttelten asiatischen Volkswirtschaften sich nicht rasch wieder erholen. Sie sind indes kein Gegenargument, sondern angesichts ihrer großen Probleme geradezu die Bestätigung unserer europäischen Ordnungsvorstellungen von Wirtschaft, Staat und Gesellschaft.

Wettbewerbsfähigkeit contra Sozialstaat und Umwelt

Globalisierung – das bedeutet freilich nicht nur Wettbewerb um Investitionen und Arbeitsplätze, um Wohlstand und soziale Sicherheit. Global sind auch die Auswirkungen von Umweltschäden, global sind die Auswirkungen von Klimaveränderungen, Treibhauseffekt, Ozonloch und saurem Regen. Egal, was die Ursachen sind, ob unsere Autoabgase oder Urwaldrodungen und primitive Heiztechniken in der Dritten Welt – die Folgen tragen wir letztlich alle gemeinsam.

Natürlich ist jede Anstrengung im nationalen Rahmen geboten, um der weiteren Gefährdung und Beschädigung unserer natürlichen Lebensgrundlagen Einhalt zu gebieten. Hier gilt wie in jedem anderen Bereich der Politik: Jeder muß das tun, was er tun kann, auch wenn wir wissen, daß wirkliche Abhilfe letztlich nur global organisiert werden kann.

Die Gesellschaften der industriellen Welt haben dabei aber eine besondere Verantwortung. Denn zu einem nicht geringen Anteil beruht unser Wohlstand, die materielle Ermöglichung des »western way of life«, auf der Ausbeutung der knappen natürlichen, nichtnachwachsenden und nichtregenerierbaren Ressourcen. Der lange Zeit vergleichsweise unbekümmerte Umgang mit der Umwelt mag oft der Gedankenlosigkeit über mögliche Folgewirkungen entsprungen sein. In vielen, viel zu vielen Fällen war es rücksichtslose Berechnung um des eigenen Vorteils willen.

Es wäre zynisch, wenn wir die notwendigen Anstrengungen auf dem Gebiet der Entwicklungspolitik mit dem Argument konterkarierten, daß angesichts der bedrohten Welt-Umwelt ein globales Mehr an industrieller Produktion, Ressourcen-Konsum und Umwelt-Belastung leider nicht möglich sei. Das Problem, das uns immer mehr bedrängt, ist also ein doppeltes: Einerseits haben wir weder das Recht noch überhaupt die Möglichkeit, den armen Völkern unseres Globus – bei weitem die Mehrheit der Erdbevölkerung – die Teilhabe am wirtschaftlichen Wohlstand mit dem egoistischen Hinweis auf die bedauerlicherweise bereits verbrauchte Natur zu verweigern. Andererseits sind die Grenzen der Umweltbelastung weltweit längst erreicht, ja überschritten. Nicht nur aus ökologischen Gründen, die alleine allerdings schon schwer genug wiegen würden, sondern auch wegen elementarer Gebote der Gerechtigkeit und internationalen Solidarität stehen wir in der westlichen Welt, die bisher nahezu alle Vorteile auf ihrer Seite hatte, in einer ethisch-moralischen Pflicht: Die fortgeschrittenen, hochentwickelten Industrienationen müssen Modelle nachhaltigen Wirtschaftens entwickeln, die die Natur ohne bleibende Schädigungen auch dann erträgt, wenn sich die Erdbevölkerung von heute sechs Milliarden Menschen auf zehn Milliarden Menschen und mehr in den nächsten zehn Jahren nahezu verdoppeln wird. Sie müssen allesamt ein Recht auf Teilhabe am wirtschaftlichen Wohlstand haben, wenn dramatische Verteilungskonflikte vermieden werden sollen.

Die Propagierung und Umsetzung solcher Modelle wird eine der großen Bewährungsproben für die Vereinten Nationen werden, die mit den Umweltkonferenzen von Rio und Kyoto, mit der Weltbevölkerungskonferenz von Kairo und der Habitat-II-Konferenz von Istanbul bereits wertvolle Vorarbeiten geleistet haben.

Themen und Wahrnehmungen haben ihre Konjunkturen. Was die Aufmerksamkeit der Menschen gerade besonders in Anspruch nimmt, hängt davon ab, welche Probleme sie im Moment berühren, welche Sorgen ihnen unter den Nägeln brennen. Die ökologischen Fragen, so scheint es, gehören derzeit nicht dazu. Aber um so mehr ist es eine Bewährungsprobe für politische Führung in der Demokratie, eben nicht in den Opportunismen des Tages, sondern gemäß der Nachhaltigkeit grundlegender Zukunftsfragen zu denken und zu handeln. So wenig wir die Augen vor der weltweiten ökonomischen Herausforderung verschließen dürfen, so wenig dürfen wir dies vor der weltweiten ökologischen Herausforderung. Das eine darf nicht gegen das andere ausgespielt werden. Und deshalb müssen wir die Frage beantworten: Kann es gelingen, die für die Reduzierung von Umweltbelastungen, für die Wiederherstellung des ökologischen Gleichgewichts auf dieser Erde erforderlichen Maßnahmen und Veränderungen einzuleiten in einer Zeit, in der der Wettbewerb härter und die Sorge um die Arbeitsplätze bei uns und anderswo immer drängender wird? Werden nicht im Kampf um die Gegenwart die notwendigen Vorkehrungen für die Zukunft auf der Strecke bleiben?

Die internationalen Anstrengungen, wie gesagt, sind das eine; unsere Verpflichtung, das zu tun, was wir selbst tun können, ist das andere. Der Versuch, der Ökologie mit den Mitteln der Marktwirtschaft zu helfen, ist dabei noch gar nicht richtig unternommen worden. Es ist wohl wahr, daß einige Unternehmen schon erkannt haben, daß der Öko-Markt ein Wachstumssektor par exellence ist. Innovationen auf diesem Gebiet werden in dem Maße, in dem die internationale Einsicht in die Notwendigkeit, unsere natürlichen Lebensgrundlagen zu bewahren, steigt, mit Sicherheit die Exportschlager der Zukunft werden.

Die Lage ist aber viel zu ernst, als daß wir uns allein auf das Laisser-faire des Marktes und seinen Zwillingsbruder »hasta mañana«, diesen Bequemlichkeitsimpetus des »es wird schon werden«, verlassen dürften. Umgekehrt gilt für die Umweltpolitik, daß jede Reglementierung die Gefahr in sich birgt, Innovation und Kreativität abzutöten. Worum es demnach geht, ist, einen Mittelweg zu finden, der der Umwelt dient und zugleich die wirtschaftliche Innovationskräfte freisetzt.

Die Richtung, in die wir dabei denken sollten, hat Kurt Biedenkopf vor bald fünzehn Jahren in der Debatte um die Reduzierung des Schadstoffausstoßes im Straßenverkehr angedeutet. Damals hatten wir uns dafür entschieden, eine bestimmte Technik, den Katalysator, verpflichtend vorzuschreiben, die möglichst schnell das gewünschte Ergebnis bringen sollte und ja auch gebracht hat. Biedenkopf dagegen hatte die vermutlich zukunftsweisendere Idee, als er vorschlug, nicht eine bestimmte technische Lösung, sondern ein Ergebnis verbindlich zu normieren. Denn in der Tat ist es der Umwelt ziemlich gleichgültig, ob die Reduzierung des Schadstoffausstoßes durch Katalysatoren oder durch geringeren Kraftstoff-Verbrauch erreicht wird. Durch die Festlegung auf eine bestimmte Technik sind jedenfalls keine Anreize geschaffen worden, andere, intelligentere Lösungen, etwa Drosselmotoren, zu entwickeln. Durchaus selbstkritisch muß man einräumen, daß wir heute, wo das Drei-Liter-Auto wieder zur Diskussion steht, weiter wären, wenn wir seinerzeit einen marktwirtschaftlichen Ansatz, der Ordnungsvorgaben und keine Produktvorschriften macht, gewählt hätten.

Aus solchen Einsichten können Modelle ressourcenschonenden Wirtschaftens entstehen, die es auch Entwicklungs- und Schwellenländern ermöglichen, im Rahmen ihrer Gegebenheiten Wohlstand zu mehren, ohne damit die eigenen Lebensgrundlagen immer weiter zu schmälern oder gar zu vernichten. Waldbrände in Südostasien vergiften nicht nur die Atmosphäre einer ganzen Weltregion, sondern verändern die Bedingungen für das globale Klima. Die Folgen treffen – früher oder später – auch uns. Vorsorge für die Zukunft ist deshalb längst kein Thema mehr, das auf den nationalen Handlungsrahmen beschränkt ist. Aber nur, wenn die Staaten der einen Welt um die interdependenten Folgen dessen wissen, was sie tun oder zulassen, sind sie auch imstande, ihr Wohl zu mehren, ohne damit anderen Schaden zuzufügen.

Der Fairneß halber muß eingestanden werden, daß gerade wir in Deutschland uns mit der Vorsorge für die Zukunft gelegentlich auch eher schwertun. Das betrifft nicht nur den Schutz der Umwelt. Der Blick auf einen anderen Lebensbereich belegt das. Wir sind eines der Länder mit der niedrigsten Geburtenrate der Welt. Jede dritte Frau im – wie es so schön heißt – gebärfähigen Alter bleibt heute kinderlos; Prognose:

weiter steigend. Seit Mitte der siebziger Jahre werden in Deutschland nur noch etwa zwei Drittel der Kinder geboren, die notwendig wären, um unsere Bevölkerungszahl stabil zu halten.

Auf der anderen Seite steigt die Lebenserwartung stetig an, was zweifellos höchst erfreulich ist. Um die Jahrhundertwende betrug sie im Durchschnitt 45 Jahre. Heute hat man mit sechzig noch rund zwanzig Jahre vor sich, Frauen etwas mehr, Männer etwas weniger. Das heißt, ein Viertel seines Lebens verbringt der Durchschnitts-Bundesbürger heute in Rente! Man kann ermessen, welche Belastungen das für unsere Alterssicherung mit sich bringt.

Das Rentensystem gerät auf diese Weise allein schon aus demographischen Gründen in eine Schieflage. Noch Anfang der neunziger Jahre hatten wir ein einigermaßen ausgeglichenes Verhältnis der unter Zwanzigjährigen zu den über Sechzigjährigen. In den nächsten Jahren und Jahrzehnten wird sich dieses Verhältnis aber dramatisch verändern: Dann werden wir doppelt so viele über Sechzigjährige haben wie Kinder und Teenager. Dann werden nicht mehr wie heute drei Erwerbstätige zur Verfügung stehen, um einen Rentner zu versorgen, dann wird nahezu jeder Erwerbstätige »seinen« Rentner ernähren müssen. Das Bild des Aeneas, der seinen greisen Vater Anchises auf den Schultern trägt, ist für unsere Zeit womöglich charakteristischer als für das alte Troja.

Mehr Alte, weniger Junge, könnte das unser gesellschaftliches Klima verändern? Manche äußern die Sorge, daß mit zunehmendem Alter die Risikobereitschaft des Menschen sinke, der Widerstand gegen Veränderungen im persönlichen Lebensumfeld und darüber hinaus zunehmen könne. Wird eine alternde Gesellschaft schwerfälliger reagieren? Was wird aus ihrer Kreativität und Innovationskraft? Nicht, daß wir am Ende eine Gesellschaft der Sorgen, des Wehleids und der fehlenden Zukunftsperspektiven haben.

Solche kritischen und sicher nicht ganz unberechtigten Fra-

39

gen dürfen umgekehrt jedoch nicht die Chance verdecken, die in dem unglaublich reichen Erfahrungsschatz der älteren Menschen liegt und nutzbar gemacht werden kann. Das »Bellheim-Symptom« ist mehr als nur das Thema für ein hübsches Fernsehspiel. Neuere Management-Lehren bemühen sich sehr ernsthaft um die Frage, wie wir unserem den Regeln der Hochdynamik mehr oder weniger blind folgenden Wirtschaftsleben eine weitere Perspektive geben können durch den Rückgriff auf Erfahrungen älterer, nicht mehr im aktiven Erwerbsleben stehender Menschen. Die Vergreisung unserer Gesellschaft ist jedenfalls keine Zwangsläufigkeit, trotz des stetig steigenden Altersdurchschnitts, und Beschäftigungstherapien zu entwickeln für murrende und unausgelastete Senioren ist weder eine menschenwürdige noch eine intelligente Idee. Die Wiedergewinnung von Horizonten durch die Einbeziehung von Erfahrungswissen – hierum muß es gehen. Darin steckt auch ein Stück Vorsorge für die Zukunft.

Der Doppeleffekt von demographischer Schieflage und zu hoher Arbeitslosigkeit bringt die sozialen Sicherungssysteme und den Sozialstaat insgesamt in Bedrängnis, ohne freilich allein an ihren Problemen schuld zu sein. Diese haben vielmehr meistens einen gemeinsamen Hintergrund: ein in Jahrzehnten hypertroph angewachsenes, überbordendes Verständnis von den Aufgaben, die der moderne Sozialstaat legitimerweise zu erfüllen habe. Wir waren in der Vergangenheit leider nur allzu erfolgreich darum bemüht, nicht weniger, sondern immer noch mehr Erwartungen der Bürger auf steigendes Einkommen, bessere Versorgung, wachsenden Lebensstandard und erweiterte Daseinschancen zu wecken. In gewisser Hinsicht sind wir zu Gefangenen unseres großen Erfolges geworden. Denn der Anspruch auf kollektive Absicherung wird naturgemäß immer höher, je höher das Wohlstandsniveau ist. Helmut Klages hat von einer fast unmerklich steigenden »Anspruchsnormalität« gesprochen: Was man einmal hat, das betrachtet man als Besitzstand in einem bleibenden und garantierten Sinne – mehr noch: als eine Art Vorschuß und Versprechen auf zukünftige Steigerungen. Andere haben schon früh, in den siebziger Jahren, gewarnt, hier entwickle sich eine Dynamik, die zur Überlastung unseres politischen Systems bis hin zu revolutionären Zuspitzungen führen müsse, da sich zwischen den linear oder sogar exponentiell wachsenden Ansprüchen und Erwartungen und den unvermeidlich immer weiter dahinter zurückbleibenden Leistungen der Systeme eine Schere öffne.

Die Politik, das muß man selbstkritisch einräumen, hatte an dieser sich zuspitzenden Entwicklung maßgeblichen Anteil. Kein Bedürfnis, kein Interesse irgendeiner Gruppe, und sei es noch so einseitig und abseitig, das nicht früher oder später berücksichtigt und wenn irgend möglich befriedigt – materiell befriedigt – worden wäre; alles aus einem überzogenen Verständnis von Allzuständigkeit, aus einer regelrechten Ubiquitätsmanie der modernen Politik. Seit das Füllhorn schmaler geworden oder gar versiegt ist, tritt das ganze Ausmaß an Selbstüberforderung offen zutage, das sich die Politik da zugemutet hat.

Wir haben leider zugelassen, daß der Sozialstaat schrittweise zur Wohlfahrtsagentur mutiert ist. Arnold Gehlen wies schon in den sechziger Jahren warnend darauf hin, der alte Leviathan nehme mehr und mehr die Züge einer »Milchkuh« an, deren Funktionen als »Produktionshelfer, Sozialgesetzgeber und Auszahlungskasse« alles andere überlagere; die Folge sei, daß das dem Staat eigentlich angemessene Dienst- und Pflichtethos vollständig aus der öffentlichen Sprache und aus den Kategorien der Massenmedien verschwinde und dort allenfalls noch Gelächter auslöse. So ist es auch gekommen. Die Frage ist: Kann es uns gelingen, der Anspruchsdynamik noch Herr zu werden, die dem Wohlfahrts- und Daseinsvorsorgestaat innewohnt, oder wird es uns so ergehen wie Goethes Zauberlehrling, der die Kräfte nicht mehr zu bändigen weiß, die er selbst gerufen hat?

Der Daseinsvorsorgestaat – das macht ihn so problematisch – ist immer auch ein überbürokratisierter, ein überregulierter Staat, der das dynamische Element in Wirtschaft und Gesellschaft zu ersticken droht. Sein ungebremstes Wachstum hat sicherlich viele Ursachen: ein erhöhter Regelungs- und Normierungsbedarf, wie er jeder hochkomplexen Industrie- und Dienstleistungsgesellschaft zu eigen ist, ein gesteigertes Bedürfnis nach Vorbeugung und Überwachung in der »Risikogesellschaft«, besonders aber ein überzogenes Interesse an ausgleichender und Einzelfallgerechtigkeit im sozialen Umverteilungsstaat. Im Ergebnis führt jede dieser Ursachen zu immer mehr, immer komplizierteren und immer perfektionistischeren Regelungen, ungeachtet der jahrtausendealten Erfahrung, daß *summum ius* zu *summa iniuria* führen muß.

Ernst wird es in Deutschland anscheinend immer nur, wenn es, wie Helmut Kohl gern sagt, um den »Bimbes« geht. Ob Globalisierung oder Hypertrophie des Sozialstaates, Steuern oder Rente: Erst wenn wir an die Grenzen des Finanzierbaren stoßen, scheint sich Einvernehmen über maßhaltende Reformen einzustellen. Das kann im Grunde, so bedauerlich es auch sein mag, gar nicht anders sein, wenn man die Dinge realistisch betrachtet. Grundfalsch ist es indes, unter dem Druck des knappen Geldes jede Frage auf eine der Kosten zu reduzieren. Ich bin wahrhaftig kein Anhänger von Luftschlössern; praktikable Lösungen haben tatsächlich den Charme des Unwiderstehlichen. Wer daraus jedoch den Schluß zieht, Pragmatismus pur sei die Antwort, würde jene Unheilspropheten bestätigen, die polemisch zugespitzt – aber wirklich ganz zu Unrecht? – beklagen, daß unser Land zum bloßen Wirtschaftsstandort verkomme.

Krisenhafte Zuspitzungen bergen immer die Chance, daß sie den Blick auf Grundlegendes lenken. Daraus erklärt sich die Wiedereröffnung der Perspektive auf Werte. Ist es im sozialen Leben und in der Politik nicht auch ein wenig so wie bei einem Menschen, der von schwerer Krankheit heimgesucht wird? Im Zeichen von Therapie und Rehabilitation erkennen Schlaganfallpatienten beispielsweise, daß ihr Kollaps oftmals etwas mit den Lebensgewohnheiten zu tun hatte. Nicht selten verändert sich dadurch nicht nur die Einstellung zur Ernährung, zu Arbeitsgewohnheiten und ähnlichem, sondern die Einstellung zum Leben insgesamt. Der Frage, was man tun muß, um wieder auf die Beine zu kommen, und wie man Rückfälle vermeiden kann, folgt dann die Frage, was überhaupt für das eigene Leben richtig und wichtig ist. So besehen kann Askese mehr sein als eine notwendige Qual, sie kann ein elementarer Inhalt geglückten Lebens werden.

Auch die gegenwärtigen Veränderungen, von denen Gesellschaft, Wirtschaft und Politik geschüttelt werden, sollten uns Anlaß geben, nicht nur über technische Lösungen nachzudenken, sondern vor allem auch über die Werte, die dabei Orientierung, die den konkreten Reformen und Projekten Richtung geben können. Mit Blick auf unsere großen Sozialsysteme, aber auch auf die Beziehung zwischen der Gemeinschaft und dem einzelnen kommt man dabei nicht umhin einzugestehen, daß wir uns inzwischen ziemlich weit hiervon entfernt haben. Die selbstkritische Diagnose muß sogar noch einen Schritt weiter gehen: Vermutlich funktioniert vieles gerade deswegen nicht mehr so gut.

Ob Individualisierung und Verlust sozialer Bindungen, ob Geburtenrückgang und alternde Gesellschaft: Die Symptome einer tief empfundenen Orientierungskrise in der Gesellschaft, einer Wertekrise, einer sich ausbreitenden Unsicherheit über Ziele und Prioritäten, über Maßstäbe und Kriterien richtigen Handelns haben zugenommen. Vor allem viele junge Menschen empfinden das. Mit dieser Diagnose dürfen wir uns keinesfalls achselzuckend abfinden, denn gerade die demokratische, die freiheitlich-pluralistische Gesellschaft ist entscheidend angewiesen auf Orientierungssicherheit, auf verbindliche Maßstäbe, die die Menschen ihrem täglichen Handeln zugrunde legen können und müssen. Hier, wo sonst, liegt der

Nährboden für jene Reformbereitschaft, die wir heute so dringend benötigen. Und die Zeichen mehren sich, daß dieser Nährboden erste Früchte hervorbringt.

Unbestritten zwischen allen politischen Kräften ist der zentrale Wert von menschenwürdiger Gesellschaft und Politik: die Freiheit. Seitdem Philosophen und Gelehrte über Freiheit nachdenken, unterscheiden sie dabei zwischen der *Freiheit von* und der *Freiheit zu*. In ihrer konkreten Ausgestaltung haben sich die beiden Aspekte des abendländischen Freiheitsbegriffs naturgemäß immer wieder verändert. Geblieben aber ist ihr Wesenskern, auch in seinen politischen Konsequenzen. »Der Mensch ist frei geboren, und überall liegt er in Ketten«, so heißt es bei Rousseau. Die politische Konsequenz, die sich hieraus ergibt, ist klar: Befreiung. Aber wozu? Die Antwort kann eigentlich nur lauten: zur Selbständigkeit. Doch vieles, was der moderne Mensch in diesem Sinne an Befreiung erfahren hat, ist bei genauerer Betrachtung doch nur der Austausch der Ketten alter Unfreiheit gegen moderne Fesseln unselbständigen Lebens. Soziale Errungenschaften, im Namen der Emanzipation erlangt, sind oftmals in neue, nicht einmal beklagte Formen der Entmündigung übergegangen. Im Kampf um den Schutz des einzelnen durch die Gemeinschaft gegen schicksalhafte Bedrohungen seines Daseins in Freiheit sind wir anscheinend gleich durchmarschiert zu einem latenten System der Totalvorsorge für den betreuten Menschen.

Wenn wir jetzt an vielfältige Reformen herangehen wollen und müssen, angesichts der Erschütterung vieler unserer Lebensgewohnheiten und aufgrund des Veränderungsdrucks in Zeiten knapper Finanzen, so sollten wir uns wieder auf das Ursprüngliche des Werts der Freiheit besinnen. Sie bedeutet nicht nur die Freiheit von Risiken – Risiken, gegen die die Gemeinschaft Vorsorge bieten soll und für die sie im Zweifel haftet. Freiheit, ernst genommen, erfordert vielmehr auch den Umbau unserer Gesellschaft nach Maßgabe einer neuen Kultur der Selbständigkeit und Eigenverantwortung. Die Aufgabe der Politik ist es daher, diese Ordnung der Freiheit zu setzen.

Auch für die anderen Grundwerte der Politik ergeben sich leicht einsehbare Konsequenzen. Gerechtigkeit kann demnach nicht zuerst und vor allem Verteilungsgerechtigkeit bedeuten, nicht das immerwährende Ausschütten von Gemeinschaftsleistungen für den einzelnen, sondern muß sich im Sinne der Freiheit darauf konzentrieren, jedermann faire Chancen zu öffnen für ein selbstbestimmtes und eigenverantwortliches Leben. In diesem Sinne ist es auch eine Perversion des Grundwerts der Solidarität, wenn man diese als einen mehr oder weniger schematischen Umverteilungsprozeß zwischen Arm und Reich versteht. Umverteilung nach Maßgabe der Gerechtigkeit im Sinne von fairen Chancen für jedermann, das ja – mehr aber auch nicht.

Anders läßt sich auch das solidarische Grundprinzip der Verantwortung des einzelnen für die Gemeinschaft und umgekehrt nicht wirklich leben. Welch große Aufgaben gerade in diesem Bereich noch vor uns liegen, zeigt ein einfaches Beispiel: Wenn wir heute über die Einführung von Studiengebühren diskutieren, so ist dies mehr als eine nur um die Finanzierbarkeit unseres Bildungssystems kreisende Frage. Wir müssen auch wieder ins Bewußtsein rufen, daß die Studenten unserer Tage unter anderem auch auf Kosten der Lohnsteuer zahlenden Industriearbeiter und der bei jedem Kauf Mehrwertsteuer entrichtenden Arbeitslosen lernen.

Wenn wir es ernst mit der Freiheit meinen, müssen wir tatsächlich Abschied nehmen von etwas, das viele sich wünschen, das die Politik in der Vergangenheit oft genug versprochen hat und das es auf Erden doch nie geben kann: perfekte Lösungen. Wir werden auf die Dauer an vielen Stellen lernen müssen, mit unvollkommenen Regelungen zu leben, mit Bestimmungen, die eher prinzipielle Rahmen setzen und nicht versuchen, gleich von vornherein jedes Wenn und Aber aufzunehmen, die sich nicht an den Bedenken und Risiken des Extremfalles orientieren, sondern den Normalfall zum Ausgangspunkt und zur Leitlinie nehmen. Wenn uns das nicht gelingt, wenn es nicht gelingt, unterschiedliche Lösungsansätze für verschiedene Ebenen zu entwickeln, unterschiedliche Grade auch von Regelungsdichte, dann werden wir uns aus der Selbstfesselung nicht befreien, sondern diese im Gegenteil noch einmal fester schnüren.

Mit dem Argument, eine bestimmte Regelung, ein Gesetzentwurf oder eine Verordnung berücksichtige noch nicht alle Eventualitäten, sind im bürokratischen Apparat schon allzuviele vernünftige politische Reformüberlegungen versandet. Es ist ein wunderbares Verhinderungs- und Obstruktionsargument: Weil man nicht alles auf einmal lösen kann, regelt man lieber gar nichts.

Bisher sind wir von einer Umkehr auf diesem Gebiet leider noch weit entfernt. Der frühere Präsident des Bundesfinanzhofes, Franz Klein, hat einmal darauf hingewiesen, das Alte Testament sei noch mit zehn Geboten ausgekommen, die Römer mit zehn Tafeln, während der erste Jahrgang des Reichsgesetzblattes bereits 413 Seiten enthalten habe. Gute alte Zeit – das Bundesgesetzblatt hatte 1994 allein in Teil I über 4 000 Seiten vorzuweisen. Unser Steuerrecht wird Jahr für Jahr um rund vierzig neue Erlasse, etwa zweihundert Urteile des Bundesfinanzhofes, eintausend Durchführungsverordnungen und dreitausend Finanzgerichtsurteile reicher. Die 79 Normenausschüsse, zehn selbständigen Arbeitsausschüsse, acht Kommissionen und drei Normenstellen beim Deutschen Institut für Normung verwalteten 1993 über 32 000 Normen und Standards für alle Lebensbereiche, von der Abwassertechnik bis zur Beschaffenheit von Anstrichstoffen – weitere 21 000 waren in Planung. Der Abstand von Kleiderhaken in Kindergärten ist bei uns ebenso auf den Zentimeter genau festgelegt wie der Abstand der Handwaschbecken von den Türzargen oder der Zugkraft (in Pond), mit der Friedhofsgärtner einmal im Jahr an Grabsteinen rütteln müssen, um deren Standfestigkeit im Sinne der kommunalen Verkehrssicherungspflicht zu prüfen.

Gelegentlich bringt diese Überregulierung ergötzliche Paradoxien des Verwaltungshandelns hervor, so wenn Bäckereien von den einen Ämtern aus Hygienegründen glatte Fliesen vorgeschrieben bekommen, von den anderen Ämtern aus Gründen des Arbeitsschutzes aber geriffelte oder genoppte Fliesen. Hier ist zweifellos ein kritischer Zustand erreicht. Um so dringlicher muß an die gewiß nicht einfache Aufgabe herangegangen werden, die Last einer sinnlosen Überbürokratisierung und Überregulierung abzuwerfen. Die Befreiung des mit tausend bürokratischen Bindfäden gefesselten, zur Bewegungsunfähigkeit verurteilten Gulliver wird ein hartes Stück Arbeit.

Das Gefährliche am Kollektivismus bürokratischer Großorganisationen ist, daß ihm unvermeidlich die Auflösung gewachsener sozialer Bindungen auf dem Fuße folgt, die soziale Singularisierung und Vereinzelung. Ein perfektionierter Sozialstaat suspendiert den einzelnen von seiner Sorge um den Nächsten in Familie, Verwandtenkreis, Nachbarschaft, lokaler Gemeinschaft. Motive personaler Verpflichtung und Verantwortung werden dann zunehmend funktionslos, richten sich bestenfalls auf Ersatzobjekte – Stichwort »Fernstenliebe« und humanitäres Engagement.

Jahrzehnte wohlfahrtsstaatlicher Entwicklung haben uns auf diese Weise nicht mehr sozialen Zusammenhalt beschert, sondern ganz beträchtlich dazu beigetragen, eben diesen abzubauen. Nahezu jeder zweite Haushalt in einer deutschen Großstadt ist heute ein Single-Haushalt. Die Zahl der Eheschließungen ist in vier Jahrzehnten um vierzig Prozent zurückgegangen. Dafür hat sich die Zahl der Ehescheidungen mehr als verdoppelt. Eines von acht Kindern wächst heute ohne Vater oder Mutter auf. Man sollte diese Entwicklung nicht unkritisch hinnehmen, aber zur larmoyanten Sorge besteht auch kein Anlaß. Die zweifellos unerwünschten Effekte der Lockerung sozialer Zusammenhänge, das ist die eine Seite der Medaille. Die andere ist der beträchtliche Freiheitsgewinn insbesondere der Frauen, der nicht zuletzt durch die Entkoppelung des alten Zusammenhangs von Sexualität und Fortpflanzung eingetreten ist. Gleichheit in Lebenschancen und Gleichberechtigung trägt auch zu einem besseren Verständnis von Menschenwürde und Grundrechten jedes einzelnen bei.

Es gibt keine Gesellschaftsformation in der Geschichte, die ein mit unseren Verhältnissen vergleichbares Maß an Freiheits- und Selbstverwirklichungschancen geschaffen hätte. Dies ist nicht zu beklagen, sondern zu begrüßen. Aber wir müssen auch die Schattenseiten, die extremen Auswucherungen dieser Entwicklung sehen. Teile unserer Gesellschaft haben ein problematisches und im wahrsten Sinne des Wortes a-soziales, ich-bezogenes Modell des Einzelmenschen zum Leitbild erhoben. Die moralischen Korrektive gegen das Ausleben noch der abseitigsten Wünsche und Bedürfnisse, gegen das Schleifen auch des letzten Tabus sind gegenwärtig etwas schwach. Scham- und Distanzlosigkeit, sprichwörtlich unzivilisierter Umgang untereinander, exhibitionistische Formen der individuellen Selbstbestimmung und Selbstverwirklichung entfalten nicht zuletzt in den Nachmittagsschwatzsendungen unserer Fernsehanstalten, nicht nur der privaten, immer perversere Dimensionen. Das Ergebnis befriedigt freilich kaum noch jemanden. Cora Stephan spottete jüngst, es sei doch schön, daß wir nun endlich autonom als »Helden der Einsamkeit« durchs Leben gehen können.

Nun läßt sich mehr oder weniger gut analysieren, was uns beschwert. Dadurch allein ändert sich jedoch zunächst nichts, außer vielleicht, daß man es dann noch ein bißchen besser weiß. Aber immerhin birgt die Schärfung des Bewußtseins für unsere Probleme zugleich auch die Chance, daß man über Lösungen besser miteinander reden und hier und da auch sachlicher streiten kann. Und da beginnt dann das zweite, unendlich schwierigere Problem: Über Lösungen zu diskutieren heißt noch nicht, sie auch umzusetzen. Aber genau darauf kommt es an. Es nutzt uns wenig, intelligent zu parlieren, was eigentlich getan werden müßte. Wenn es nicht getan wird, bleibt alles so, wie es ist. Und weil die Veränderungen, die Reaktionen erfordern, weitergehen, ist das die schlechteste aller Varianten.

Freilich gilt auch das: Wer die Lösung unserer Probleme allein von der Politik erwartet, erwartet zuviel. Das ist kein Mangel, sondern Wesensmerkmal einer freiheitlichen Demokratie. In totalitären Systemen kann man politisch alles regeln, dekretieren, anordnen, kann manipulieren, fälschen, zurechtbiegen. Niemand ist für nichts verantwortlich, weil es nur die eine zentralistische Verantwortung gibt, die wiederum niemandem verantwortlich ist. Die Wahrheit kommt erst ans Licht, wenn das System zusammenbricht. Und es muß früher oder später zusammenbrechen, weil ungeteilte Verantwortung zu Ineffizienz, Wucherbürokratie, Lähmung führt. Ungeteilte Verantwortung führt sich zwangsläufig selbst ad absurdum. Die Demokratie kann das zum Glück nicht. Sie beruht auf dem Prinzip der Machtbegrenzung und nicht der Allmacht der Politik.

Mit solchen Hinweisen darf sich die Politik allerdings auch nicht aus ihrer Verantwortung stehlen. Also muß sie den ihr gegebenen Spielraum nutzen, um zu gestalten, um Rahmenbedingungen zu setzen oder zu verändern. Politik wird, wie bereits gezeigt, im Zeitalter der Globalisierung an vielen Stellen weit stärker als bisher nur einfache Rahmen setzen können. Versuchte sie sich gemäß alter Gewohnheit allzusehr in ausgefeilten Detailregelungen, die auch noch dem letzten Einzelfall gerecht werden, so schnappte die Beschleunigungsfalle unweigerlich hinter ihr zu. Die Veränderungen vollziehen sich heute so rasch, daß derjenige, der allzu perfekte Regelungen versucht, sich bald in der Rolle des Hasen aus der Fabel mit dem Igel wiederfinden würde. Das Problem wäre – kaum geregelt – immer wieder bereits in neuer Form da. Politik würde dabei weitgehend verkümmern – lediglich reaktiv handelnd und kaum noch in der Lage, Zielvorgaben formulieren zu können. Das kann die Lösung natürlich nicht sein.

Zweites Kapitel

Über den Charme imperfekter Lösungen – Politik gestalten in der modernen Demokratie

»Wenn eine Kultur merkt, daß es mit ihr zu Ende geht, ruft sie den Priester.« Kaum anders, als es Karl Kraus ausgedrückt hat, ist es in Zeiten großer gesellschaftlicher Umbrüche und spürbarer Veränderungen in den gewohnten Lebensbedingungen. Nur sind es heute nicht die Priester, sondern die Politiker, die Heil und Rettung bringen sollen. Das ist nicht weiter erstaunlich, entspricht es doch einer menschlichen Grunddisposition, nach Sicherheiten im Ungewissen zu suchen. Man kann sogar sagen, daß das Bedürfnis nach Sicherheit für die Zukunft um so größer wird, je größer Ausmaß und Tempo der Veränderungen sind.

Demgegenüber wirken die Verheißungen demokratischer Politik ziemlich blaß. Heilsversprechungen und Erlösung kann sie nicht geben, aber auch Patentrezepte hat sie nicht zu bieten. Daraus ziehen manche den Schluß, daß die Politik abgedankt habe. Einer weit verbreiteten Stimmung entspricht sicherlich, was Ende 1997 in einem Leitartikel der Schweizer »Weltwoche« unter der Überschrift »Gebt uns die Politik zurück« zu lesen war: »Die Politik hat der Globalisierung nichts entgegenzusetzen. Viele Politiker und Politikerinnen gestehen sich das nicht ein. Es ist ja in der Tat empörend, daß es die Wirtschaft nicht einmal mehr nötig hat, die Volksvertreter zu begrüßen, sondern sich jenseits vom politischen System klammheimlich überall das holt, was sie gerade braucht: hier die steuerlichen Vorteile, da die billigen Arbeitskräfte, dort die gute Infrastruktur ...« Was hier am Beispiel der Globalisierung dargelegt wird, läßt sich für nahezu jedes Politikfeld variieren: die innere Sicherheit, die Stabilität unserer Sozialversicherungssysteme und dergleichen mehr. Immer häufiger sieht sich die Politik dem Vorwurf ausgesetzt, nicht genügend Sicherheit im Wandel zu bieten.

Vertrauen und innere Sicherheit

Ganz von der Hand zu weisen ist diese Kritik nicht. Wenn Bürger sich nach Sonnenuntergang nicht mehr auf die Straße trauen oder die öffentlichen Nahverkehrssysteme in unseren Großstädten meiden, so muß die Frage schon erlaubt sein, ob hier der Staat womöglich ein legitimes Sicherheitsbedürfnis seiner Bürger grob vernachlässigt. Wenn Geschäftsleute in Verkaufszentren, wenn Bürger in ihren Stadtteilen zunehmend private Sicherheitsdienste zum Schutz ihres Eigentums in Anspruch nehmen, so tun sie das, weil sie kein zureichendes Vertrauen mehr in die Polizei haben.

Die Situation wird noch schlimmer dadurch, daß immer mehr Menschen den Eindruck haben, daß sich die staatlichen Ordnungskräfte auf das konzentrieren, was sie ohne große Anstrengung tun können – und die unmittelbar drängenden Probleme dabei vernachlässigen. Ein Staat, dessen Polizeikräfte dem Bürger in massiver Form fast nur noch bei Verkehrskontrollen oder der Überwachung der Parkraumbewirtschaftung begegnen, so daß bei den auftauchenden uniformierten Beamten nicht mehr ganz klar auszumachen ist, ob sie nun Ordnungskräfte der öffentlichen Sicherheit sind oder durch ihre Bußgeldverhängungen vor allem den Kämmerern Freude machen sollen – ein solcher Staat trägt selbst ein gehöriges Stück zur Untergrabung des Vertrauens seiner Bürger in ihn bei.

Ein wichtiger Ansatz der Kriminalitätsbekämpfung scheint mir die in Amerika entwickelte »Broken Window«-Theorie zu sein. Sie klingt unspektakulär, und doch hat sie nicht nur den Vorzug, offenkundig recht praktische Konsequenzen zu haben. Sie weist zudem unmittelbar auf eine Grundgegebenheit der freiheitlichen Bürgergesellschaft hin. Der Kern der Theorie läßt sich am besten anhand eines Beispiels verdeutlichen: Steht ein Auto oder ein Haus in einer Straße unbeaufsichtigt, so wird es über lange Zeit unbeachtet bleiben, wenn es äußerlich einen intakten Eindruck macht. Ist aber zum Beispiel eine Scheibe zerbrochen oder fehlt ein Rad, wird es – was empirisch nachweisbar ist – bald aufgebrochen und ausgeplündert sein und schnell Vandalismus anheimfallen. Die praktische Lehre daraus lautet: Es kommt auch auf Äußeres an. Verwahrlosung ist nicht nur Folge von Kriminalität, sie begünstigt und ermutigt sie auch. Die Grundaussage dieser Theorie ist nicht einmal etwas Neues, sondern entspricht einer alten Weisheit: Wehret den Anfängen. Ihre Wirksamkeit entfaltet sie aber dadurch, daß sie in der Zivilisiertheit unseres Alltagslebens ein Stück aktiver Verbrechensprävention erkennt.

In New York hat man seit Anfang der neunziger Jahre entschlossen praktische Konsequenzen aus diesen Erkenntnissen gezogen, zunächst in der verkommenen New Yorker U-Bahn, wo der in den USA zu einer Art Volksheld avancierte William Bratton als Chef der U-Bahn-Polizei unnachsichtig gegen zuvor eingerissene Unsitten, auch gegen vorgebliche Kleinigkeiten wie das alltägliche Schwarzfahren oder das Verschandeln von Bahnen und Anlagen mit Graffiti-Sprühereien, vorging. Bratton hatte damit Erfolg. Die U-Bahn wurde für die New Yorker zurückerobert. 1994 machte ihn der ehemalige Staatsanwalt Rudolph Giuliani, der mit einem Wahlkampf über »law and order«-Themen offensichtlich den wunden Punkt der New Yorker getroffen hatte und als erster Republikaner seit Menschengedenken in das Bürgermeisteramt der Weltmetropole gewählt wurde, zum Chef der gesamten New Yorker Polizei. Seitdem vollzieht sich in New York das kriminalistische Wunder, von dem in letzter Zeit so viel die Rede ist: Die Kriminalitätsrate sinkt Jahr für Jahr in allen Bereichen um zweistellige Prozentzahlen. 1996 wurde der Stand von 1968 erreicht. Der Rückgang in New York war so drastisch, daß er sich sogar in einem leichten Rückgang der gesamtamerikanischen Kriminalitätsrate niederschlug.

Erste erfolgversprechende Ansätze in dieser Richtung gibt es auch hierzulande. Aber viel zuviel Energie wird noch auf die Erörterung seminaristischer Kriminalitätstheorien und den scheinbar unerschöpflichen Diskurs über die sozialen Ursachen von Verbrechen verschwendet. Solange hieraus keine praktischen Konsequenzen gezogen werden, die zu spürbaren Erfolgen führen, darf man kaum hoffen, daß das Bürgervertrauen auf innere Sicherheit wieder wächst und die Menschen an präventiver Kriminalitätsbekämpfung allein schon dadurch mitwirken, daß sie darauf achten, daß ein bestimmter Grad von Zivilisiertheit des öffentlichen Lebens und Intaktheit der öffentlichen Räume nicht unterschritten wird.

Zur Stärkung des Ansehens von Politik und Staat trägt es sicherlich auch nicht bei, wenn die innere Sicherheit zum Gegenstand parteipolitischen Taktierens wird. Die Diskussion um den sogenannten Großen Lauschangriff und die systematische Durchlöcherung dieses effektiven Instruments der Bekämpfung organisierter Kriminalität zu Zwecken der machtpolitischen und wahltaktischen Profilierung – indem die SPD erst der Grundgesetzänderung zustimmt und sie hernach mit ihrer Mehrheit im Vermittlungsausschuß praktisch wieder aufhebt – waren kein Ruhmesblatt.

So wie die Diskussion gelaufen ist und angesichts des Ergebnisses, mit dem eigentlich keiner glücklich sein kann, erscheint es wenig sinnvoll, den Streit nach dem alten Strickmuster wieder aufzunehmen. Vielleicht kommen wir weiter, wenn wir uns über zweierlei Klarheit verschaffen: Die Natur der neuen und zukünftigen kriminellen Anfechtungen der inneren Sicherheit wird vermutlich immer häufiger Konfliktsituationen zwischen den Erfordernissen wirksamer Verbrechensbekämpfung einerseits und der Wahrung von Grundrechten andererseits heraufbeschwören. Für den Bereich der organisierten Kriminaliät ist das evident, aber auch das verständliche Bedürfnis der Bürger, schlimme Gewalttaten wie Mord, Kindesmißhandlungen oder jegliche Form von Sexualstraftaten aufzuklären, weist in diese Richtung. Wenn wir hierbei auf Gen-Datenbanken zurückgreifen wollen, so ergibt sich, ähnlich wie bei der elektronischen Überwachung von Straftätern und Verdächtigen, ein Grundrechtsproblem; in diesem Fall muß das Persönlichkeitsrecht auf informationelle Selbstbestimmung bedacht werden.

Man sollte solche Konflikte nicht auf die leichte Schulter nehmen. Natürlich sind wir nicht in einer Situation, in der man befürchten müßte, daß staatliche Willkür den Menschen grundrechtslos macht. Auch Lauschangriff und Gen-Datei werden daran entgegen mancher schwarz auf weiß gedruckten Befürchtung nichts ändern. Dennoch muß man sensibel bleiben für schleichende Erosionen, die in der Summe eine neue, nämlich durchaus auch mindere Grundrechtsqualität ergeben könnten. Das gilt übrigens auch im Umkehrschluß: Wenn wir auf Dauer den Wesenskern von Grundrechten, soweit diese mit den Erfordernissen der modernen Verbrechensbekämpfung kollidieren, erhalten wollen, so wäre nichts fataler als ein Grundrechtsrigorismus, der effektive Strafverfolgung erschwerte oder gar unmöglich machte. Es würde dann nicht lange dauern, bis eine populistische Grundstimmung, die heutzutage besonders wirksam von den auf Scham- und Distanzlosigkeit spezialisierten elektronischen Medien transportiert und verstärkt wird, dazu führt, daß das Kind mit dem Bade ausgekippt wird.

Wäre es also nicht klüger, im Spannungsfeld der inneren Sicherheit über andere Wege effektiven Grundrechtsschutzes nachzudenken? Manche Experten behaupten, daß die Begehrlichkeit der Ermittler, in die Privat- und Grundrechtssphäre der Bürger einzudringen, entscheidend gemindert werde, wenn zum Beispiel im Bereich der elektronischen Verbrechensbekämpfung das Prinzip des Zufallsfundes abgeschafft würde. Auch dazu muß allerdings kritisch angemerkt werden, daß eine radikale Regelung, die beispielsweise dazu führte, daß Hinweise auf schwere Verbrechen wie Mord im Namen der Grundrechte in den Papierkorb geworfen werden müßten, kaum Aussicht auf Akzeptanz hätte. Aber es muß erlaubt sein, diesem Denkansatz ernsthaft und ohne Schere im Kopf nachzugehen.

Ein anderer Weg wäre unter Umständen die strikte Personalisierung von strafbewährter Verantwortung in den an Datenermittlung und -archivierung beteiligten Dienststellen im Falle von Mißbrauch oder Fahrlässigkeit. Dabei begäbe man sich jedoch auch auf eine heikle Gratwanderung. Denn das an sich richtige Prinzip, daß Beamte nur bei grob fahrlässigem Verhalten für die Folgen ihres Verwaltungshandelns haften sollten, läßt sich damit nicht ohne weiteres vereinbaren. Wenn die öffentliche Verwaltung mehr sein soll als eine bloße Durchreichstation für Bürgeranliegen an die Verwaltungsgerichtsbarkeit, muß für Ermessensentscheidungen konsequenterweise wieder mehr Raum geschaffen werden. Höhere Haftungsrisiken dämpfen aber jede aufkeimende Bereitschaft, innerhalb eines Ermessensspielraums auch tatsächlich eigenverantwortlich und pragmatisch zu entscheiden. Dennoch: Ein stärkeres Element persönlicher Verantwortung – positiv im Sinne größeren Ermessensspielraums und negativ im Sinne stärkerer persönlicher Haftung – könnte gegen die Anonymität bürokratischer Apparate mehr Effizienz erreichen, im angesprochenen Spannungsfeld sowohl bei der Kriminalitätsbekämpfung wie beim Grundrechtsschutz.

Diese Beispiele zeigen pars pro toto sehr plastisch, daß einfache und perfekte Lösungen nicht zu haben sind. Immer wieder müssen wir nach Mittelwegen suchen, also bei der Kriminalitätsbekämpfung sowohl dem berechtigten Anspruch des Bürgers auf Sicherheit, als auch den Erfordernissen der

Grundrechtswahrung gerecht werden. Damit ist kein Dilemma der Politik in der Demokratie beschrieben, sondern im Gegenteil die Chance ihrer Bewährung: Sie sieht die Probleme, nimmt sich ihrer an, hat aber keine Patentrezepte bei der Hand. Den beiden Extremen, perfekte Lösung einerseits und Handlungsunfähigkeit andererseits, setzt sie die zukunftsoffene, entwicklungsfähige, auch korrigierbare Alternative entgegen. Was Alexis de Tocqueville als einen Vorzug der amerikanischen Demokratie gegenüber anderen Formen der Herrschaftsausübung festgehalten hat, gilt ganz allgemein für jede Demokratie: Er besteht »nicht nur darin, daß sie aufgeklärter« als andere ist, sondern auch die Gabe besitzt, »Fehler zu begehen, die sie gutmachen« kann.

Buridans Esel und die Unvernunft

In der Politik ist es nicht anders als bei allem Menschenwerk: Sie ist zwangsläufig unvollkommen. Im post-totalitären Zeitalter, in dem wir seit dem Epochenwechsel von 1989 leben, ist die uns bedrohende Variante der Wirklichkeitsverneinung nicht mehr die aus utopiegespeisten Entwürfen erwachsende Revolutionierung der Gesellschaft und Umerziehung des Menschen. Es ist vielmehr die im Bewußtsein der Unvollkommenheit des Möglichen gründende Handlungsverweigerung. Wohin dies schließlich führt, lehrt uns Buridans Esel, »jenes philosophieanekdotische Grautier, das hungrig genau in der Mitte zwischen zwei gleich großen und gleichermaßen verführerisch duftenden Heubündeln steht und, gewohnt, nur aufgrund entscheidender Gründe zu handeln, verzweifelt nach Gründen sucht, sich dem einen und nicht dem anderen Heubündel zuzuwenden, jedoch keinen Grund finden kann und somit verhungert, in der Fülle der Nahrung aus Mangel an entscheidenden Gründen zugrunde geht«. Die Heubündel unserer Tage duften nicht gerade verführerisch, aber die

Pointe, die Wolfgang Kersting aus dieser Parabel gewinnt, kennzeichnet gewissermaßen auch unseren politischen Betrieb: die Eselei der Vernunft. Im Streben nach vollkommener Rationalität verhalten wir uns unvernünftig, gleich dem Esel Buridans: »Der Tod des Esels ist die Protestaktion eines prinzipienstrengen Rationalisten. Angesichts einer rationalitätsdefizitären Welt, die präferenzabweisende Entscheidungssituationen zuläßt, bleibt dem rationalistischen Extremisten nur die Handlungsverweigerung, die Lebensverweigerung.« Und damit, so schließt Kersting, »verhält sich der Esel überaus unvernünftig«.

Günter de Bruyn hat in einer ironischen Schilderung des DDR-Alltags anhand dieses Gleichnisses die Geschichte des Bibliothekars Karl Erp beschrieben, der zwischen dem Anspruch des Parteigenossen, sein Leben gemäß seinen sozialistischen Idealen zu leben, und den Verlockungen von Wohlstand, Bequemlichkeit und den Reizen der kleinbürgerlichen Idylle – beides personifiziert in zwei Frauengestalten – am Ende auf der Strecke bleibt. Er konnte sich nicht entscheiden. Inzwischen haben wir dafür längst die bürokratische Variante, nämlich jenen Ministerialrat, der die absolute Ruhe in der ihm wegen Überarbeitung verordneten Kur nicht erträgt und deswegen zum Kartoffelsortieren eingeteilt wird, nach zwei Tagen jedoch zusammenbricht und den Arzt wieder um Entbindung von dieser zu schweren Tätigkeit bittet. Was, fragt der Arzt, soll denn daran schwer sein, Kartoffeln in große und kleine einzuteilen? Eigentlich nichts, antwortet unser Ministerialrat, aber immer diese Entscheidung ...

Buridansche Situationen sind in der Politik der Regelfall. Entscheidungen stehen oftmals an, ohne daß es im Letzten Gründe der Vernunft gibt, daß nur das eine, auf gar keinen Fall das andere richtig ist. Wir müssen uns auch darüber im klaren sein, daß wir mit abschließender Gewißheit nicht alle Folgen unseres Tuns abschätzen können. Politik zu betreiben heißt also zunächst einmal, mit imperfekten Lösungen leben zu können. Doch darf aus der Not nicht allzuviel Tugend werden, denn das Eingeständnis der Unvollkommenheit schließt ja keineswegs die Lernfähigkeit des Menschen aus. Verantwortungsbewußter Politik liegt daher ein prozeßhaftes, ein reformistisches, ein auf Ausgleich und Lernbereitschaft ausgerichtetes Verständnis zugrunde. Revolutionäre, ideologisch motivierte, gar in ihren Folgen nicht abschätzbare, irreversible Entscheidungen passen nicht zum Ethos der liberalen Demokratie – gleichviel, ob diese nun aus linken oder rechten Ideen gespeist sind oder, im Technokratengewand daherkommend, einem nicht mehr lösungsoffenen, sondern in Unbeweglichkeit festgelegten, also gleichsam hyperrationalistischen »Extremismus der Mitte« frönen.

Die Alternative eines reformistischen Ansatzes hat demgegenüber nicht nur den Vorzug der prinzipiellen Offenheit für die Zukunft. Er entspricht auch dem wichtigsten Anliegen der Demokratie, Frieden im Inneren durch Mäßigung und Ausgleich der Interessen und Meinungen zu stiften. Demokratie ist wesentlich eine Ordnung der ausgleichenden politischen Mitte, ihr oberstes Gebot für die in ihr engagierten Kräfte ist das uneingeschränkte Bekenntnis zum Kompromiß. Kompromißfähigkeit, die ein Ausschlagen in Extreme verhindern hilft, darf allerdings nicht verwechselt werden mit unserem weitverbreiteten Hang, alles und jedes mit wertneutraler Konsenssoße zu überziehen. Der Kompromiß steht nicht am Anfang, sondern am Ende einer politischen Auseinandersetzung; er ist das Ergebnis eines friedlich mit dem Ziel des Einvernehmens geführten Streits, nicht dessen Ersatz. Das Aufzeigen und beherzte Eintreten für scharf profilierte Alternativen, das argumentative Kämpfen und werbende Streiten für eindeutige Positionen ist also nicht Gegensatz, sondern Voraussetzung für sachgerechte Lösungen, die zu suchen auch die grundsätzliche Bereitschaft zum Kompromiß nicht dispensieren darf. Schritt für Schritt Politik zu machen ist glanzlos und mühsam im Vergleich zu den scheinbar glasklaren großen Entwürfen. Doch kleine Bewegungen in die richtige Richtung sind immer noch besser als trotziges Beharren auf der umsetzungsresistenten reinen Lehre.

Das Bekenntnis zum reformistischen Ansatz in der Politik ist aber nicht nur sachgemäß im Sinne der Vernunft; und es ist nicht nur der richtige Weg, um Mäßigung, Ausgleich und innere Stabilität zu gewährleisten. Der bescheidene Ansatz reflektiert auch die begrenzten Gestaltungsmöglichkeiten der Politik. Er ist damit die Bedingung einer Ordnung der Freiheit schlechthin, die nicht nur das angemessene Ethos einer humanen Gesellschaft begründet, sondern die auch am besten geeignet ist, Effizienz, Motivation, Kreativität, Innovations- und Anpassungsfähigkeit freizusetzen.

Allerdings sind wir gegenwärtig recht weit von einem solchermaßen erwünschten Zustand entfernt. Als ein großes Problem erweist sich dabei auch, daß die seit den sechziger Jahren immer wieder thematisierte »Herrschaft der Verbände« sich zwar verändert hat, jedoch in ihrem Grundübel nicht beseitigt ist. Nun liegt die Legitimation von Interessenverbänden natürlich gerade darin, daß sie die spezifischen Belange ihrer Klientel möglichst effektiv zu bündeln und durchzusetzen versuchen müssen. Dieses aber in der Rücksichtslosigkeit egomanischer Beutezüge zu betreiben, ohne Blick für den Gesamtzusammenhang, der doch erst die Partizipation von Verbänden ermöglicht, ist unverantwortlich. Ein kluger Angler wird, wenn er an die Zukunft denkt, niemals einen Teich leer fischen. Er wird auch besorgt sein müssen, durch sein Verhalten nicht andere in diese Richtung zu drängen, und also achtgeben, daß genügend Fische im Wasser verbleiben, wenn die anderen Angler ihren Fang machen wollen. Und schließlich wird es nur weitergehen, wenn auch nach dem Abzug des letzten Anglers genügend Fische übrig sind, die das ökologische Gleichgewicht des Teiches aufrechtzuerhalten vermögen, damit auch in der Zukunft noch ausreichend Fang zu machen ist. Eben diese Klugheit ist in den ihre Partikularinteressen verfolgenden Verbänden vergleichsweise wenig ausgeprägt – was schlimm für die Gemeinschaft insgesamt ist, aber auch die eigene Zukunft jener Interessengemeinschaften untergräbt. Und die demokratietheoretische Arbeitsteilung, daß Interessenverbände nur partikulare Interessen besorgen, die Politik hingegen für das *bonum commune* zuständig ist, funktioniert heute schlechter denn je, weil in unserer Medienwelt auch interessengeleitete Kritik ungleich stärker transportiert wird als Zustimmung, das Vertrauen in Politik aber eher abgenommen hat.

Zwischen Konsens und Konkurrenz

Bislang hat es nicht viel geholfen, daß die Ursachen der retardierenden Elemente allgemein bekannt und zwischen den unterschiedlichen politischen Parteiungen eigentlich nicht einmal grundsätzlich umstritten sind. Doch wenn es ernst wird und es darum geht, die notwendigen Strukturreformen einzuleiten, die Eigeninitiative und Freiheit einengende Regulierungsdichte auszudünnen, das Verhältnis zwischen den verschiedenen Ebenen unseres Staates neu zu gestalten, hoheitliche Tätigkeit subsidiär zu verlagern – immer dann zucken viele zurück und suchen bequemere Wege.

Wenn man bedenkt, daß diese Haltung nicht nur in den Parteien, sondern auch unter den kritischen Wegbegleitern des politischen Geschäfts, etwa in den Medien verbreitet ist, so drängt sich der Schluß auf, daß es gar nicht mal Bösartigkeit oder taktische Überlegungen sind, die das Notwendige verhindern.

Ein schönes Beispiel bietet der alle Wochen wieder erklingende Ruf nach einer großen Koalition, die allein die notwendigen Reformen auf den Weg bringen könne. Hierzu ist zunächst einmal anzumerken, daß kein vernünftiger Mensch eine große Koalition ausschließen sollte, sofern sich im Verfassungsbogen keine andere parlamentarische Mehrheit rechnet. Aber so sind die Spekulationen über oder der Wunsch nach einem Bündnis der großen Parteien ja auch nicht gemeint. Vielmehr stecken dahinter drei Ideen, die ich für grundfalsch halte und die allesamt das besonders in Deutschland so stark ausgeprägte vorpolitische Bedürfnis nach übergroßer Harmonie und stickigem Konsens à la Wilhelm II. widerspiegeln.

Am problematischsten ist der Anschlag, den eine große Koalition auf das Prinzip des Wettbewerbs bedeutet. Für die Politik gilt das gleiche wie für Wirtschaft und Gesellschaft: Konkurrenz belebt das Geschäft, die besseren und innovativeren Lösungen finden sich immer im Prozeß des Wettstreits um die bessere Idee. Eine große Koalition hingegen brächte vielleicht kurzfristig die Erträge eines Kartells, mittel- und langfristig aber mit Sicherheit alle Nachteile der Kartellierung: die Abtötung der Kräfte der Kreativität und der produktiven Anstrengung. Dies bliebe unter den Bedingungen unserer gegenwärtig vielgestaltigen Parteienlandschaft im übrigen auch nicht ohne Folgen für die eine solche Koalition tragenden Partner. Das Beispiel des Berliner Senats oder der österreichischen SPÖ/ÖVP-Regierung zeigt, daß aus großen Koalitionen sehr schnell kleine Koalitionen werden können, wenn eine hinreichende Zahl von Menschen das Gefühl bekommt, ein solches Mehrheitsbündnis schreite nicht voran, sondern belauere und blockiere sich bis hin zur Bewegungsunfähigkeit. Der Akzeptanzschwund schlägt sich unmittelbar in den Ergebnissen der Demoskopie nieder. Tendenziell begünstigen große Koalitionen außerdem das Anschwellen radikaler Opposition, den Aufwuchs extremistischer Parteien und eine Verlagerung der politischen Vertretungsmacht in außerparlamentarische Formen. Im Endergebnis spricht also vieles dafür, daß einem kleinen politischen Ertrag eine große Destabilisierung, vielleicht sogar eine dauerhafte Beschädigung unserer parlamentarisch-demokratischen Ordnung gegenüberstünden.

Irreführend ist, zweitens, auch die Behauptung, daß die zur Bewältigung großer Probleme nötigen Entscheidungen große parlamentarische Mehrheiten haben sollten. Der Blick auf die Geschichte der Bundesrepublik legt eher den umgekehrten Schluß nahe. Ob Adenauers Westpolitik oder Brandts Ostpolitik, ob Einführung und Umsetzung der Marktwirtschaft oder Durchsetzung des NATO-Nachrüstungsbeschlusses: Viele der wichtigsten Weichenstellungen und Zukunftsentscheidungen in Nachkriegsdeutschland sind mit knappen Mehrheiten zustande gekommen. Und sie waren nicht nur trotzdem richtig, sondern auch dauerhaft tragfähig.

Drittens wird gemutmaßt, daß eine große Koalition bei unterschiedlicher Mehrheitsverteilung in Bundesrat und Bundestag die sich daraus ergebende Blockadeversuchung zerstreuen und bestehende Blockaden aufbrechen könne. Soweit es sich dabei um rein parteipolitisch motivierten Mißbrauch einer Sperrmöglichkeit handelt, mag das realistisch erscheinen. Doch auch gegen diese Annahme spricht die historische Erfahrung. Trotz des Bündnisses aus CDU/CSU und SPD gelang es Ende der sechziger Jahre nicht, die eigentlich geplante umfassende Finanzreform zu verabschieden. Mit letzter Anstrengung, kurz vor den Bundestagswahlen 1969, drückte man lediglich eine Rumpfreform durch das Gesetzgebungsverfahren. Den großen Wurf verhinderten indes die Länder, die ungeachtet der Parteizugehörigkeit ihrer Regierungen einigermaßen geschlossen gegen die gleiche Farbenformation im Bundestag standen.

Fast alles spricht dafür, daß wir diese historische Erfahrung ein weiteres Mal machen würden. Das liegt zum einen daran, daß die Länder sich heute noch mehr als in früheren Zeiten in schwerbefestigten Bastionen einer Besitzstandskultur eingerichtet haben, die nicht so sehr der Verteidigung gesetzgeberischer Kompetenzen dienen – dafür könnte man noch Verständnis haben –, sondern in Zeiten enger Haushaltsspielräume für alle öffentlich rechtlichen Gebietskörperschaften der Durchsetzung ihrer finanziellen Interessen zu Lasten des Bundes, und zwar nach dem ebenso eingängigen wie für die Gemeinschaft gefährlichen Prinzip, daß einem das Hemd allemal näher ist als der Rock. Zweitens sind die Begehrlichkeiten der Länder, grundsätzlich im Bund mitzumischen, größer geworden. Wenn sich heute Mitglieder von Landesregierungen rühmen, in Kabinettssitzungen mehr als die Hälfte der Zeit über bundes- und europapolitische Themen zu sprechen, so stellt sich die Frage, ob sie ihrer Aufgabe zu Hause angesichts der Lust zum Mitregieren in Bonn und Brüssel noch gerecht werden.

Bundesrecht bricht Landesrecht, so bestimmt es das Grundgesetz. Aber, die Mütter und Väter unserer Verfassung waren in den Beratungen in Herrenchiemsee und beim Parlamentarischen Rat auch weise genug, den Ländern überall dort ein Mitspracherecht einzuräumen, wo ihre Interessen durch Bundesgesetzgebung berührt werden. Daher gibt es seit Beginn der Bundesrepublik Gesetze, die zustimmungspflichtig durch die Vertretung der Länder, also den Bundesrat, sind. Diese zweifellos sinnvolle Regelung ist, darauf hat Dieter Grimm eindrucksvoll hingewiesen, in den vergangenen Jahrzehnten schleichend ausgedehnt worden. Das Grundgesetz sah ursprünglich in dreizehn Fällen die Zustimmung des Bundesrats vor. Bis 1980 hatte sich diese Zahl schon verdreifacht. Das Bundesverfassungsgericht ist an dieser Entwicklung nicht unschuldig, hat es doch festgestellt, daß eine einzige zustimmungspflichtige Vorschrift in einem Gesetzeswerk ausreicht, um es insgesamt zustimmungspflichtig zu machen. Diese Rechtsprechung und eine Reihe von Verfassungsänderungen, bei denen die Länder neue Zustimmungspflichten durchgesetzt haben, sind dafür verantwortlich, daß heute fast zwei Drittel aller vom Bundestag verabschiedeten Gesetze die Zustimmung des Bundesrats benötigen. Die verfassungspolitisch unerfreuliche Pointe dabei ist: Die Zustimmungsrechte des Bundesrats, die ja nicht in unterschiedlich nutzbarer Weise den einzelnen Ländern, sondern der Ländergesamtheit zugute kommen, bedeuten im Ergebnis nicht vermehrte Eigenständigkeit der Länder, sondern vermehrter Ländereinfluß auf die Bundespolitik. »Soweit das Zustimmungsrecht des Bundesrats reicht«, resümiert Grimm, »kann die Bundesratsmehrheit die Politik der Bundestagsmehrheit blockieren.«

Die scheinbar bequeme Lösung einer großen Koalition im Bund würde an dieser Schwierigkeit nichts ändern. Eine Koalition könnte noch so groß sein – wenn die wichtigste aller politischen Strukturreformen, nämlich die Neuregelung des Bund-Länder-Verhältnisses, angegangen würde, bliebe die Aussicht, die Zustimmungsbastion der Länder zu schleifen, vermutlich dennoch gleich Null. Also muß die Lösung in anderer Richtung gesucht werden, und die betrifft unser föderales Grundverständnis. Wie sehr die Verwirrung fortgeschritten, ja, wie grundverkehrt der gegenwärtig vorherrschende Denkansatz ist, zeigt bereits der Umgang mit dem Begriff des Föderalismus. Es hat sich nämlich eingebürgert, hierunter nur die Selbstbehauptung der Bundesländer gegen den Bund zu verstehen. Schon vom Wortsinn her müßte es genau umgekehrt sein. Denn Föderalismus bedeutet nicht, daß die Länder dem Bund Kompetenzen abringen, sondern einen Zusammenschluß der Länder zum Bund, zu einer Föderation, der die alle Länder gleichermaßen interessierenden, nur gesamt- oder bundesstaatlich organisierbaren Aufgaben und Vorhaben aus eigenem Recht obliegen sollten.

Was Alexander Hamilton, einer der Autoren der berühmten »Federalist Papers«, vor über 200 Jahren im Ringen um eine amerikanische Bundesverfassung geschrieben hat, läßt sich ohne weiteres auf unsere Situation übertragen und setzt einen wegweisenden Maßstab für das Bemühen, unser föderatives Knäuel wieder zu entwirren: »Eine föderative Republik kann man einfach als einen ›Verbund von Gemeinwesen‹ oder als eine Vereinigung von zwei oder mehreren Staaten zu einem Staat definieren. (...) Solange die getrennte Organisation der Mitgliederstaaten nicht aufgehoben ist und diese per Verfassungsgebot für lokale Fragen zuständig sind, auch wenn sie der zentralen Autorität der Union völlig untergeordnet sind, handelt es sich doch praktisch und theoretisch um einen Staatenbund oder eine Konföderation. Im vorliegenden Verfassungsentwurf kann von einer Abschaffung der Einzelstaaten keine Rede sein, vielmehr erhalten sie mit dem Senat eine direkte Vertretung und behalten bestimmte ausschließliche und äußerst wichtige Anteile an der Souveränität. Das entspricht in jedem vernünftigen Sinn dieses Begriffs vollkommen der Idee des föderativen Staates.«

Von diesem Ideal haben wir uns weit entfernt. Dort, wo es sinnvoll wäre, den Bund durch Verantwortungsübertragung auf die Länder zu entlasten, sperren sich diese. Statt dessen regieren die Länder über den Bundesrat voller Mißtrauen gegenüber dem Bund immer mehr in Bereiche hinein, die von der Sache gar nicht anders als durch Bundessouveränität zu lösen wären. Aber einseitige Schuldzuweisungen sind nicht angebracht, da auch der Bund seinen Anteil am Durcheinander des föderalen Systems hat. Die fatale Ausweitung des Katalogs der konkurrierenden Gesetzgebung hat der Bund letztlich nur um den Preis erweiterter Zustimmungsrechte der Länder erreichen können. Und auch im Verteilungskampf zwischen Bund und Ländern ist es nicht immer der Sinn für föderale Funktionszusammenhänge, der die Auseinandersetzungen prägt. Der Umstand, daß viele Bundesgesetze von den Bundesländern und nicht vom Bund vollzogen werden müssen, trägt gleichfalls nicht zu einer Auflösung des immer komplizierter verstrickten Wirrwarrs bei. Hier hat sich insbesondere durch die Neigung rot-grüner Landesregierungen, aus politischen Gründen den Vollzug von unliebsamen Gesetzen entweder nur schleppend zu organisieren oder sogar offenen Vollzugswiderstand zu leisten, ein Ärgernis ersten Ranges ausgebildet. Die Unverfrorenheit, mit der dabei manchmal die Pflicht zur Bundestreue ignoriert wird, hat insbesondere im Bereich des Atomrechts Kosten in Milliardenhöhe verursacht.

Wo wir heute stehen und was zu tun ist, läßt sich somit

knapp zusammenfassen: Unser System des kooperativen Föderalismus steckt in einer Krise. Das Prinzip der gliedstaatlichen Dezentralität als solches hat sich zwar bewährt, und anders als noch in den Krisenzeiten der Weimarer Republik stellt dies niemand in Frage. Der Reformbedarf ist gleichwohl beträchtlich. Insbesondere die unsaubere Trennung der Zuständigkeits- und Verantwortungssphären von Bund, Land und Kommunen ist zum Problem geworden, die vielfältigen Verschränkungen der Rechtssetzungs- und Entscheidungsbefugnisse sowie der fiskalischen Kompetenzen müssen neu geordnet werden.

Die klassisch Montesquieusche Gewaltenteilung ist in Deutschland weder auf Bundesebene (horizontal) noch zwischen Bund und Ländern (vertikal) konsequent durchgeführt. Sie ist vom Grundgesetz auch nicht gewollt. Während etwa in den USA die Einzelstaaten keinen institutionellen Einfluß auf die Bundespolitik haben und umgekehrt, sind die Bundesländer über den Bundesrat und das System konkurrierender Gesetzgebungszuständigkeit an großen Teilen der Bundesgesetzgebung beteiligt. Auf der anderen Seite haben die deutschen Bundesländer zwar Aufgabenbereiche, die ihnen vollständig (andere teilweise) zur Regelung überlassen sind; sie verfügen jedoch über keine Steuerhoheit und sind deshalb finanziell auf den Bund sowie, im Falle finanzschwacher Länder, zusätzlich auf den Länderfinanzausgleich angewiesen. Insgesamt ist auch für den Bürger nicht erkennbar, in welchem Umfang welche Instanz für bestimmte Verhältnisse und etwaige Mißstände verantwortlich ist. Seit der Wiedervereinigung ist die Zahl der Bundesländer auf sechzehn angewachsen, was die Komplexität und Kompliziertheit des kooperativen Föderalismus nochmals erhöht hat.

Was in der Frühgeschichte der Bundesrepublik noch eine durchaus sinnvolle (Selbst-)Bindung der unterschiedlichen politischen Instanzen durch »checks and balances« auf und zwischen allen Regierungsebenen war, ist nunmehr als Beschrän-

67

kung der Aktionsmöglichkeiten und unklare Verteilung von Verantwortlichkeiten problematisch geworden. Keine Instanz, kein einzelnes Gremium, geschweige denn einzelne Personen sind letztverantwortlich und haben Durchsetzungskompetenzen, an deren Umsetzung sie für den Wähler zu messen wären. Das aktuellste Beispiel ist die vorläufig gescheiterte große Steuerreform, in deren Folge sich alle Beteiligten ohne Furcht vor Widerlegung gegenseitig der Obstruktion bezichtigen konnten. In der Wahrnehmung der Öffentlichkeit war am Ende sogar das Opfer schuld an der Tat: Die allein auf Baisse spekulierende Blockade der SPD-Mehrheit im Bundesrat hat nicht dazu geführt, daß der Stillstand in der Steuerpolitik den Ländern angelastet wurde, sondern der Bundesregierung.

Gerade dieses Beispiel, bei dem es sich nicht nur um eine politische Pokerpartie mit Gewinner und Verlierer handelt, sondern in dem es um eine entscheidende Frage der Zukunftsfähigkeit des Standorts Deutschland geht, offenbart das Elend einer strukturellen Fehlentwicklung im föderalen System. Der Maßstab für das, was getan werden muß, ist dabei einfach und klar. Denn wenn wir es ernst mit dem Bemühen um eine Ordnung der Freiheit meinen, dann kann auch für die verschiedenen Ebenen unserer Staatlichkeit die Antwort nur Subsidiarität und Eigenverantwortung heißen – was konkret bedeutet: eine bessere Trennung der Aufgaben und Zuständigkeiten zwischen Bund und Ländern, die Wiederherstellung des Zusammenhangs von Zuständigkeit und Folgenverantwortung und damit schließlich auch die Stärkung des Wettbewerbsprinzips im Verhältnis zwischen Bund und Ländern einerseits sowie zwischen den Ländern andererseits.

Eine Reform unseres kooperativen Föderalismus, die diesen Postulaten folgte, würde im übrigen eine entscheidende Stärkung des demokratischen Prinzips bedeuten. Wahlen wären mehr als heute Entscheidungen über die Gesamtausrichtung und Leistungsfähigkeit von regierenden beziehungsweise opponierenden Landesparteien. Parteipolitische Prestigeprojekte würden durch deren Koppelung an die Folgenverantwortung angemessener beurteilbar. Ausgestattet durch den Wähler mit der direkten Verantwortung für die Ausgaben- *und* Einnahmentätigkeit eines Bundeslandes, würde der Legitimationsdruck für die sich am Länderfinanzausgleich gütlich haltenden Bundesländer sehr viel größer. Eine derartige Re-Politisierung der Landtagswahlen hätte darüber hinaus auch den positiven Nebeneffekt, daß dem Unfug, in jeder Wahl eines Landesparlaments sogleich eine »Testwahl« für den Bund zu betrachten, ein wenig der Boden entzogen würde.

Sowohl unter dem Aspekt der Stärkung von Demokratie als auch unter dem Gesichtspunkt, sachgemäße Lösungen für unsere Probleme zu finden, scheint mir die Bedeutung der Kommunen für die Zukunft eher größer zu werden. Es ist ja kein Zufall, daß Städte die Urzellen der Demokratie waren. Denn die örtliche Gemeinschaft ist naturgemäß unmittelbar als lebendiger bürgerschaftlicher Zusammenhang erlebbar. Das war vor 2 500 Jahren in den *poleis* des antiken Griechenland nicht anders als in mittelalterlichen Städten und wird in der gegenwärtigen Krise des »erschöpften Nationalstaats« und eines jenseits des Ökonomischen gestaltlosen Marktes wieder besonders deutlich. Eine Erneuerung der Demokratie muß daher die Erfahrungen der am Puls bürgerschaftlicher Interessen und Nöte operierenden Städte und Gemeinden in den Vordergrund der Reformüberlegungen rücken. Dies gilt um so mehr, als die großenteils auf kommunaler Ebene bereitgestellten Daseinsvorsorgeleistungen heute zum Kern politischer Legitimität des Staates gehören.

Die Stärkung der Kommunen, die Ausweitung ihrer Aufgaben, Kompetenzen und Verantwortung ist zudem das notwendige Gegengewicht zu dem unumkehrbaren, auch alternativlosen Trend, für immer mehr der zentralen, die Gesamtheit unseres Landes betreffenden Fragen nach Lösungen im großen Rahmen zu suchen. Wie noch darzulegen sein wird, müssen für immer mehr der uns bedrängenden politischen

Themen Europa und die internationalen Gemeinschaften der Ansatz sein. Je mehr aber dadurch ein Element der Ferne in unsere politischen Konzepte und in unser Handeln kommt, desto wichtiger wird es werden, die Ebenen der Politik besonders zu stärken, die noch am besten dem Prinzip der Nähe – der Bürgernähe, der Problemnähe, auch der konkreten Wirklichkeitsnähe – durch unmittelbaren persönlichen Bezug der Handlungsverantwortlichen und der Betroffenen entsprechen.

Die Stärkung, Erzeugung und bewußte Hinwendung zum Prinzip der Nähe in der Politik sind zudem ein wichtiger Beitrag zur Kräftigung des demokratischen Mehrheitsprinzips. Denn es gilt der Satz: Je größer die Homogenität einer Gemeinschaft ist, um so gemeinverträglicher sind die Folgen von Mehrheitsentscheidungen. Einerseits ist nämlich die Gefahr der Tyrannei der Mehrheit über die Minderheit hier nicht in dem Maße gegeben wie in vergleichsweise heterogenen Großzusammenhängen; zum anderen lassen sich Konflikt und Dissens um so besser aushalten, je größer die Grundübereinstimmung der Mitglieder einer Gemeinschaft ist.

Das Lob der kleinen Einheiten ist damit aber noch nicht vollständig: Hinzu kommt, daß die meisten Innovationen heute – nach den alle Hierarchien und Grenzziehungen mißachtenden und damit in spezifischem Sinne *demokratischen* Revolutionen in Wissenschaft und Technik – längst nicht mehr von zentralistischen Großorganisationen ausgehen, sondern von kreativen Menschen in dezentral organisierten Einheiten, die am Puls der Veränderungen leben und arbeiten und die, mit Freiräumen zur Bewährung von Verantwortung ausgestattet, kreativ und flexibel reagieren und gestalten können. Das gilt für einzelne und Unternehmen ebenso wie für den öffentlichen Sektor. Dieses Potential für die Erneuerung der Demokratie ist noch längst nicht ausgeschöpft. In Wahrheit ist es sogar unerschöpflich. In den Kommunen gibt es allenthalben bereits Inseln der Reform, »best practices« der gelebten Bürgerverantwortung und unkonventioneller Experimente, die vermittelt und verbreitet werden müssen. Hier sind viele Impulse für die nationale Erneuerungsdebatte abrufbar.

Die Kommunen sind auch besonders geeignet zur Fortentwicklung des überforderten Wohlfahrtsstaates. In den Städten und Gemeinden können Freiräume für bürgerschaftliches Miteinander zur Belebung einer »Wohlfahrtsgesellschaft« führen, in der die Bürger im Mittelpunkt stehen und die Anonymität der bürokratischen Strukturen des Nationalstaates und die kühle Rationalität des Marktes sich zu dem Ganzen eines sich erneuernden Gemeinwesens fügen. Dazu gehört insbesondere die Förderung der Beteiligung der Bürgerschaft an den örtlichen Entwicklungs- und Entscheidungsprozessen.

Dieser Weg der Stärkung des demokratischen Prinzips scheint mir vielversprechender zu sein als die alle Jahre wieder anklingenden Forderungen nach mehr direkter Partizipation und Aushöhlung des repräsentativen Systems. Plebiszitäre Demokratie ist strukturell innovationsfeindlich; sie bedeutet im Ergebnis eher eine Stärkung der destruktiven Elemente und ist kaum ein Beitrag zum aktiven Gestalten. Angemessener wäre es dagegen, die Demokratie dadurch zu stärken, daß man den Stimmen im oben beschriebenen Sinne noch mehr Gewicht gibt. Grundsätzlich muß gelten: Je höher die Ebene, desto stärker muß das repräsentative Element sein. Je weiter unten sie hingegen angeordnet ist, desto eher können auch plebiszitäre Beteiligungen sinvoll eingefügt werden.

Immer mehr wird dabei die Rekrutierung unseres politischen Personals zu einer Schlüsselfrage. Die Durchlässigkeit sowohl der Parteistrukturen als auch die der staatlichen Verwaltung ist in dieser Hinsicht alles andere als optimal. Dabei handelt es sich um eine kontinuierliche und schleichende Entwicklung, weshalb Schuldige kaum dingfest zu machen sind. Das Problem ist klar zu benennen: Wo die sprichwörtliche Ochsentour, die ja per se nicht etwas Schlechtes ist und die zu stigmatisieren in ein anderes Extrem zu fallen bedeutete, einzig noch Zutritt zur politischen Repräsentation, Mitwirkung und Verantwortung eröffnet, gehen wertvolle Wirklichkeitserfahrungen von außen für den politischen Betrieb verloren.

Die kritische Frage nach der politischen Elitenrekrutierung und -auswahl läßt sich freilich ohne weiteres auf andere Bereiche übertragen und beleuchtet damit ein gesamtgesellschaftliches Problem. Ob in Wirtschaft oder Verbänden, selbst in den Kirchen: Die Überlegungen, wie eine zeitgemäße Elite aussehen könnte, sind weniger ausgeprägt als das zuweilen elitäre Gehabe der Funktionsträger, für die die Stromlinie das formende Prinzip abgab. Wer durch Anpassungsstrategien in Führungspositionen gelangt, hat selten das Zeug zu wegweisend neuen Entscheidungen in schwierigen Lagen. Gerade weil das Leben des modernen Menschen immer weniger überschaubar, die Macht der großen Einheiten immer stärker wird und die Urteilskraft jedes einzelnen zu den auch ihn direkt betreffenden Fragen zwangsläufig immer mehr schwindet, kommt Glaubwürdigkeit und ethischer Kompetenz immer mehr Bedeutung zu, wenn Funktionseliten nicht nur Funktionsträger, sondern vertrauenswürdige Repräsentanten des Gesamten sein sollen. Wissen und Ausbildung werden relativ weniger wichtig, Bildung, Persönlichkeit und Charakter werden an Gewicht gewinnen. Dies zu berücksichtigen ist Aufgabe unseres Bildungssystems, aber auch der Gremien, die Funktionseliten bestücken. Je schwerer deren Kontrolle wegen ihres zum Teil hochspezialisierten Fachwissens wird, desto wichtiger wird für die Auswahl unserer Eliten ihre moralische Kompetenz und Vertrauenswürdigkeit.

Unsere Diskussion bewegt sich einstweilen allerdings noch in die andere Richtung. Demokratische Teilhabe wird als Ausübung von Gegenmacht verstanden, was sie ihrem Wesen nach nicht ist, sondern das Gegenteil bedeutet, nämlich Beteiligung an Macht. In dieses nicht auf konstruktive Gestaltung von Gemeinschaftsaufgaben ausgerichtete, sondern auf ein konstruiertes Feindbild Bürger-Staat fixierte Denken fügen sich etwa jene Aufrufe zu einer Kultur des umfassenden Widerstands, wie sie von Zeit zu Zeit aus der linken bis linksliberalen Ecke wortgewaltig im Leitartikelgewand durch die Lande schallen oder professoral belehrend aus dem rechten bis diffus-nationalen Winkel unseres demokratischen Spektrums dröhnen, etwa von dem gegenwärtig sich anti-europäisch gefallenden Arnulf Baring.

Nachdenklicher stimmen muß der zuletzt vor allem in Bayern zu beobachtende Hang, gesellschaftliche Gegenmacht zur Politik in Gestalt von Volksbegehren und -befragungen zu organisieren. Man mag darüber streiten, ob die auf diese Weise in die Wege geleitete Abschaffung des Bayerischen Senats überfällig war oder sein Erhalt aus Gründen der Tradition und Verfassungsästhetik angemessener gewesen wäre. Das Objekt des Referendums gehört auf jeden Fall zu einer Ebene, die sich tunlichst plebiszitären Entscheidungen entziehen sollte. Die im Prinzip richtige Maßgabe, unmittelbare Bürgerbeteiligung dort zuzulassen, wo die Menschen aus eigener Kenntnis ihres Lebensumfeldes Mitbestimmungskompetenz ableiten können, insbesondere also auf der kommunalen Ebene, ist selbst da nicht ohne Risiken. Einzelfragen zum Beispiel der gemeindlichen Verkehrsplanung oder des angemessenen Umgangs mit Drogenabhängigen in unseren Städten sind unter Umständen so hoch emotionalisierbar, daß bei plebiszitären Auseinandersetzungen Tür und Tor offenstünden für Kampagnen des Populismus und des Ressentiments.

Eine Ausweitung der Möglichkeiten direkter Partizipation an Entscheidungen ist deshalb auch auf der kommunalen Ebene keine unbedenkliche Option. Dennoch lassen sie sich hier noch am ehesten vertreten. Denn ein wichtiges Argument gegen plebiszitäre Elemente in der repräsentativen Demokratie, nämlich deren tendenzielle Minderheitenfeindlichkeit, gilt hier aufgrund der vergleichsweise großen Homogenität und Nähe der von einer Entscheidung betroffenen Menschen noch am wenigsten.

Ganz anders ist die Lage dort, wo der letzte Schrei unserer demokratietheoretischen Zunft sich Gehör und Gewicht bei einer illustren Fangemeinde mit dem Theorem der Konsumverweigerung verschafft. In konzentrierter Form hat sich das etwa in der Auseinandersetzung um die Entsorgung der Ölbohrplattform »Brent Spar« ereignet. Selbst so kluge Köpfe wie der Münchner Soziologe Ulrich Beck sind dabei nicht vor kurzschlüssigem Denken gefeit. Unbestreitbar dürfte sein, daß der von Umweltaktivisten initiierte und von viel Medienbeifall begleitete Konsumentenprotest und -boykott gegen Shell die Versenkung der kontaminierten Bohrinsel verhindert hat. Heute wissen wir indes, daß die dabei in Umlauf gesetzten Zahlen über Schadstoffbelastung und Umweltfolgen falsch waren – ein schönes Beispiel für die Entkoppelung von Entscheidungsmacht und Folgenverantwortung in der direkten Demokratie. Auch ist die Frage nach der Legitimationsgrundlage solcher Demokratie-Inszenierungen bislang nicht beantwortet. So problematisch das im konkreten Einzelfall schon ist, besonders gravierend muß erscheinen, daß entlang des Falles »Brent Spar« ein Modell für neue Formen der Demokratie in der Weltbürgergesellschaft geboren und gefeiert wird. Wenn man die politische und moralische Struktur dieses »Modells« genauer betrachtet, enthüllt sich darin nicht Fortschritt, sondern ein schlimmer Rückfall in vordemokratische Entscheidungsformen. Denn wenn es stimmt, daß Bürger durch Kauf- und Konsumboykott auch über politisch relevante Fragen mitbestimmen können und sollen, dann bedeutet das in logischer Konsequenz nichts anderes als die Herrschaft der Kaufkräftigen über die Kaufschwachen. Anders ausgedrückt: Je größer das verfügbare Einkommen eines Bürgers ist, um so mehr Stimmrecht hat er dann, das er pro oder contra einsetzen kann. Nur im Differenzierungsgrad unterscheidet sich dieses Modell vom Drei-Klassen-Wahlrecht früherer, überwundener Zeiten.

Das Gegenargument, daß sich die Kaufkraft des Vermögenden gegen die Massenkaufkraft der weniger Vermögenden nicht durchzusetzen vermöge, erledigt sich deshalb von selbst, weil die Freiheit der Konsumentscheidung mit höherer Liquidität zunimmt. Wer mehr hat, kann auch mehr einsetzen im Sinne des angesprochenen Boykotts; er kann sich jedoch auch eher als andere aus solchen Prozessen ausklinken. Hätte etwa Shell, um den Boykott zu kontern, das Benzin an den Tankstellen drastisch verbilligt, wäre gerade die Masse der weniger Kaufkräftigen dank der Macht des billigeren Angebots reumütig an die gelben Zapfsäulen zurückgekehrt, weil sie eben mehr mit dem Pfennig rechnen muß. Mit anderen Worten: Finanzkraft sollte nie, weder additiv als Massenphänomen noch individuell im Sinne höherer Verfügungsmacht, ein Kriterium für demokratische Teilhabe sein. Die Entkoppelung von Entscheidungsmacht und Folgenverantwortung findet sich, wundervoll zugespitzt, in einer Karikatur, die anläßlich des Beschlusses der Grünen, den Liter Benzin auf fünf Mark zu verteuern, in einigen Gazetten erschien: Ein offenbar reicher Zeitgenosse mitsamt Chauffeur und Luxuslimousine steckt, umgeben von unendlich vielen Kleinwagen, bewegungslos im Stau und sagt, er wähle ab sofort grün, damit dieser Wahnsinn auf den Straßen endlich aufhöre. Wenn man dieses unausgegorene Modell des Konsumentenprotestes gar noch auf die Weltgesellschaft überträgt, so entpuppt sich das vermeintlich demokratiestärkende und die Weltbürgergesellschaft stiftende Novum als besonders hinterlistige und effektive Form des internationalen Klassenkampfs und Imperialismus, als moderne Unterdrückung der armen Mehrheit durch eine verschwindend kleine reiche Minderheit.

Wenn der Nationalstaat nicht mehr weiterweiß

Der einzig wegweisende Orientierungspunkt an dieser Idee ist die Einsicht, daß immer mehr, vor allem besonders gewichtige Probleme, die Wohl und Wehe einer Nation berühren, national nicht mehr zu beherrschen oder gar zu lösen sind. Das trifft für Umweltfragen ganz besonders zu, sind sie doch ausschlaggebend für die Überlebensaussichten der Menschheit insgesamt. Aber auch Fragen von Wohlstand und Wohlfahrt im nationalen Rahmen sind heute untrennbar mit dem sich im globalen Rahmen abspielenden Wirtschaftsleben verknüpft. National lassen sich gute Wettbewerbsbedingungen schaffen durch ein leistungsförderndes Steuersystem, die Rückführung der Staatsquote und eine auf Konsolidierung zielende Haushaltspolitik. Im europäischen Zusammenhang läßt sich am besten Vorsorge durch eine auf Stabilität zielende Geldwertpolitik treffen, die ohne Einführung des Euro national nur sehr unzulänglich zu erreichen wäre. Doch damit wären selbst im Idealfall, von der eine sich zum Unvollkommenen bekennende demokratische Politik zwangsläufig immer ein Stück weit entfernt ist, nur notwendige, nicht jedoch hinreichende Bedingungen geschaffen. Walter Rathenaus Ausruf: »Die Wirtschaft ist unser Schicksal« heißt zeitgemäß übersetzt: »Die Weltwirtschaft ist unser Schicksal.« Deren Regeln können wir, wenn auch wohl nur mäßig, beeinflussen – bestimmen können wir sie jedoch gewiß nicht. Den globalen Kapitalismus zivilisierenden Regeln zu unterwerfen ist eine Aufgabe, die nur im Zusammenspiel aller an der globalen Wirtschaft Beteiligten gemeistert werden kann.

Beim Nachdenken darüber, wie diese Regeln aussehen könnten, stehen wir erst ganz am Anfang, denn die tiefgreifenden Veränderungen der letzten Jahre – das Ende des Ost-West-Gegensatzes mit seinen vielfältigen Begleiterscheinungen und Auswirkungen der Globalisierung – stellen unsere Demokratien vor völlig neue Herausforderungen. Systemkonkurrenz findet nicht mehr zwischen westlicher Demokratie und östlicher Diktatur und innerhalb dieser Blöcke statt, sondern ökonomische, politische und kulturelle Einzel- und Systemleistungen befinden sich in einem weltweiten Ringen um Exzellenz und Behauptung. Wer oder was sich nicht verändert, anpaßt, innovativ voranschreitet, ist schnell veraltet und wird von Neuem, Besserem, Konkurrenzfähigerem verdrängt. Das vom Westen im eigenen Interesse forcierte Wachstum des Weltmarktes schlägt heute in Gestalt neuer Wettbewerber auf uns zurück.

Das Prinzip der territorialen Souveränität, das ja wesentliche Voraussetzung für die demokratische Herrschaftsausübung ist, wird immer mehr durch die Entgrenzung von Räumen unterminiert. Die Folge ist, daß immer mehr der für eine Nation wesentlichen politischen Fragen sich den nationalen Steuerungssystemen und der Einflußnahme auf unsere Lebensbedingungen durch demokratisch fundierte Willensbekundungen entziehen. Vom »Ende der Demokratie« zu sprechen, wie dies ein kluger französischer Analytiker vor ein paar Jahren bereits getan hat, scheint mir zu pessimistisch und in der Schlußfolgerung auch falsch zu sein. Doch Jean-Marie Guéhennos Beobachtung der Gegenläufigkeit zweier Globaltrends seit 1989 trifft ins Schwarze: daß nämlich einerseits die Nationalstaaten eine Renaissance erleben und andererseits an Relevanz verlieren, wenn es um die Beherrschung der Vorgaben geht, die auf unsere Lebensbedingungen und -formen einwirken.

Wir sollten uns auch darauf einstellen, daß wir erst am Anfang dieser Verschiebung stehen. Das nationale Steuerungspotential, das den demokratisch legitimierten Instanzen von Regierung und Verwaltung zur Verfügung steht, vermindert sich kontinuierlich im gleichen Maße, wie die Bürger von den gewählten Vertretern und den politischen Institutionen mehr Sicherheit, Orientierung und Führung erwarten. Es ist eine paradoxe Lage, in der sich die westlichen Demokratien heute befinden: Je stärker die Politik in Abläufe eingreift und den Bürgern Mittel zu eigener, flexibler Behauptung entzieht, desto mehr gefährdet sie die Stellung nationaler Unternehmen auf dem Weltmarkt, die Leistungsbereitschaft der immer stärker besteuerten Eliten und, nicht zuletzt, das verbleibende staatliche Steuerungspotential.

Der schleichende Verlust nationaler Souveränität und damit auch der demokratisch legitimierten Gestaltungsmöglichkeiten unserer Lebensverhältnisse im nationalen Rahmen weist auf die immer wichtiger werdende Rolle internationaler Kooperation hin. Mehr und mehr gewinnen dabei institutionelle Zusammenhänge im Vergleich zur spontanen Zusammenarbeit zwischen einzelnen Staaten oder Staatengruppen an Bedeutung. In der Nachkriegszeit ist zunächst viel Energie auf die Schaffung inter- und supranationaler Strukturen und Institutionen verwandt worden. Damit wurden, auf höherer Ebene, neue Möglichkeiten politischer Einflußnahme geschaffen. Die Vereinten Nationen und zahlreiche weitere Zusammenschlüsse sind Beispiele wachsender internationaler Verflechtung. Weitergehende, die eigene Staatlichkeit relativierende integrative Ansätze sind in erster Linie in Europa verfolgt worden und führten in fünfzigjähriger institutioneller Entwicklung zur Gründung der Europäischen Union. In anderen Regionen beginnen ähnliche Bestrebungen, Form anzunehmen (z.B. Asean, Nafta, MercOsur). Demokratische Legitimation weisen diese Strukturen erst in sehr mäßigem Umfang auf. Betrachtet man alle diese Anstrengungen jedoch aus der Perspektive nationaler Demokratie und nimmt man Dezentralisierungs- und Regionalisierungstendenzen hinzu, dann wird der Befund einer Verflüchtigung demokratischer Steuerungspotentiale evident. Positiv kann diese legitimatorische Entwicklung gewendet werden, wenn der Nationalstaat sein Rollenverständnis weniger in klassische Souveränitätskategorien einordnet, sondern sich verstärkt zum Initiator, Moderator und Gewährleister gesellschaftlicher Ordnungszusammenhänge fortentwickelt.

Zur »demokratischen Frage« wird auch der Umstand, daß entscheidende nationale Probleme sich der unmittelbaren politischen Lösbarkeit entziehen. Die Arbeitslosigkeit ist hoch – und mit ihr wächst die Gefahr der Isolierung ganzer Bevölkerungsgruppen durch Ausschluß von der Teilhabe an Arbeit. Wo die Arbeitslosigkeit, wie etwa in den USA, niedrig ist, gibt es dennoch das Problem der »working poor«. Das Niveau von Wohlfahrtsleistungen wird unter dem Druck fiskalischer Engpässe abgesenkt, die Bildungs- und Ausbildungssysteme sind notleidend. Notwendige Veränderungen scheitern andererseits allzuoft an den in Zeiten stetigen materiellen Wachstums und größerer nationaler Autarkie konzipierten, von Gesetzgeber und Gerichten festgeschriebenen Besitzständen und kaum mehr durchschaubaren Entscheidungsprozeduren. Wir stehen mithin vor Herausforderungen, die nur bei grundlegender Erneuerung der politischen Verfahrensordnungen und Institutionen sowie der zeitgemäßen Fortentwicklung gesellschaftlicher Wertordnungen und Verantwortlichkeitszumessungen erfolgreich bestanden werden können.

Dabei müssen wir den Blick schärfen für das, was sich in der Welt um uns herum entwickelt, und die Konsequenzen ziehen. Das heißt Integration über unsere Grenzen hinweg, wo immer nötig und möglich; und es heißt Stärkung unserer Wettbewerbs- und Innovationsfähigkeit.

Hinsichtlich des dabei zu beschreitenden Weges finden wir zum Teil erheblich unterschiedliche Ausgangsbedingungen in den Ländern der demokratischen Welt vor. So sind in den angelsächsischen Gesellschaftskulturen andere Vorstellungen über die Verantwortung des einzelnen und die Rolle kollektiver politischer Einrichtung dominant als in den kontinentaleuropäischen Staatskulturen. Traditionell erwarten hier die meisten Menschen vieles vom Staat und sind deshalb zum Beispiel bereit, höhere Teile ihrer Einkommen vom Fiskus entzogen zu bekommen, nicht zuletzt aus der Erwartung heraus, selbst vom Wohlfahrtsstaat zu profitieren. Auch erwarten sie mehr Schutz vor Bedrohungen und Risiken aller Art. Sie nehmen dafür die staatliche Regulierung vieler Lebensbereiche in Kauf und sind bereit, Einschränkungen von Freiräumen zu akzeptieren. In den angelsächsischen Bürgergesellschaften wird dagegen den öffentlichen Institutionen traditionell eine bedeutend geringere Rolle zugestanden. Dies gilt um so mehr, seit man unter Reagan und Thatcher von dem in der Kriegs- und Nachkriegszeit gewachsenen *big government* Abschied genommen hat – ein Weg, den die mit Erneuerungsanspruch auftretenden Nachfolger Clinton und Blair weiterverfolgen.

Ich mache mir nicht die Illusion, daß wir in Deutschland diese im Bewußtsein der Bürger mehr oder weniger starke Staatsfixierung im Sinne unmittelbarer Problemlösungszuständigkeit der Politik ohne weiteres nachhaltig verändern könnten. Doch die Einsicht, daß tiefgreifende Reformen nötig sind, ist heute, anders als noch vor vier Jahren, weit verbreitet. Und daraus erwächst die Chance auch für die Politik, den fortdauernden Eindruck der Allzuständigkeit zugunsten einer subsidiären Kultur der Verantwortung aufzulösen. Dazu wird es allerdings nicht ausreichen, daß sich die Politik erklärend an das Volk wendet und auf die begrenzten Handlungsspielräume hinweist. Es wird auch nicht ausreichen, einen Rahmen bloß im Sinne von Spielregeln zu setzen, der für sich genommen ja die Kräfte der Freiheit noch nicht freisetzt. Die eigentliche Herausforderung besteht darin, Initialzündungen zu setzen, Anstöße zu geben, zur Freiheit zu ermuntern, Leistungsanreize zu schaffen.

So besehen können Staat und Politik auch nicht wertneutrale Beobachter dessen sein, was sich in der Gesellschaft entwickelt. Allerdings hat es nichts mit einer verstaubten Klerikalmoral zu tun, wenn wir offen bekennen, daß Haushalte mit intakten Familien und Kinderreichtum mehr für die Zukunftsfähigkeit unseres Landes bedeuten als Single-Existenzen. Jeder kann so leben, wie er will, nur müssen wir stärker darauf achten, wer dabei – auch wenn dies gar nicht handlungsleitend im Vordergrund steht – einen Beitrag zum Voran des Ganzen leistet. In diesem Sinne muß Politik den Mut finden, wertend zu entscheiden. Das Beispiel des Stellenwerts der Familie zeigt dabei den Paradigmenwechsel auf, den wir energisch anpacken müssen. Natürlich wünscht sich kein Paar Kinder, um einen Beitrag zur demographischen Absicherung unseres Rentensystems zu leisten. Und dennoch ist eben dies die Folge. Auf Dauer ist es unerträglich, daß Paare mit Kindern einen Teil der Zeche für Kinderlose zahlen. Hier Gerechtigkeit anzumahnen und herzustellen ist durchaus eine Aufgabe von Politik. Hier anzusetzen ist außerdem angemessener, als altertümlichen, oft genug auch neidgetriebenen Umverteilungsphobien – wie beispielsweise in der Diskussion um Spitzensteuersatz und Steuerreform insgesamt – zu erliegen oder proto-sozialistischen Umverteilungsphantasien (von oben nach unten) nachzujagen.

Ein bequemer Weg verbindet sich damit gewiß nicht. »Immer wenn man vom Volk verlangt, daß es sich eine Entbehrung oder Einschränkung auferlege«, so beobachtete schon Tocqueville, »wird es zuerst, selbst wenn es das Ziel vernunftmäßig bejaht, Widerstand leisten.« Dieser Widerstand wird, bei aller erfreulicherweise eingetretenen Bereitschaft zum Wandel, nicht gering sein, weil die Besitzstandswahrer stark im Geltendmachen ihrer Interessen sind – und, umgekehrt, die Politik sich nicht immer von ihrer mutigsten Seite zeigt, wenn es gilt, ihren Bürgern etwas zuzumuten.

Hierzu paßt eine weitere Erkenntnis Tocquevilles, die uns vermutlich auf dem langen, schwierigen Weg, der vor uns liegt, immer wieder in den Sinn kommen wird: »Die Menschen setzen sich aus Begeisterung Gefahren und Entbehrungen aus, aber aus Überlegung allein ertragen sie sie nicht lange. In dem, was man den ursprünglichen Mut nennt, steckt mehr Berechnung, als man denkt; und obwohl die Leidenschaften allein die ersten Taten auslösen, fährt man damit um des Ergebnisses willen fort. Man setzt einen Teil dessen, was uns teuer ist, aufs Spiel, um damit den Rest zu retten. Diese klare, auf Erkenntnis und Erfahrung gegründete Zukunftszuversicht ist es nun, die der Demokratie oft abgehen muß. Das Volk fühlt mehr, als daß es vernünftig urteilt; und sind die gegenwärtigen Übel groß, so ist zu befürchten, daß es die viel größeren Übel vergißt, die seiner im Falle einer Niederlage vielleicht harren.«

Drittes Kapitel

Die Wiederentdeckung der Freiheit – Pfadfinder für die mündige Bürgergesellschaft

Nie hat die Menschheit so viel gewußt wie heute. Dem Fortschritt der Wissenschaft sind scheinbar keine Grenzen gesetzt, die sie nicht irgendwann überschreiten kann. In immer schnelleren Schüben vermehrt sich unser Wissen, und auch die Umsetzung des gerade erst theoretisch Erfahrenen in das praktische Leben beschleunigt sich. Die moderne Lebenswelt von heute ist das Museum von morgen. Und dies gilt in einem sehr viel umfassenderen Sinn, als es sich dem Blick etwa in die Arbeitswelt erschließt. Die Veränderungen, die wir gegenwärtig erleben, bringen nicht nur Fortschritte beispielsweise bei der Erhöhung der Produktivität, der Beschleunigung der Wissens- und Informationsübermittlung und -verarbeitung, sondern revolutionieren ganz grundsätzlich die Bedingungen für Handlungs- und Erfahrungsräume der modernen Gesellschaft. Hermann Lübbe hat recht, wenn er der Tatsache, daß wir so viel wissen wie nie zuvor, die Diagnose entgegensetzt: »Noch nie hat eine Gegenwartszivilisation so wenig über ihre Zukunft gewußt wie unsere eigene. Frühere Generationen wußten ungleich Verläßlicheres über ihre Zukunft zu sagen, da sie davon ausgehen konnten, daß die bestimmenden Strukturen ihrer Lebenswelten so aussehen werden wie die bisherigen.«

Um es an einigen wenigen Beispielen zu verdeutlichen: Hohes Ausbildungsniveau ist, anders als früher, keine Garantie mehr für ein lebenslang währendes Beschäftigungsverhältnis. Die demographische Entwicklung ist dafür verantwortlich, daß ein langes, über ein ganzes Erwerbsleben sich

83

erstreckendes Einzahlen in die Rentenkasse keine Sicherheit mehr für die materielle Berechenbarkeit des Lebensabends bietet. Aber auch im umgekehrten, durchaus positiven Sinne sind alte Gewißheiten hinfällig geworden. Herkunft und Geschlecht sind heute weniger denn je vorausbestimmende Faktoren für den weiteren Lebensweg. Kinder sind keine Fessel mehr, die Frauen zwingend an den Haushalt binden und aus der Arbeitswelt ausschließen.

Wahrscheinlich stehen den unbestreitbar beklagenswerten Sicherheitsverlusten im Wandel unserer Zivilisation mindestens genausoviele neue Freiheitschancen gegenüber. Die positiven Beispiele zeigen indes, wie der Verlust an Sicherheit kompensiert werden kann: Jeder muß wieder mehr seines eigenen Glückes Schmied sein wollen.

Mobilität, Flexibilität und der soziale Zusammenhalt

Allerdings geht der Auflösungsprozeß unserer hergebrachten Lebensformen sehr viel weiter und tiefer, als es noch vor einigen Jahren den Anschein hatte. Das fängt im Kleinen an. Der Normalfall alter Tage, nämlich die auf Ehe gründende Familie, ist lange nicht mehr unangefochtene erste Wahl bei der Lebensplanung junger Erwachsener. Dafür verbreiten sich andere Formen des unmittelbaren menschlichen Zusammenlebens und tagtäglicher zwischenmenschlicher Solidarität in sich immer weiter ausdifferenzierenden Changierungen. Bei den traditionell hergebrachten Lebensformen ist zu beobachten, daß das Prinzip der lebenslangen Schicksalsgemeinschaft immer öfter gelebter Solidarität auf Zeit weicht. Aber auch die gewichtigen Großgruppen und -institutionen früherer Zeiten verlieren immer mehr an gesellschaftlicher Präge- und Integrationskraft, was sich am Beispiel der Kirchen oder der Gewerkschaften studieren läßt. Die Tendenz des einen wie des anderen ist die gleiche: An die Stelle von Dauerhaftigkeit und

Verbindlichkeit treten mehr und mehr Bindungen, die nur noch locker und auf Zeit angelegt sind. Soziale Stabilitäten weichen immer neuen Formen der Individualität.

Unabsehbare Folgen für den gesellschaftlichen Zusammenhalt hat auch der fundamentale Strukturwandel der Arbeitswelt. Lebenslange Arbeitsverhältnisse in einem Betrieb werden immer seltener; die Zahl der Vollzeitarbeitsplätze nimmt ab, die befristeter Arbeitsverhältnisse und Teilzeittätigkeiten dagegen zu. Auch der Tages- und Wochenrhythmus unserer Arbeitswelt wird sich stetig weg von den einstweilen noch vorherrschenden Regelzeiten entwickeln und damit auch die Sozialbeziehungen der Menschen außerhalb der Arbeitswelt verkomplizieren. Die Verteilung der Arbeit wird in Zukunft voraussichtlich von mehr Menschen ein höheres Maß an Mobilität, Flexibilität und Schnelligkeit verlangen. Soziale Stabilitäten nehmen damit automatisch ab. So werden die über die Arbeit hinausgehenden persönlichen Bindungen zu Arbeitskollegen tendenziell schwächer, wenn in den Betrieben der Personalaustausch größer und die Verweildauer einer Arbeitskraft kürzer wird. Mehr Mobilität bei der Suche nach Erwerbsarbeit wird auch, wie das Beispiel des Job-Wunders von Amerika zeigt, häufiger einen Wohnortwechsel erfordern, wodurch gleichfalls stabile soziale Beziehungen gesellschaftlicher Autonomie, wie beispielsweise Nachbarschaftshilfe, nachteilig berührt werden. Neuesten Statistiken zufolge ziehen zehn Prozent der amerikanischen Bevölkerung jedes Jahr um. Statistisch gesehen wechselt also jeder Amerikaner alle zehn Jahre einmal seinen Wohnort.

Aus ökonomischer Sicht gesehen ist das sicherlich eine begrüßenswerte Zahl, zeugt sie doch von Mobilität und Flexibilität. Was aber bedeutet sie für den Zusammenhalt kleiner Gemeinschaften, für Nachbarschaften, Freundeskreise, Kirchenchöre, Kegelclubs? Wer kümmert sich um die Kinder? Wer betreut Alte, wer kauft ein, wenn man krank ist? Bei wem kann man sich Milch oder Zucker borgen, wenn sonntags (das kommt selbst in den USA vor) alle erreichbaren Geschäfte geschlossen sind? Alan Ehrenhalt hat in seinem Buch »The Lost City« 1995 auf diese Problematik hingewiesen. Es gibt bis heute keine befriedigende Antwort darauf.

Sie kann gewiß nicht lauten, Mobilität und Flexibilität einzuschränken. Man muß jedoch in Rechnung stellen, daß, bei aller wirtschaftlichen Notwendigkeit, dadurch auch soziale Kosten entstehen. Dies ist schließlich auch ein Bereich, in dem die moderne Technik vergleichsweise wenig Änderung verspricht (es sei denn, sie sorgt eines Tages dafür, daß Menschen beim Jobwechsel nicht mehr auch den Wohnort wechseln müssen, weil sie ohnehin von zu Hause aus arbeiten – mit allen Folgen für die dann abgeschaffte Bürokommunikation). Natürlich kann heute jeder Angehörige der »Informationselite« mit seinen Partnern in Japan, Australien oder den USA per e-mail in regem Kontakt stehen. Dabei entstehen neue Netze, auch neue Vertrautheit, am Ende wahrscheinlich auch neues Sozialkapital. Für den praktischen Vollzug des Alltags aber wird all das vergleichsweise wenig nützen: Via e-mail kann man weder babysitten noch Brötchen mitbringen oder Milch beim virtuellen Nachbarn borgen. Mobilität, so lautet die schlichte Einsicht, hat auch ihren Preis, in diesem Fall den, daß – vereinfacht gesagt – durch Mobilität Sozialkapital konsumiert wird, was nur im stabilen Wurzelgeflecht der regionalen Bindungen wieder nachwachsen kann. Auch die »Virtuosen des Pluralismus«, wie Peter Berger diejenigen genannt hat, die mit den offeneren, angebotsorientierteren und zur Auswahl nötigenden Rahmenbedingungen der Moderne am souveränsten umzugehen und diese für sich zu nutzen verstehen, sollten diese Einsicht beherzigen.

Gegenläufige Tendenzen, wie etwa die durch moderne Kommunikationsmittel sich vermehrenden Möglichkeiten der Heimarbeit, sind sicherlich ein Gewinn für Menschen, die nach Formen der Vereinbarkeit von Erwerbstätigkeit einerseits und Elternpflichten oder familiärer Pflege andererseits suchen. Sie verstärken aber zugleich die Entwicklung einer weitergehenden Entkoppelung von Erwerbstätigkeit und sozialen Bezügen, die über die eigenen vier Wände hinausreichen. Richard Sennett dürfte mit seiner Beschreibung des »flexiblen Menschen« richtigliegen, den er als den Phänotyp in der »Kultur des neuen Kapitalismus« ausmacht: Bereit, sich ständig neuen Aufgaben zu stellen, Arbeitsstelle, Arbeitsform und Wohnort zu wechseln, um in der von den Regeln der Globalisierung diktierten Welt überleben und sich selbst behaupten zu können, geraten die Anpassungsstrategien des »flexiblen Menschen« in Konflikt mit der auf Langfristigkeit, Verläßlichkeit und Entwicklung angelegten menschlichen Natur.

Der Veränderungsdruck hin zu mehr eigenverantwortlicher Lebensführung wird noch dadurch verstärkt, daß weite Teile staatlich organisierter Solidarität mittlerweile leerlaufen. Wir haben uns angewöhnt, den Umbau des Sozialstaates vor allem unter dem Gesichtspunkt seiner Finanzierbarkeit zu diskutieren. Mindestens ebenso bedeutsam dürfte indes der Funktionsverlust unseres Wohlfahrtsgefüges sein: Nahezu das gesamte Instrumentarium staatlicher Arbeitsmarktpolitik, der Arbeitslosenfürsorge und der Sozialhilfe ist darauf ausgerichtet, Nothilfe in Übergangssituationen zu leisten. Doch immer öfter gibt es für die Empfänger von Armutshilfe oder Arbeitslosenunterstützung kein anderes Ufer mehr, zu dem die solidarische Brücke des Sozialstaates führt. Die Funktionsfähigkeit unseres Sozialstaates hergebrachter Art setzt eben voraus, daß Wirtschaft und Gesellschaft prinzipiell autonom funktionieren. Staatliche Wohlfahrtsfürsorge hergebrachter Art ist dabei auf den Regelfall der Übergangshilfe zur Wiedereingliederung in Not geratener Menschen ausgerichtet. Unsere Sozialstaatlichkeit ist also nicht nur mit den finanziellen Lasten ihrer vermehrten Beanspruchung überfordert; sie kann, so wie sie konzipiert ist, den Erwartungen an Sicherheitsgarantien in einer sich wandelnden Umwelt *eo ipso* immer weniger gerecht werden.

Hieraus ergeben sich Konsequenzen für die Diskussion um den Umbau des Sozialstaates. Die vergleichsweise konventionellen Notwendigkeiten zur Reform, die sich aus dem Erreichen der Grenzen der Finanzierbarkeit ergeben und die vor allem bei den in ihrer Höhe demotivierend wirkenden Leistungen unserer Wohlfahrtsordnung ansetzen, sind immerhin im Prinzip zwischen den großen politischen und gesellschaftlichen Kräften nicht mehr so heiß umstritten wie noch vor einigen Jahren. Das ist freilich noch nicht allzu viel, wenn man bedenkt, daß die konkreten Maßnahmen, die auf Grundlage dieser Einsicht eingeleitet wurden, allesamt politisch streitig sind. Die darüber hinausreichende ordnungspolitische Diskussion, die auf neue Problemlagen und die wachsende Irrelevanz hergebrachter Sozialpolitik zur Bewältigung der neuen Herausforderungen aufmerksam machen sollte, hängt noch viel weiter zurück. Am deutlichsten wird dies mit Blick auf den sozialstaatlichen Umgang mit Arbeitsverhältnissen und Arbeitslosigkeit. Vereinfachend gesprochen sieht unser Sozialstaat hierfür als Normalleistung die überbrückende Sicherung der Lebensverhältnisse für die Zeit der Arbeitslosigkeit und Hilfestellungen für eine rasche Wiedereingliederung in den Arbeitsprozeß vor. Nach dieser Systematik gibt es daneben nur noch den »Extremfall« gescheiterter Wiedereingliederung, der dann zum Vorgang für die Sozialhilfe wird. Unserer gewandelten Wirklichkeit kann dieser Ansatz aber heute weit weniger als früher und in Zukunft noch weniger gerecht werden. Denn in Zeiten der Entstandardisierung von Beschäftigungs- und Erwerbstätigkeitsverhältnissen, so hat es der Bielefelder Soziologe Franz-Xaver Kaufmann formuliert, »kann sich Sozialpolitik erstens nicht mehr auf die flankierende Absicherung von Normalarbeitszeitverhältnissen konzentrieren, sondern findet in der ›Grauzone‹ zwischen regelmäßiger Beschäftigung und definitivem Beschäftigungsverzicht einen sich rasch vergrößernden Teil der Bevölkerung, der zu seiner Lebensführung auf eine abwechselnde oder gleichzeitige Kombination mehrerer Einkommensquellen angewiesen ist. Zum zweiten sind die Lebenslagen dieses Bevölkerungsteils außerordentlich heterogen, und auch die Motive dürften sehr unterschiedlich sein.« Kaufmann hat recht, wenn er darauf hinweist, daß den neuen Problemlagen nicht mit neuen pauschalisierenden Konzepten beizukommen ist, sondern daß der Umbau des Sozialstaats wohl eher in den Kategorien eines *mixtum compositum* »aussichtsreicher Teillösungen« vonstatten zu gehen hat.

Gewiß sind diese wenigen Stichworte noch keine hinlängliche Beschreibung des tiefgreifenden Wandels unserer sozialen Wirklichkeit. Sie zeigen aber immerhin dessen ambivalente Richtung auf – hin zu mehr Individualisierung, Eigenverantwortlichkeit, Flexibilität, Auflösung hergebrachter Sozialbeziehungen, auch Entwurzelung.

Mit Blick auf die historische Erfahrung spricht wenig dafür, daß der gegenwärtige Prozeß fortschreitender Auflösung von sozialem Kapital in Gestalt von freiwilligen oder verbindlichen Formen der Verantwortung für andere unumkehrbar ist. Immer wieder hat es derartige Auflösungsprozesse gegeben, zuletzt beim Übergang in das industrielle und bürgerliche Zeitalter, das nahezu alle Bereiche bis dato hergebrachter Vergemeinschaftung schwächte und die gewohnten Formen individueller Lebensführung grundlegend veränderte. Der Abschied von der Großfamilie, Landflucht und Urbanisierung sind einige wichtige Stichpunkte, die in diesem Zusammenhang genannt werden können. Immer wieder hat sich aber auch gezeigt, daß sich die Sozialnatur des Menschen schließlich behauptete und neue, zeitgemäße, der durch Wissenschaft und Wirtschaft gewandelten Lebenswelt angepaßte Formen der Gemeinschaftsbildung hervorbrachte. Der Großfamilie folgte die kleinere Familie, wie wir sie noch als Normalfall kennen; der Singularisierung begegneten neue Formen der Gemeinschaftsbildung, etwa in Gestalt des Vereinswesens, oder der Formierung von kleineren Solidargemeinschaften unter dem Dach alter und neuer Großgemeinschaften wie Kirche oder der Arbeiterbewegung.

Wie die Gesellschaft der Zukunft am Ende in konkreter Gestalt aussehen würde, wußte zu Beginn des grundlegenden Wandels in früheren Tagen niemand. Auch heute ist das nicht anders. Auf das Wesentliche in diesem Wandel können und sollten wir indes Einfluß nehmen. Soziale Bindungen und Verbindlichkeiten gründen nämlich immer in zweierlei: Sie sind Antworten auf die Frage, wie unter veränderten Lebensbedingungen *funktionsfähige* gemeinschaftliche Lösungen aussehen können; sie sind aber auch *Entscheidungen über Werte*, an denen sich die Menschen im Zusammenleben orientieren. An diese zu erinnern, diese zu fördern und damit eine zukunftsfähige Richtung anzugeben – das ist die erste Aufgabe der Politik in Zeiten grundlegenden Wandels.

Das hört sich einfacher an, als es in Wirklichkeit ist. Denn Politik als Wächter der Grundwerte in Zeiten des Wandels erfordert eben auch, den Mut zur Entkoppelung dieser Werte von jenen hergebrachter gemeinschaftlicher Institutionen aufzubringen, die auf deren Verwirklichung in Vergangenheit und Gegenwart quasi ein Monopol hatten und haben. Am Beispiel der Familienwirklichkeit wird die damit auf die Politik zukommende wertbewahrende Ordnungsaufgabe in ganzer Schärfe deutlich. Es liegt nämlich nicht in der Macht der Politik und des Staates – und es ist auch nicht deren Recht –, die bislang erwünschte und bewährte, nun aber Zug um Zug ihren normbildenden und gesellschaftsprägenden Charakter verlierende traditionelle Kleinfamilie gegen wirkungsstarke Trends gesellschaftlichen Wandels als verbindliche Lebensform vorzuschreiben. Dabei ist völlig offen und eigentlich eher unwahrscheinlich, ob sich in der Zukunft überhaupt ein neuer familialer Regeltypus herausbilden wird.

Gleichwohl darf Politik nicht zum wertneutralen Moderator beliebiger Trends werden, sondern muß ihrem zukunftsorientierten Anspruch, bei der Setzung und Veränderung von Rahmenbedingungen wertend zu entscheiden, gerade dann gerecht werden, wenn es darum geht, die Gesellschaft der Zukunft zu organisieren. Das heißt aber nicht Vorschreiben einer bestimmten Form, sondern Rückbesinnung auf das Unverzichtbare. In dieser Situation kann es freiheitlicher und zukunftsfähiger Politik daher nur darum gehen, auf die Werte zu achten, die ehedem in der tradionellen Familie gelebt und verwirklicht wurden, bei gleichzeitig prinzipieller Offenheit für alle Formen familialer Vergemeinschaftung. Daraus ergibt sich im übrigen auch die Begründung für eine Beibehaltung der institutionellen Verfassungsgarantie für Ehe und Familie, sozusagen als Fels in der Brandung der Veränderungen. Denn nur so läßt sich verhindern, daß die enorme wertbildende, wertbewahrende und wertvermittelnde Leistung herkömmlicher Familienformen, nämlich das auf Verbindlichkeit, gegenseitige Verantwortung und Solidarität angelegte Zusammenleben mehrerer Generationen, unter den Schleifsteinen des jeweiligen Zeitgeistes zum entsolidarisierenden Individualitätswahn des »erst ich, dann ich, dann ich« deformiert wird. Legt man diesen Maßstab zugrunde, so liegt also ganz sicher auch in Zukunft die Präferenz auf der traditionellen Form der Familie, da diese am umfassendsten und vollkommensten Werte, die mit Mitmenschlichkeit und Zukunftsfähigkeit zu tun haben, verwirklicht. Aber auch alleinerziehende Mütter oder unverheiratete Lebenspartner mit Kindern leisten – jenseits der hergebrachten Institution – Wertvolles für die Zukunft der Gemeinschaft. Sofern von dieser traditionellen Form der Familie abweichende Lebensarrangements gleiches leisten, müssen sie auch gleichgestellt werden.

Welche konkreten Formen des menschlichen Zusammenlebens in der familialen Kleingemeinschaft sich herausbilden und als überlebensfähig erweisen, wird sich zeigen, kann jedenfalls von freiheitlicher Politik nicht vorgeschrieben oder gar erzwungen werden. Am Ende – auch dafür spricht die historische Erfahrung – werden sich jene durchsetzen, die auf die konkreten Lebenssituationen der Zukunft funktionsfähige institutionelle Antworten geben.

Wertegerüst für die globalisierte Welt

In der Zeit des Wandels und der Ungewißheit ist es eher mehr denn weniger nötig, die vorhandenen Kräfte der Gemeinschaftsfähigkeit und des Werterhalts zu stärken und zu unterstützen. Hier können wir von der amerikanischen Kommunitarierbewegung lernen, der es darum geht, ein Gegengewicht zu einer Gesellschaft zu schaffen, die von einem überbordenden Individualismus und egozentrischem Verhalten geprägt ist, und zwar durch eine Rückbesinnung und Wiederbelebung der amerikanischen Tradition bürgerlicher Selbstverantwortung und Selbstverwaltung, wie sie exemplarisch in den *townships* der Neuenglandstaaten des 19. Jahrhunderts vorgelebt worden ist. Vertreter dieser Bewegung wie Amitai Etzioni sind der Überzeugung, »daß die Gesellschaft ohne gemeinschaftliche, für alle Mitglieder verbindliche zentrale Werte nicht überleben kann, weil die Grundlagen für einen gemeinsamen Kurs ohne sie zu schwach sind«, wobei sie insbesondere »ein starkes Engagement für gemeinsame Ziele und ein ausgeprägtes Bewußtsein für gesellschaftliche Verantwortung« zu diesem gemeinsamen Wertekanon zählen.

Zu einem Kanon gemeinsamer Wertüberzeugungen gehören auch die in einer sozialen Gemeinschaft tradierten und akzeptierten Kriterien und Maßstäbe sozialer Gerechtigkeit. Ein solcher Wertekanon muß Auskunft darüber geben, was jedem Mitglied der Gemeinschaft zustehen soll, welche Rechte und Pflichten ihm zuzumessen sind, welche Güter und Leistungen sich nach Prinzipien der Tauschgerechtigkeit und welche nach Prinzipien der Verteilungsgerechtigkeit bestimmen, wo der Leistungsgedanke den Ausschlag geben soll und wo der Bedarfs- oder Billigkeitsgedanke. Je überzeugender, gründlicher und abschließender eine soziale Gemeinschaft – von der Familie bis zum staatlichen Verband – diese Wertentscheidungen geregelt hat, desto weniger belastend sind Verteilungsdebatten für den sozialen Zusammenhalt. Oder wie die Soziologen sagen: Moral spart Transaktionskosten.

Den inneren Antrieb für solidarisches Verhalten stellt grundsätzlich das Motiv der Nächstenliebe dar – gleichviel, ob nun in dezidiert christlicher Lesart oder »nur« in der einen oder anderen säkularisierten Form. Der überzeugende Gehalt spiegelt sich auch in dem Umstand wider, daß selbst vergleichsweise kirchenferne Zeitgenossen auf die alltagsmächtige Wirksamkeit der Zehn Gebote nicht verzichten wollen. Dagegen steht aber der zeitgenössische Individualismus, dem dieses Motiv der Nächstenliebe eher unsympathisch ist, weil es mit sozialer Nähe, mit dem Eingehen von Bindungen und Verpflichtungen zu tun hat. Das Credo des modernen Individualisten ist Unabhängigkeit, Autarkie, Selbstgenügsamkeit, ist Unverbindlichkeit bis zur Beliebigkeit.

Egozentrik und Egoismus aber sind, in welcher Form auch immer, für die Zukunft unseres Gemeinwesens eine Belastung. Denn wer letztlich nur die eigenen Interessen im Auge hat, der wird zu Veränderungsscheu sehr viel eher neigen als zu Veränderungsbereitschaft; der wird bei jeder Reformmaßnahme, jeder Neuregelung, jedem Versuch des Umsteuerns immer nur fragen: Was bringt es mir? Was kostet es mich? Die Bereitschaft zum Wandel, zumal wenn er mit Einschränkungen verbunden ist, wächst fruchtbringend nur auf der Basis stabiler gemeinschaftlicher Zusammengehörigkeit. Das ist ein weiterer Grund, warum wir die Bindekräfte sozialer Gemeinschaft dringend stärken, mindestens ihrer weiteren Erosion Einhalt gebieten müssen.

Nun ist zwar unübersehbar, daß es einerseits diese Erosion der gemeinsamen Wertebasis, eines von allen unbefragt geteilten Kanons von Wertüberzeugungen gibt. Zum anderen aber lassen sich solche Werte auch weder verordnen noch durch eine Art Nürnberger Trichter einflößen. Wer also ernsthaft nach Wegen zur Förderung des sozialen Zusammenhalts sucht, der wird dies nicht allein rückwärtsgewandt, durch die Beschwörung der angeblich heilen Vergangenheit tun können, sondern sich der real existierenden Gegenwart zuwenden müssen: Wie zeichnen Menschen heute ihre mentale Landkarte, die ihnen den Weg zum Handeln in ihrem Leben weist, in einer Lage, in der sie weder davon ausgehen können, daß ein bestimmter Entwurf traditionell gesellschaftlich anerkannt ist, noch mit Gewißheit annehmen können, daß solche eigenen Maßstäbe sich lebenslang bewähren und hilfreiche Anleitung gegenüber den Herausforderungen des Daseins bilden? Solche Fragen der »geistigen Orientierung« bilden eine zentrale Herausforderung der modernen Gesellschaft. Sie zu stellen, heißt, bereits zu akzeptieren, daß es kaum mehr unbefragte, selbstverständlich von allen akzeptierte Werte gibt, in die man einfach hineingeboren wird. Die Maßstäbe für ihr individuelles Handeln müssen die Menschen unter modernen Bedingungen zunehmend selbst formulieren oder aus einer Vielzahl von Angeboten auswählen.

Die Sozialwissenschaft beschreibt diese Lebensbedingungen mit den Begriffen Individualismus und Pluralismus. Damit ist in aller Knappheit eine Situation benannt, in der Menschen für ihre Wertvorstellungen und Lebensentwürfe um Anerkennung ringen müssen, was eine ganze Reihe von individuell wie gesamtgesellschaftlich bedeutsamen Folgefragen aufwirft: »Bowling alone«, »Alleine kegeln« nannte Robert Putnam seinen inzwischen berühmten Artikel über den »Niedergang des Sozialkapitals in den USA«. Seine Beobachtung, daß die Bereitschaft zu bürgerschaftlichem Engagement zurückgeht, hat nicht nur in den USA zu heftigen Kontroversen geführt, sondern auch in anderen westlichen Industriegesellschaften Debatten darüber ausgelöst, ob dort parallele Entwicklungen zu beobachten sind. Ist es wirklich so, daß aus der Erosion bürgerschaftlichen Engagements eine mittelfristige Gefährdung des Bestands unserer Demokratien folgen kann oder gar folgen muß?

Die Signale sind kaum zu übersehen, aber zwangsläufig ist eine solche Entwicklung nicht. Vermutlich ist es nicht die Bereitschaft zum sozialen Engagement, gerade bei der Jugend nicht, die abnimmt, sondern es spricht mehr dafür, daß wir gegenwärtig an einem institutionellen Defizit zur Bündelung sozialer Energien leiden. Vieles davon hat mit dem bereits beschriebenen Wandel unserer vorgegebenen Lebensverhältnisse und der demotivierenden Wirkung staatlicher Solidargemeinschaften zu tun: »Die Politik vermag Gemeinschaften zu fördern und zu pflegen«, so hat es Etzioni beschrieben, »indem sie sicherstellt, daß der Staat keine Kompetenzen an sich reißt, die den Gemeinschaften vorbehalten bleiben.« Mit einer Vielzahl von konkreten Beispielen kann der amerikanische Sozialphilosoph, dem bisher noch niemand Hartherzigkeit oder konservative Staatskritik unterstellt hat, belegen, daß es die überbordende Fürsorge des Staates für seine Bürger ist, die der Gemeinschaftsbildung und damit der Bewahrung und Gewinnung von Sozialkapital die Luft abschnürt. Umgekehrt kann er dort viele Erfolge benennen, wo der Staat sich zurückgenommen hat. So hat etwa »in den Vereinigten Staaten der Rückgang staatlicher Dienstleistungen die Aktivität der Gemeinschaften enorm gesteigert. Beispielsweise wuchs in der Folge des Rückgangs staatlicher Dienstleistungen in New York die Zahl der organisierten Gruppen von 3 500 im Jahre 1977 auf achttausend im Jahre 1995.« Solche Beispiele ließen sich ohne weiteres vermehren. Sie haben alle einen gemeinsamen Kern: Wo betreuende Fürsorge von oben verschwindet, regt sich eigenverantwortliche und kleingemeinschaftliche Aktivität. Könnte es also sein, daß die Katastrophenpropheten unrecht haben, die den sozialen Absturz ganzer Volksschichten vorhersagen, wenn der Wohlfahrtsstaat sein kollektives Füllhorn verkleinert?

Seit Beginn der Moderne ist über den Individualismus des modernen Menschen gestritten worden. Egoismus, Hedonismus, mangelnde Bereitschaft, sich für die Gemeinschaft zu engagieren, sind ständige Klagen des 19. und 20. Jahrhunderts. Seit den fünfziger Jahren dieses Jahrhunderts hat sich in den meisten Industrieländern eine deutliche Abkehr von autoritätshörigen und ordnungsliebenden Vorstellungen vollzogen. Trotz aller kulturpessimistischen Interpretationen zeigen die meisten empirischen Untersuchungen auch weiterhin die Bereitschaft zu sozialem Engagement – auch hierzulande: Nahezu jeder fünfte Bundesbürger ist im sozialen Ehrenamt, in der Sozial- und Jugendhilfe, in der Hilfe für Alte und Behinderte, in Elterninitiativen und Nachbarschaftshilfen tätig. Es gibt darüber hinaus noch sehr viel mehr Menschen, die an einer solchen ehrenamtlichen Tätigkeit interessiert wären, die bereit wären, für alte Menschen Besorgungen zu erledigen, ihnen im Haushalt zu helfen, bei der Betreuung von Kleinkindern einzuspringen, jemandem Behördengänge abzunehmen. Wir sollten überlegen, wie wir diese Bereitschaft zu uneigennütziger sozialer Hilfe besser fördern können, statt den Dienst am Nächsten mehr oder weniger ausschließlich einer hoch professionalisierten, aber anonymen und letztlich sich selbst genügenden Sozialbürokratie zu überlassen.

Auf diese Weise stärken wir das Prinzip der Subsidiarität gegen ein falsches Verständnis von Solidarität. Es ist gar nicht einzusehen, warum arbeitslose Menschen, die auf staatliche Unterstützung angewiesen sind, nicht auch grundsätzlich vom Staat zu sozial nützlichen Arbeiten herangezogen werden sollten. In dem gemeinsamen Diskussionspapier zur wirtschaftlichen und sozialen Lage in Deutschland, das die beiden großen christlichen Kirchen im November 1994 vorgelegt haben, heißt es hierzu: »Der soziale Gedanke ist (...) unvereinbar mit einer Vorstellung, wonach der einzelne das, was er mit eigenen Kräften leisten kann, nicht mehr erbringt und statt dessen auf Kosten der anderen leben will. Dies wäre erneut eine Form der Ausbeutung des Mitmenschen.« In der Endfassung des Papiers von 1997 ist dieser Gedanke bedauerlicherweise nicht mehr aufgegriffen worden.

Auch Solidarität, die für die Gemeinverträglichkeit unserer Ordnung so wenig verzichtbar ist wie Freiheit und Gerechtigkeit, läßt sich mit dem Subsidiaritätsprinzip besser verwirklichen. Solidarität – Verantwortung für die anderen und für die Gemeinschaft – beginnt beim einzelnen, also schon damit, Hilfe von anderen oder von der Gesellschaft nur dann in Anspruch zu nehmen, wenn man selbst Abhilfe nicht mehr schaffen kann, und sorgende Verantwortung für den Nächsten als eigene Verpflichtung anzunehmen, statt sie auf andere abzuschieben. Wenn Wärme im menschlichen Leben durch Gemeinschaft, Miteinander, Sozialbeziehungen, also durch das Zusammenleben, die Begegnung, den Austausch mit anderen Menschen entsteht, dann kann Solidarität nicht auf Subsidiarität, auf den Vorrang des einzelnen, der kleinen Einheit, verzichten.

Das Subsidiaritätsprinzip beruht im Grunde auf einem sehr viel älteren Gedanken, der die abendländische Sozialphilosophie seit der Antike geprägt hat: auf dem Gedanken des rechten Maßes und der Mitte, des Ausgleichs und der Vermittlung der Extreme. So dient das Subsidiaritätsprinzip dem Ausgleich zwischen Individuum und sozialer Gemeinschaft, peilt die recht bemessene Mitte an zwischen Eigenverantwortung und solidarischer Fürsorge, zwischen Autarkie und Abhängigkeit.

Aber nicht nur die politische Gemeinschaft ist auf ein ausgewogenes Verhältnis von Individualismus und Gemeinschaft angewiesen – auch für unsere wirtschaftliche Zukunft gewinnt dieses Verhältnis zunehmend an Bedeutung. Der Wirtschaftswissenschaftler Leo A. Nefiodow hat 1997 eine Studie vorgelegt, in der er zu einem überraschenden Schluß kommt: So wie die großen Konjunkturzyklen im 19. Jahrhundert von der Einführung der Dampfmaschine ausgelöst worden seien und in unserem Jahrhundert zuletzt von der Einführung der Mikroelektronik, so werde die Humanressource »kooperativer Individualismus« (Durkheim), also die Verbindung individueller Fähigkeiten wie Kreativität, Lernfähigkeit und Informationsverarbeitung mit sozialen Kompetenzen wie Teamfähigkeit, Motivation, Vertrauen, Rücksichtnahme den nächsten wirtschaftlichen Wachstumszyklus tragen. Wie ausschlaggebend dieser Faktor für die zukünftigen Entwicklungen sein wird, wissen wir nicht – unstreitig dürfte indes sein, daß eine gelungene Synthese von Individualkompetenz und Kooperationsfähigkeit ein ganz entscheidendes, nicht nur wirtschaftlich nutzbares Innovationspotential in sich birgt. Einleuchtend und ermutigend für die Zukunft ist jedenfalls Nefiodows These, daß in einer Zeit, die mehr und mehr von anonymen Großinstitutionen und technischen Errungenschaften, insbesondere den gewaltig gestiegenen Möglichkeiten der computerisierten Informationsgewinung, -verarbeitung und -übertragung geprägt wird, ganz ursprüngliche menschliche Grundgegebenheiten wie Moral, Gemeinschaftsfähigkeit, ja nicht zuletzt auch religiöse Verankerung erforderlich sind, um bestehen zu können, daß also auch die Perspektive für eine gute wirtschaftliche Entwicklung in ihrem Wesen kein ausschließlich »ökonomisches Phänomen« ist.

Ausgehend von Umwälzungen in der Arbeitswelt, werden auf der einen Seite Kreativität und Flexibilität, die zugleich moderne Formen des Individualismus begünstigen und freisetzen können, immer wichtiger. Auf der anderen Seite zeigt sich bei immer komplexeren Formen der Arbeitsteilung aber auch, daß es sich um eine Art »kooperativen Individualismus« handeln muß. Denn in immer mehr Situationen ist das Handeln einzelner nur sinnvoll, wenn es mit dem Handeln anderer koordiniert und abgestimmt ist, wenn der Strom der Kommunikation nicht abreißt und Verständnis möglich ist.

Dies gilt für das Arbeitsleben, die Familie, die Schule, die Gemeinde ebenso wie für die Systeme sozialer Sicherung und politischer Steuerung. Diese einzelnen Bereiche wirken nicht unabhängig voneinander, und es ist zu vermuten, daß das Leben in familialen Zusammenhängen gerade auch dabei zu den wirkungsmächtigsten Faktoren gehört. Dort machen Menschen Erfahrungen mit Verantwortung, erleben das Zusammenwirken mit anderen, erhalten Bestätigung für ihre eigenen Wertmuster und Verhaltensweisen oder werden zur Skepsis veranlaßt. Zugleich ist die Familie der erste Ort, an dem die Wertvorstellungen einer Gesellschaft formuliert und weiter transportiert werden, wo nachwachsende Generationen mit dem Leben vertraut gemacht werden und sich ihr Bild vom Zusammenleben formt, kurz: In der Familie werden wichtige Teile des kulturellen Kapitals unserer Gesellschaft gebildet und weitergegeben. Das ist trotz aller Wandlungen in den Lebenseinstellungen die im Sinne der Zukunftssicherung krisenfesteste Institution für Bildung und Ertragssteigerung von Human- und Sozialkapital.

Dabei haben sich aus gestiegener Lebenserwartung, veränderten Lebensverläufen, einem sich wandelnden Verhältnis von Familienleben und Erwerbsarbeit sowie neuen Formen industrieller und vor allem postindustrieller Arbeitsteilung weitreichende Anstöße ergeben, die auf das Familienleben, auf Lebensformen und das Zusammenleben der Generationen großen Einfluß ausüben.

Allen kulturpessimistischen Unkenrufen zum Trotz ist es daher ermutigend, daß, wie Hans Bertram, der Berliner Soziologe und ehemalige Direktor des Deutschen Jugendinstituts, jüngst in einer Studie festgestellt hat, »die meisten empirischen Untersuchungen auch weiterhin die Bereitschaft zu sozialem Engagement in Ehe und Familie und die fortbestehende Bereitschaft von Eltern, Zeit und Geld in ihre Kinder zu investieren«, zeigen. Diese Beobachtung ist ein weiterer Beleg dafür, daß moderner Individualismus nicht notwendigerweise egoistisch ist und nur der eigenen Selbstverwirklichung dient. Wenn man seine einzelnen, höchst differenzierten Aspekte berücksichtigt und die Tatsache nicht außer acht läßt, daß Individualismus eine notwendige Voraussetzung von arbeitsteiligen Gesellschaften mit unterschiedlichen Werten in den einzelnen Lebensbereichen ist, dann erkennt man, daß dieser Individualismus nicht notwendigerweise egoistisch und utilitaristisch sein muß, sondern auch gelebt werden kann, indem eigene Werte und die eigene Selbstverwirklichung betont werden, aber gleichzeitig akzeptiert wird, daß moderne arbeitsteilige Gesellschaften dies nur ermöglichen in Kooperation und Solidarität mit anderen. Diese Einsicht in die Notwendigkeit eines kooperativen Individualismus ist freilich kein Selbstläufer, sondern benötigt Anleitung und Bestärkung, was nicht nur als Aufgabe der Familie, sondern auch von Schule, Ausbildung und Universität zu betrachten wäre.

Denn auch wenn es stimmt, daß die Erfogsrezepte der Vergangenheit nicht mehr die uneingeschränkten Sicherheitsgarantien der Zukunft sind, so gilt doch weiterhin, daß Bildung, sozialer Status und Zugang zum Erwerbsleben darüber entscheiden, ob Menschen Teil sozialer Netze, sozialer Initiativen, traditioneller Organisationen des Arbeitslebens und der Politik oder jeder anderen Form von Sozialkapital sind und bleiben können. Die Befunde einschlägiger Untersuchungen lassen klar erkennen, daß gerade Bildung und Teilhabe am Erwerbsleben als Zugangswege zur Mitgestaltung unserer Zukunft in Arbeitsleben, Gesellschaft und Politik gleichermaßen unentbehrlich sind. Sie bezeichnen aber auch die Gefahr, daß durch das Fehlen entsprechender Chancen und Kompetenzen Teile der Bevölkerung von jeder Teilhabe am gesellschaftlichen und öffentlichen Leben ausgeschlossen bleiben können.

Betrachtet man die Lage in einer historischen Perspektive, so erkennt man, worauf Robert Putnam hingewiesen hat, daß es für die jetzige Entwicklung eine Parallele gibt: das Zeitalter der Industrialisierung. Auch damals, in einer Phase der schnellen Urbanisierung zerbrachen die traditionellen (Dorf-)Gemeinschaften, wurden viele Menschen auf einmal innerhalb sehr kurzer Zeit bindungs- und orientierungslos. Es ist dies jedoch – und zwar nicht zufällig – auch genau jene Zeit, in der von den Pfadfindern bis zum Roten Kreuz innerhalb einer relativ kurzen Zeitspanne von lediglich rund zwanzig Jahren die meisten jener Organisationen gegründet wurden, in denen sich seither bürgerschaftliches Engagement ausgedrückt hat.

Auch diese Organisationen – und das ist einer der Kernpunkte von Putnams These – verlieren jedoch heute ihre Bindewirkung und damit ihre Legitimation. Offensichtlich befriedigen sie (allein) nicht länger die Erwartungen und Bedürfnisse des Menschen im Informationszeitalter und entsprechen nicht dem, wofür er sich in einer Periode des Postpost-Modernismus zu engagieren bereit ist. Die Frage und Suche nach Sinn jedoch, das zeigt nicht nur die evangelikale Bewegung, die – mit Ausnahme Europas – nahezu die ganze Welt erfaßt, ist heute so akut wie eh und je. Wie läßt sich diese Suche produktiv kanalisieren? Wie wird sie sich – außer in Sekten – organisieren?

Wer, so muß man also fragen, werden »die Pfadfinder des 21. Jahrhunderts« sein? Pfadfinder in einem doppelten Sinne: zum einen als zeitgemäße Form bürgerschaftlichen Engagements, zum anderen als diejenigen, die modellhaft und mutig in Richtung auf eine undurchsichtige und hochkomplexe Zukunft vorangehen, die folglich die Pfade in die Zukunft finden.

Königswege zur Stärkung der Bürgergesellschaft lassen sich nicht formulieren – schon gar nicht durch die Politik. Eine Bürgergesellschaft lebt ja gerade durch die subsidiäre Selbstorganisation – also die Abwesenheit von Staat. Auch hier gilt wieder: weniger Staat ist mehr – und: Politik muß die Rahmen so setzen, daß sich bürgerschaftliches und bürgergesellschaftliches Engagement entfalten können; damit auf diese Weise Zusammenhalt, sprich *social capital* – also der Grundbestandteil der freiheitlichen Demokratie – wieder wachsen kann.

Vor einer Illusion muß man indes warnen: Sozialkapital ist nicht per se gut, ebensowenig wie »intermediäre«, d.h. zwischen Individuum und Gesellschaft vermittelnde Institutionen. Da verhält es sich ein wenig wie mit dem Cholesterin. Jahrelang glaubten wir, daß Cholesterin schlecht für unsere Gesundheit sei, und manche verzichteten fortan auf das Frühstücksei. Bis eines Tages die medizinische Wissenschaft entdeckte, daß es gutes und schlechtes, nützliches und schädliches Cholesterin gibt. Ganz ähnlich ist es mit Sozialkapital und intermediären Institutionen. Ohne Zweifel ist zum Beispiel die Mafia eine intermediäre Institution, denn in ihr entstehen, genauso wie in einer mittelalterlichen Räuberbande oder einer neuzeitlich-großstädtischen Straßengang, soziale Bindungen und Netze. Derartiges soziales Kapital entsteht gleichermaßen im Kirchenchor oder im Kegelclub. Nur wird niemand behaupten wollen, daß das hier beschriebene Sozialkapital von gleich hohem gesellschaftlichem Wert ist. Man wird also unterscheiden müssen zwischen gesellschaftsförderndem und gesellschaftsgefährdendem beziehungsweise gesellschaftszerstörendem Sozialkapital.

Freiheit bedeutet auch Zumutung

Hier eröffnet sich das eigentliche Feld für die Politik. Politik ist in diesem Zusammenhang nicht nur zur Entscheidung verpflichtet, sondern auch zur Unterscheidung. Konkret bedeutet dies, daß alle Ansätze zur Gemeinschaftsbildung im kleinen, die dem Ganzen auch dadurch dienen, daß sie subsidiäre Gemeinschaftswerte verwirklichen, welche wiederum generalisierbar für eine gute Gesellschaft im Gesamten sind, eben deshalb Anreize und Förderung verdienen, statt daß sie durch ein Übermaß an Betreuung oder Projekte staatlicher Menschheitsbeglückung die Neugewinnung von sozialem Kapital zu behindert oder gar unterdrückt werden. Wertorientierte Politik in Zeiten des Wandels weist damit direkt zurück auf das Prinzip der Ordnung der Freiheit. Dies ist aber nicht nur grundsätzlich schon richtig, sondern angesichts des gesellschaftlichen Umbruchs, dessen Ausgang niemand kennt, besonders wichtig, um Modelle für zukünftige Lebensformen zu entwickeln. Daß die in Wirtschaft und Gesellschaft wirkenden Kräfte der Veränderung die Gesamtheit unserer Sozialbeziehungen beeinflussen, hergebrachte Sozialbindungen beeinträchtigen und bewährte Institutionen gefährden, wurde ja bereits dargestellt. Um so wichtiger ist es, daß im Kleinen neue Formen der Gemeinschaft und des sozialen Lebens ausprobiert werden, die sich dem Anspruch, auch im Großen zu funktionieren, stellen können. In einer Ordnung der Freiheit kann Arbeitsteilung nicht heißen, daß einige wenige Pfadfinder am grünen Tisch sich kluge Modelle ausdenken, sondern daß ein jeder aufgerufen ist und ermutigt werden sollte, Pfadfinder für sich und die Gemeinschaft im praktischen Leben bei der Suche nach menschenwürdigen Lebensformen der Zukunft zu sein.

Ordnung der Freiheit bedeutet, so betrachtet, daher auch ein klares Bekenntnis zur Zumutung, Freiheit auszuhalten und das Nebeneinander unterschiedlicher Lebensformen, soweit diese die zu bewahrenden Werte verwirklichen, zu tolerieren. Auch das ist leichter gesagt als gelebt. Denn Zeiten grundlegenden Wandels und ein damit zwangsläufig einhergehendes gesellschaftliches Klima der Verunsicherung begünstigen tendenziell eher eine Politik und eine Stimmung des Ressentiments als das im Sinne freiheitlicher Zukunftsfähigkeit besonders wichtige Prinzip der Toleranz.

So besehen ist Toleranz geradezu das Gegenstück zu Beliebigkeit. Sie ist die unabdingbare Voraussetzung gesellschaftlicher Freiheit und Zukunftsfähigkeit. Ohne die Bereitschaft, andere anders leben zu lassen, als man es für sich selbst als richtig erachtet, kann es keinen gesellschaftlichen Fortschritt geben. So wie sich der Wettbewerb für die Wirtschaft als das innovationsfähigste und modernisierungsfreundlichste Ordnungsmodell erwiesen hat, so wird sich auch die Gesellschaft bei ihrer Entwicklung nur im Nebeneinander verschiedener, im kleinen gelebter Zukunftsentwürfe darüber vergewissern können, was Chancen in sich birgt, auch im Gesamten zu funktionieren.

Im Umgang mit fremden Kulturen und Ausländern zeigt sich leider auch sehr deutlich, wie weit wir noch von einer Kultur der Toleranz entfernt sind. Das Lieblingsessen beim Italiener um die Ecke, Döner-Buden und Urlaubsreisen in ferne Länder allein sind eben noch kein wesentlicher Ausweis für den moralischen Anspruch einer offenen Gesellschaft. Es liegt wohl in der Natur des Menschen, daß er, befallen vom Gefühl der Unsicherheit und einem spontanen Impuls folgend dem Fremden ablehnend begegnet. Fremdenfeindlichkeit ist dies noch nicht, aber einen Beitrag zur Bereicherung des eigenen Lebens durch die Bereitschaft, für andere Erfahrungen und Sichtweisen offen zu sein, kann man hierin gleichfalls kaum sehen.

Während Beliebigkeit sich durch eine grundsätzliche Gleichgültigkeit gegenüber allem und jedem auszeichnet, setzt Toleranz immer auch die Bereitschaft voraus, sich selbst in Frage zu stellen und lernbereit zu sein. Beliebigkeit hat keine Grundsätze, sondern ist sich selbst das maßgebende Prinzip. Toleranz hingegen ist auf der Basis von Grundüberzeugungen fähig zur Akzeptanz anderer Entwürfe, ohne sie übernehmen, aber auch ohne sie ablehnen zu müssen. Ihr wohnt ein innovatives Element der Neugier inne, das eine wesentliche Voraussetzung für positive Gestaltungskraft bildet. Toleranz wird in Zukunft auch deshalb wichtiger, weil der Wandel, den wir gegenwärtig erleben, eine umfassende Ergänzung des Prinzips der Arbeitsteilung um die Prinzipien der Wissens- und Erfahrungsteilung mit sich bringt.

Die Halbwertzeit unseres Wissens wird immer kürzer. Gleichzeitig sprechen wir mit Recht von einer Informationsflut, die über den modernen Menschen hereinbricht – und ihn überfordert. Schließlich ist die Aufnahmefähigkeit eines jeden Menschen begrenzt, jeder steigt irgendwann aus dem per-

manenten Veränderungsprozeß aus. Leibniz, so heißt es, sei
der letzte gewesen, der noch ein universelles Wissen, einen
Überblick über die Gesamtheit der Wissenschaft hatte. Heute
gibt es kaum mehr einen Wissenschaftler, der einen komplet-
ten Überblick wenigstens über seine eigene Disziplin hätte.
Die Wissensvermehrung fördert zugleich das Spezialistentum,
die Generalisten von heute hingegen scheinen immer mehr zu
Ignoranten des Ganzen zu werden.

Was für die Wissenschaft gilt, erfahren wir auch in der alltäglichen Lebenswelt. Hier sind es vor allem die praktischen
Konsequenzen der Wissensvermehrung und der Beschleunigung von Kommunikation, die unser Leben immer mehr und
immer schneller verändern. Mit vielen Veränderungen kann
man durch hohe Auffassungsgabe, Lernbereitschaft und
Offenheit für alles Neue Schritt halten. Aber eben nicht mit
allen – und selbst bei den Veränderungen, mit denen man
Schritt halten kann, kann man dies auch nicht ein Leben lang.
Denn der Mensch ist nicht nur auf Dynamik, sondern auch
auf Stetigkeit, nicht nur auf vorwärtstreibende Bewegung,
sondern auch auf Beharren angelegt.

Aber nicht nur unser Wissen wird immer sektoraler werden, auch die Erfahrungsmöglichkeiten hinsichtlich der Gesamtheit unserer Lebenswirklichkeit werden particller. Schon
vor einigen Jahren hat der Bamberger Soziologe Gerhard
Schulze eine beeindruckende Studie über die »Erlebnisgesell-
schaft« vorgelegt, deren Grundthese wohl ist, daß sich soziale
Milieus immer weniger durch gemeinsame Lebensumstände
und immer mehr durch gemeinsam geteilte Erfahrungen und
Erlebnissituationen konstituieren und damit auch voneinander abgrenzen.

Mit der Verbreiterung des Angebots an Lebenswegen und
-formen nimmt die Möglichkeit zu Teilnahme an allem zugleich für jedermann ab. Immer mehr Menschen um uns
herum werden anders sein als wir selbst, und dieser Trend
wird sich weiter beschleunigen. Fremdheit wird damit mehr

und mehr zur permanenten Herausforderung eines jeden. Das Aushalten der Freiheit, die Erfolgsbedingung für Zukunftsfähigkeit, ist, so besehen, wiederum nichts anderes als Toleranz.

Eine zweite, nicht minder wichtige Lehre läßt sich hieraus ableiten. So wichtig Reform- und damit Änderungsbereitschaft auch sind, so wenig dürfen wir dem Trugbild anhängen, daß die Flexibilität und Schnelligkeit, die notwendig sind, um mit dem Wandel Schritt zu halten, alles wären. Von Joseph Schumpeter stammt der Satz, daß ein Auto um so schneller fahren kann, je besser seine Bremsen sind – was jüngste Debatten im Grand-Prix-Zirkus bestätigt haben. Diese Einsicht gilt genauso für unseren Weg in die Gesellschaft der Zukunft. PS, Drehzahlen und Maximalgeschwindigkeit sind nicht alles, wenn man schnell und sicher ans Ziel kommen möchte; auf schwierigen Streckenabschnitten sind gute Bremsen und ein bedächtiger Fahrstil wichtiger. Ganz bewußt sollten wir den Erfordernissen der Beschleunigung und Hochgeschwindigkeit, mit denen wir den Wandel schaffen wollen, ein Bekenntnis zur Langsamkeit, zur Umsicht, auch zur Vorsicht als Korrektiv entgegensetzen.

Ein gewisses Maß an Langsamkeit im Prozeß der Anpassung an die Veränderungen unserer Lebenswelt ist auch notwendig, um möglichst allen Menschen eine echte Chance zu geben. Die schnellsten und gewitztesten finden sich in jeder Situation zurecht. Aber *survival of the fittest* kann nicht die Richtschnur sein. Langsamkeit und Zögerlichkeit dürfen dabei nicht miteinander verwechselt werden. Was zu tun ist, muß getan werden. Nur sollten wir klar erkennen, daß wir uns vom hohen Tempo der objektiv gegebenen Entwicklung nicht in einen hektischen Wettlauf zwischen Hase und Igel hineintreiben lassen dürfen, der in der Wirklichkeit so wenig zu gewinnen ist wie in der Fabel. Es besteht auch eine Gefahr darin, daß wir uns vom rasanten Tempo der Veränderungen insgesamt zu einem hektischen, von Unruhe und Unrast geprägten

Leben treiben lassen. Wohin dies führen kann, zeigt die immer schneller, aber damit auch immer oberflächlicher werdende Spiegelung unserer Wirklichkeit, nicht nur der politischen, in den Medien.

Wir sollten überhaupt mehr über korrigierende Prinzipien zu den Großtrends unserer Entwicklung nachdenken. Die Wiederentdeckung der Langsamkeit ist eines, das Lob des Kleinen ein anderes. In Zeiten der globalisierten Wirtschaft beispielsweise überschlagen sich in den Wirtschaftsteilen unserer Zeitungen die Nachrichten von Fusionen zu immer größeren Unternehmen und Übernahmen der Kleinen durch die Großen im Namen gesteigerter internationaler Wettbewerbsfähigkeit. Doch die Stimmen mehren sich, daß zuweilen auch immer noch gilt: »Small is beautiful«. Nicht nur, daß auf Unersättlichkeit oftmals Übelkeit folgt, was hier und da durchaus eine bittere Erfahrung der neuen Riesen sein dürfte. Kritisch an der Entwicklung ist gewiß auch, daß eine ungebremste Fusiomania zu einer Aushebelung von Wettbewerbsmechanismen führen muß. Noch gar nicht abzusehen ist, wie die im Zuge dieses internationalen Konzentrations- und Kartellisierungsprozesses sich automatisch ergebende Akkumulation von Macht kontrolliert werden kann. Grotesk und auf Dauer sicherlich verderblich dürfte zudem sein, daß die Hoffnung auf schnelle Börsengewinne im Zuge von Unternehmensübernahmen die Zusammenschlußphantasien zuweilen mehr beherrschen als der Blick auf reale wirtschaftliche Daten, sinnvolle Kooperationen oder wirkliche Synergien.

Größe ist jedenfalls kein Wert an sich. Sie muß nicht nur betriebswirtschaftlich gut durchdacht sein, sondern stellt eben auch besonders hohe Anforderungen an die Qualität der Unternehmensführung. Vermeintlichen synergetischen Effekten stehen sonst viel schwerer wiegende retardierende Faktoren gegenüber, wie sie in jeder Großbürokratie und anonymen Organisation zu beobachten sind.

Auch die mitunter etwas verkrampft und angestrengt wirkenden Bemühungen großer Industriebetriebe um eine »corporate identity« erweisen sich als ein höchst unzulänglicher Ersatz für den früheren quasi familiären Charakter der betrieblichen Arbeitsmilieus. Das Große hat eben den Nachteil des Unpersönlichen und der Anonymität, und dort, wo Größe unvermeidlich oder sogar wünschenswert ist, sollte ein starkes Augenmerk auf die Stärkung der kleinen Einheiten mit personalen Bezügen gelegt werden.

Dies führt zu einem weiteren, bereits kurz angesprochenen Prinzip, das über die Lebensqualität und Humanität zukünftiger Gesellschaften hinaus wichtig ist: der Wiedergewinnung von Nähe. Man kann am Beispiel der Europäischen Union sehr gut veranschaulichen, daß das Streben nach Größe und Ferne auf Dauer nur gelingen kann, wenn die subsidiären, kleineren Einheiten als Mutterboden für das Wurzelwerk erhalten, gepflegt und gestärkt werden.

Es hat sich eingebürgert, an jeder Ecke unserer politischen, wirtschaftlichen und gesellschaftlichen Entwicklung Zwickmühlen und Fallen auszumachen: Zukunftsfalle, Modernisierungsfalle, Globalisierungsfalle – so lauten die Stichworte, und es gibt noch mehr von ihnen. Das Befremdliche an diesen Begriffen ist der Fatalismus und ist die Unentrinnbarkeit, die sie suggerieren. Als säßen wir in einer »Beschleunigungsfalle«, dazu verdammt, wie der Hamster im Laufrad einen Mechanismus auf immer höhere Touren zu beschleunigen, der uns doch niemals an ein erstrebenswertes Ziel befördern wird, ein Mechanismus, der uns im Gegenteil mehr abverlangt und kostet – und sei es an immateriellen, kulturellen, auch ökologischen Werten und Gütern –, als er uns jemals einbringen wird.

Die Versuchung mag groß sein, aber das einfache »Aussteigen« ist eine Option für den Hamster, aber nicht für eine entwickelte Volkswirtschaft wie die unsrige. Selbst wenn wir wollten, selbst wenn wir bereit wären, auf Wohlstandszuwächse dauerhaft zu verzichten – eine Volkswirtschaft, die derart elementar vom Handel, von der internationalen Arbeitsteilung abhängt, kann sich nicht einfach über Nacht »ausklinken«.

Es gibt keine Zauberformeln oder Königswege, mit denen man dieser Situation entfliehen könnte, aber in einer Zwickmühle sitzen wir auch nicht. Zweierlei erscheint mir zentral, damit sich nicht bei vielen Menschen der Eindruck der Ausweglosigkeit, auch der Hilflosigkeit festsetzt und sich auch nicht im Unterbewußtsein die lähmende Überzeugung eingräbt, den Weltläuften ausgeliefert zu sein, ohne daß sie selbst, aber auch ohne daß ihre gewählten Vertreter diese beeinflussen könnten.

Zum einen können wir natürlich handeln. Das heißt vor allem, daß wir uns so gut wie möglich auf die Entwicklungen vorbereiten und uns behaupten, also unsere Wettbewerbsfähigkeit stärken. Beispiele zeige ich im nächsten Kapitel auf. Und weil in den großen Fragen Handeln durch die nationalstaatliche Ebene zunehmend weniger möglich sein wird, müssen wir durch die europäische Einigung einen Akteur schaffen, der die globalen Entwicklungen natürlich auch nicht allein bestimmen, diese aber doch wesentlich stärker beeinflussen kann. Eine ganze Reihe der in den vorigen Kapiteln angesprochenen Fragen, Probleme und Herausforderungen können auf dieser Ebene angegangen, beraten und zum Teil auch gelöst werden. Darauf werde ich im Schlußkapitel näher eingehen.

Aber wir können auch noch etwas anderes tun: Wir sollten die Gegengewichte zu den unabweisbaren Entwicklungen und Veränderungen, die in immer rascherer Folge von weit her heranbranden, stärken, indem wir die Gemeinschaftsbezüge kräftigen und fördern, das Wurzelwerk, das die Menschen bindet an Stadt und Land, an Herkunft, Heimat, regionales Umfeld, an Familie und Nation. In einer Welt, die sich Handel und Wandel öffnet, die immer mehr zusammenwächst, gerade in einer solchen Welt wird für die Menschen das regionale Umfeld, der Bezug zur Nähe immer wichtiger. Es hilft, die eigene Identität zu bewahren, es hilft, sich zu orientieren inmitten von so viel Unübersichtlichkeit. Der Mensch braucht einen Ort, an dem die Welt trotz aller Veränderungen noch in Ordnung ist.

In dem Maße, in dem es gelingt, die regionalen Bezüge zu stärken, düngen wir zugleich den Nährboden für die übrigen Sozialbezüge – Zusammenleben in der Gemeinde, Vereinsleben, Nachbarschaft. Auch Ungleichgewichte, wie sie zwischen den Regionen unvermeidlich bestehen oder neu entstehen, wirtschaftlich, sozial, unter Umweltgesichtspunkten, Ungleichgewichte zwischen strukturschwachen und strukturstarken Regionen – in Deutschland und in Europa – lassen sich um so leichter ertragen, je stärker die regionale Verwurzelung der Menschen ist.

Ein anderes Gegengewicht zur globalen Veränderungsdynamik unserer Zeit bildet die Verwurzelung in den Bezügen einer gemeinsamen Kultur und historischen Überlieferung. Das reicht wiederum von der regionalen Ebene – Brauchtum, Heimatpflege, was man nicht von der hohen Warte der Feuilletons als etwas Abgestandenes und Hinterwäldlerisches abqualifizieren sollte – über die vielfältigen Bezüge der nationalen Kultur und Geschichte bis hin zu unserem gemeinsamen abendländisch-gesamteuropäischen Erbe. Das sichert unsere Identität in einer immer gesichtsloser werdenden Welt, das schirmt uns ab und gibt uns Halt, wo allzu vieles in Bewegung gerät.

Der Blick in die Vergangenheit lehrt darüber hinaus – und spendet damit zugleich auch Hoffnung und macht Mut –, daß der Veränderungsdruck, dem wir gegenwärtig ausgesetzt sind, in seiner konkreten Erscheinungsform neu, in seinem Wesen aber nur eine Variation über ein Thema der Menschheitsgeschichte ist. Wir mit unseren Problemen sind nicht die einzigen Menschen auf dieser Welt und auch nicht die ersten! Im Vergleich zu den vergangenen Beispielen sind wir indes besser gerüstet, nicht zuletzt dank der Fortschritte in Wissenschaft und Technik, die uns immer bessere Lösungsinstrumente zur Selbstbehauptung im Wandel geben. Für Mutlosigkeit und Verzagtheit ist kein Anlaß gegeben, aber die Zukunft kann auch nur gewinnen, wer sie wirklich gewinnen will.

Zudem: Religion, Spiritualität schlechthin, das Wissen darum, daß wir nicht begrenzt sind auf dieses rastlose und doch häufig so wenig erfüllte irdische Dasein, sondern daß es da jemanden gibt, der unser Dasein in Händen hält, bei dem wir Frieden, Geborgenheit, Erlösung finden können – auch das ist so ein Gegengewicht in einer Zeit des Umbruchs und der Orientierungsnöte, wahrscheinlich das wichtigste, auch wenn es nicht jedem von uns mehr so ohne weiteres zugänglich ist.

»Wer sich in Gefahr begibt«, so heißt es im Alten Testament, »kommt darin um.« Also, so lautet die Scheinalternative heute, lassen wir es besser. Aber wahrscheinlich trifft doch eher die Abwandlung dieses Spruchs aus dem Buch Jesus Sirach, wie sie Ernst Bloch vorgeschlagen hat, auf unsere Situation zu: »Wer sich *nicht* in Gefahr begibt, kommt in ihr um.«

Viertes Kapitel

Handeln in die Zukunft –
Unsere Hausaufgaben
im globalen Wettbewerb

It's the economy! – So stand es an der Wand in Bill Clintons
Wahlkampfzentrale während der Kampagne 1992. Der in seiner Kürze martialisch wirkende Satz drückte eine simple, täglich zu memorierende Grundwahrheit aus: An der Frage der
Wirtschaft entscheidet sich – fast – alles; natürlich Wahl-
kämpfe, aber eben auch und nicht zuletzt die Zukunftsfähigkeit eines Landes. Zwar ist nicht alles im Leben eines Volkes
oder eines Staates Wirtschaft, aber ohne ökonomische Pro-
sperität, ohne konkurrenzfähiges Wirtschaften ist am Ende
eben doch alles andere nichts, auf jeden Fall sehr viel weniger.

Nur auf der Grundlage einer erfolgreichen Wirtschaft läßt
sich auch in Deutschland das erhalten und ausbauen, was wir
in den vergangenen Jahrzehnten geschaffen haben und worauf wir mit Recht stolz sind: Wir leben im Wohlstand – unser
Pro-Kopf-Einkommen ist eines der höchsten in der Welt; wir
sind eine der bedeutendsten Exportnationen und bewegen uns
technologisch in der internationalen Spitzengruppe. Wir leben
in sozialer Sicherheit – mit einem eng geknüpften sozialen
Netz, durch dessen Maschen niemand fällt. Aber was für viele
so selbstverständlich erscheint, fällt uns nicht in den Schoß.
Deshalb gilt grundsätzlich auch hier, daß sich manches wird
verändern müssen, damit die Basis unseres Wohlstands und
unserer Systeme sozialer Sicherheit für die Zukunft tragfähig
bleibt.

Die in den vorausgehenden Kapiteln dargestellten Prinzipien und Einsichten lassen sich dabei geradezu exemplarisch

fruchtbar machen. Wir brauchen Reformen, die den Prinzipien der Subsidiarität und der Eigenverantwortung folgen, Reformen, die Rahmen setzen, innerhalb derer sich Freiheit neu entfalten kann. Es ist wichtig, diese Grunderkenntnis im Blick zu behalten, weil zum einen nur so präzise die Ziele zu definieren sind, die man erreichen will. Zum anderen verhindert eine derart grundierte Zielvorgabe, daß politische Reformbemühungen durch Rückschläge erlahmen. Die perfekte Reform durchzusetzen ist ohnehin eine immerwährende Anstrengung. Und um dem Ziel näher zu kommen, sind kleine Schritte in die richtige Richtung allemal besser als energischer Stillstand.

Politik, Unternehmen, wir alle müssen die Globalisierung als eine Herausforderung begreifen, die – wenn wir uns richtig auf sie einstellen – große Chancen eröffnet. Der Globalisierungsprozeß zwingt zur Suche nach neuen Lösungen, darin liegt das Faszinierende dieses Vorgangs. Deutschland braucht Lösungen, die in die Zukunft weisen und nicht das Heil im Gestern suchen. Deshalb tun wir gut daran, nicht das Bedrohliche in diesen Veränderungsprozessen zu sehen, sondern die gewaltigen Möglichkeiten zu erkennen, die sich für unser Land, für unsere Volkswirtschaft daraus ergeben.

Im Wettbewerb der Wirtschaftsstandorte steht Deutschland mit vielen Vorzügen da. Es hapert aber an gesellschaftlicher Mobilität, an Flexibilität in den Arbeits- und Lebensformen, an Wagemut und Risikobereitschaft. Um die richtigen Antworten geben zu können, braucht das Rad nicht neu erfunden zu werden. Es reicht schon aus, die Grundwerte der sozialen Marktwirtschaft von der Kruste ideologischer und struktureller Überfrachtungen zu befreien. Wenn wir es schaffen, den ethischen Grundregeln einer sozialen und verantwortlichen Verhaltensweise zu einer Renaissance zu verhelfen und damit frisches Vertrauen in die Wirksamkeit des Wettbewerbs- und Marktprinzips zu wecken, ergeben sich nicht nur die erforderlichen Freiräume für wirtschaftliches Handeln, sondern

114

auch ein Klima, in dem unternehmerischer Geist wieder wachsen kann.

Eine Gesellschaft der Selbständigkeit – das ist das ehrgeizige Ziel, dem sich die Politik in Wort und Tat verschreiben muß. Es geht dabei um viel, nämlich darum, einen Zustand zu erreichen, in dem der einzelne mehr Verantwortung für sich und andere trägt und dieses nicht als Last, sondern als Chance begreift. Das hat Konsequenzen für die Unternehmen, denn heute und in Zukunft muß sich die Leistungskraft der deutschen Wirtschaft zunächst und vor allem in einer gesteigerten Innovationsfähigkeit erweisen. Das hat ebenso Konsequenzen für die Gesellschaft, die den Freiheitsgrad ihres Zusammenlebens qualitativ steigern muß, um den Aufbruch in eine moderne Dienstleistungsgesellschaft und ihre großen Beschäftigungschancen nicht zu verpassen.

Politische Programme, vor allem aber politisches Handeln müssen sich deshalb immer wieder an drei vorrangigen Aufgaben messen lassen: Es gilt, Deutschland im internationalen Vergleich leistungsfähiger zu machen, damit es sich im globalen Wettbewerb behaupten kann; die Freiheit des einzelnen und seine soziale Verantwortung zu stärken, damit wir besser und flexibler werden; und es gilt, den sozialen Ausgleich für diejenigen zu sichern, die der Hilfe bedürfen, sowie den gesellschaftlichen Zusammenhalt zu garantieren, damit angesichts des rasanten Wandels niemand zurückbleiben muß.

Daß angesichts einer solchen Agenda zum Ende dieses Jahrhunderts die soziale Frage neu aufgeworfen wird, kann kaum verwundern, zumal ihre Beantwortung für die Identität aller Parteien im politischen Wettstreit stets prägend gewesen ist. In einem modernen Sinne verstanden, zielt sie darauf, in einer Zeit notwendiger Flexibilisierung der Zerfaserung der Gemeinschaft vorzubeugen. Das mag abstrakt klingen, ist es aber nicht. Gerade wenn sich so viel verändert, ja verändern muß, gewinnt das soziale Gefüge für die Sicherung des Zusammenhalts der Gesellschaft enorm an Bedeutung. Stark zunehmende Migration und Mobilität belasten die Tragfähigkeit der Gemeinschaft, wenn sie die Vergewisserung nach innen nicht mehr zu leisten vermag. All die auf uns einstürzenden Veränderungen lassen sich jedenfalls besser verkraften, wenn das Gemeinsame an unserer Werte- und Gesellschaftsordnung entsprechend gepflegt und fortentwickelt wird.

»Sozial ist, was Beschäftigung schafft« – prägnanter kann man es nicht auf den Punkt bringen. Jobs, Jobs, Jobs – darum geht es. Natürlich nutzt es wenig, gebetsmühlenhaft mehr Arbeitsplätze zu verlangen, um dann, wenn dafür die Bedingungen zu schaffen sind, vornehm auf die Verantwortung anderer zu verweisen. Nein, alle müssen ihr Denken und Handeln auf dasselbe Ziel ausrichten, in der Wirtschafts-, Finanz- und Sozialpolitik, nicht nur im Bund, sondern genauso in den Ländern und Gemeinden, in den Gewerkschaften, den Unternehmen, den Verbänden. Und letztlich ist die Gleichung ziemlich einfach: Wenn wir mehr Beschäftigung in unserem Land erreichen wollen, brauchen wir mehr wirtschaftliche Dynamik, aus der allein neue Chancen am Arbeitsmarkt entstehen.

Über eine solche ökonomische Binsenweisheit bräuchte man gar nicht lange zu reden, wenn nicht immer wieder erstaunliche Mißverständnisse – um es freundlich zu sagen – auftauchen würden. Zum Beispiel ist die Tatsache, daß wirtschaftliche Dynamik eine abhängige Variable der Wettbewerbsfähigkeit ist, für manche Polit-Theoretiker und Hobby-Ökonomen nur so lange akzeptabel, wie sich daraus keine materiellen oder sozialen Verteilungskonflikte ergeben. Solche sind aber nahezu unvermeidbar, wenn verschärfte Wettbewerbsbedingungen entsprechende Anpassungsprozesse erforderlich machen. Wer nun daraus den Schluß zieht, man brauche nur den Wettbewerb zu relativieren oder sich ihm ganz einfach nicht mehr auszusetzen, unterliegt im günstigsten Fall dem Irrtum, der alte keynesianische Schlüssel öffne auch heute die Tür zur globalen Wirtschaft. Im ungünstigsten Fall leistet er geistigen Vorschub für die fatale Neuauflage eines längst kläglich gescheiterten historischen Experiments: die geschlossene Staatswirtschaft unseligen sozialistischen Angedenkens. Daß solche wettbewerbsskeptischen Gedankengänge gleichwohl auf manche eine verführerische Wirkung ausüben, hat einen schlichten Grund: Wenn es denn funktionierte, wäre es ja so bequem. Nur – es funktioniert nicht.

Die Realität ist leider weniger bequem, und wer standhalten will, darf nicht seine Schwächen pflegen, sondern muß seine Stärken ausspielen. Deutschlands Wettbewerbsfähigkeit beruht – zumal in einem so rohstoffarmen Land – vor allem auf zwei Komponenten: der Bildung und Ausbildung der Menschen und den Rahmenbedingungen, unter denen wir bei uns wirtschaften können. Es ist klar, daß sich diese nicht beliebig verändern lassen, manche sind von uns nicht einmal zu beeinflussen. Aber dort, wo es möglich ist, müssen wir – und das heißt vor allem die Politik – die Rahmenbedingungen so gestalten, daß wettbewerbsfähiges Wirtschaften möglich bleibt oder wieder möglich wird; jedenfalls darf es nicht erschwert werden.

Nicht billiger, sondern besser sein als andere

Die am wenigsten zu beeinflussenden Faktoren werden außerhalb Deutschlands gesetzt. Die Weltwirtschaft befindet sich im Umbruch. Grenzen schützen nicht mehr vor neuen Konkurrenten. Die Zahl der Länder, die sich am weltweiten Handel beteiligt, hat sich in den letzten zwanzig Jahren verdoppelt. Transportkosten sinken, Informationen können durch die Fortschritte in der Kommunikationstechnologie binnen Sekunden in die entlegensten Teile der Welt übermittelt werden. Die Welt rückt enger zusammen, der Wettbewerb wird härter. Und nicht länger ist es nur ein Wettbewerb zwischen Unternehmen, längst ist daraus ein Wettbewerb unter Standorten geworden – um die besten Bedingungen für Investitionen und Arbeitsplätze.

Davon sind wir unmittelbar betroffen. Ein Drittel des Volkseinkommens in den alten Bundesländern beruht allein auf unserer Fähigkeit, in hohem Maße wettbewerbstaugliche Produkte am Standort Deutschland herzustellen und in anderen Ländern abzusetzen. Und die neuen Länder sind auf ausländische Investoren noch mehr und auf exportfähige Produkte nicht weniger angewiesen, damit wettbewerbsfähige Strukturen entstehen.

Das hohe Niveau von Wohlstand und sozialer Sicherheit ist abhängig von unserem Erfolg im internationalen Wettbewerb, so stark wie in kaum einem anderen Land der Welt. Deutschland hat gute Chancen, in diesem Wettbewerb weiter vorne mitzuspielen. Das erfordert nun freilich nicht, daß wir – wie scheuklappenbewehrte Ökonomie-Puristen fordern und Verteilungsfanatiker fürchten – immer noch etwas billiger sein müssen als andere. Das entscheidende Kriterium ist vielmehr, ob wir besser sind – die modernere Technologie anbieten, die zuverlässigeren Produkte haben, kundenorientiert sind und zu wettbewerbsfähigen Preisen liefern.

Damit sind wir bei den Rahmenbedingungen, die wir selbst setzen, verändern und beeinflussen können. Es sind die Bedingungen für Wachstum, Beschäftigung und hohe Einkommen, die so zu gestalten sind, daß Deutschland im weltweiten Wettbewerb um die Verteilung von Investitionskapital und Arbeitsplätzen genügend Attraktivität besitzt. Um das zu bewerkstelligen, braucht es weder Sonntagsreden noch Stammtischbeschlüsse zum Nulltarif, sondern etwas Anstrengung.

Arbeit darf auch im globalen Wettbewerb dann teurer sein, wenn es vergleichbar gute sonst nirgendwo gibt. Darin liegt Deutschlands Chance, und darauf sollte sich unser Ehrgeiz konzentrieren. Dann dürfen wir uns allerdings keinen Rückfall von der Spitze des technischen Fortschritts leisten. Das wird gelingen, wenn ein Klima der Innovationsfreude, der Ausrichtung auf Zukunft und Wettbewerb herrscht, das sich als beständig erweist gegenüber gelegentlichen Gewitterfronten hysterischer Kollektiverregung – ob es sich nun um Castor, Transrapid oder die Aussaat genveränderter Petunien handelt. Nur in einem wachstums- und technologiefreundlichen Klima werden die dringend nötigen Existenzgründungen, werden Wagemut und Ideen für neue Märkte und neue Arbeitsplätze gedeihen können. Es klingt banal und kann dennoch nicht oft genug wiederholt werden: Deutschlands wertvollster Rohstoff ist der Einfallsreichtum seiner Menschen – auf dem Hintergrund eines leistungsfähigen Bildungssystems, das Wissen und Qualifikation fördert; einer modernen zukunftsweisenden Verkehrsinfrastruktur und eines modernen Kommunikationsnetzes, die eine ausgewogene Entwicklung von Stadt und Land ermöglichen; eines wettbewerbsfähigen Steuersystems, welches die Voraussetzung dafür schafft, daß in Deutschland wieder mehr investiert wird und neue Arbeitsplätze entstehen.

Es hat in den letzten Jahren viele Debatten im In- und Ausland über den Standort Deutschland gegeben, die ein zumindest einseitiges, gelegentlich auch verzerrtes Bild gezeichnet haben. Das mag daran liegen, daß solche Debatten immer nur dann interessant sind, wenn sie kritisch ausfallen, das Negative stärker betonen als das Positive. Weil dabei im internationalen Kontext dem alten Musterknaben Deutschland auch noch eins ausgewischt werden konnte, wurde die günstige Gelegenheit natürlich gern ergriffen. Gleichwohl war der entscheidende Minusbeitrag im wesentlichen hausgemacht. Denn erst die Fokussierung der öffentlichen Debatte auf das Nichtzustandekommen der großen Steuerreform hat den Eindruck von Stillstand und Reformstau hervorgerufen. Allzuschnell wurde vergessen, was noch wenige Monate zuvor die Gemüter erregte. Da war nicht von Reformstau, sondern eher von Reformwut die Rede. Das eine war so falsch wie das andere. Die Wahrheit ist, daß eine ganze Reihe von dringend erforderlichen Maßnahmen zur strukturellen Erneuerung des Standorts Deutschland auf den Weg gebracht wurde.

Daß sich bereits eine Menge bewegt hat und Deutschland trotz mancher Probleme ein guter Wirtschaftsstandort ist, läßt sich an der nüchternen Aufzählung der Fakten nachweisen. Deutschland wird 1998 eine der höchsten Wachstumsraten aller OECD-Staaten erzielen. Die Absatzperspektiven im Inland verbessern sich nachhaltig, denn die Binnennachfrage gewinnt spürbar an Kraft. Neben einem deutlich ansteigenden Investitionsinteresse wird in diesem Jahr auch wieder der private Verbrauch anziehen, und das bei völliger Preisstabilität.

Die Kostenbelastung der Arbeitsplätze nimmt ab. Die Lohnstückkosten werden 1998 sinken, und das im dritten Jahr in Folge, was uns unter unseren Wettbewerbern schon eine Ausnahmeposition verschafft.

Die Exporte verzeichnen nach 1997 auch 1998 zweistellige Zuwachsraten. Deutschlands Weltmarktanteil nimmt wieder zu, was auch nicht gerade ein Zeichen extremer Standortschwäche ist.

Der Aufbau einer wettbewerbsfähigen Wirtschaftsstruktur in den neuen Bundesländern kommt stetig voran. Die Infrastruktur ist heute schon teilweise moderner als im Rest Europas.

Die Staatsquote wird 1998 auf 48 Prozent zurückgehen und damit auf den niedrigsten Stand seit sieben Jahren. Und entgegen allen Kassandrarufen hat Deutschland das Maastricht-Kriterium Budgetdefizit mit 2,7 Prozent deutlich und zugleich nachhaltig erfüllt.

Die notwendige Flexibilisierung in den Tarifverträgen ist vorangekommen, der Regelungsumfang des Flächentarifvertrages ist in vielen Fällen zurückgeführt worden. Der Grundsatz, den reformierten Flächentarifvertrag nur mehr die wirklich unverzichtbaren Rahmenbedingungen regeln zu lassen und das übrige den Betrieben zu überlassen, findet bei Gewerkschaften und Arbeitgebern zunehmend Unterstützung.

In den Patentstatistiken rangiert Deutschland wieder an erster Stelle vor Japan und den Vereinigten Staaten. Und in der Biotechnologie hat Deutschland den Anschluß an die Weltspitze gefunden. Die Zahl der Biotech-Unternehmen hat sich seit 1995 vervierfacht. Hier ist die Trendumkehr geschafft. Unternehmen verlagern ihre Forschungs- und Produktionseinrichtungen wieder nach Deutschland, und Wissenschaftler kehren aus dem Ausland zurück, um hier zu arbeiten.

Allein schon diese kurze und keineswegs erschöpfende Aufzählung objektiv überprüfbarer Sachverhalte belegt die wiedererstarkte Attraktivität des Standorts Deutschland und macht deutlich, daß der Anpassungsprozeß unter dem Druck der neuen Herausforderungen in vollem Gange ist.

Manches erzwingen die Konkurrenzbedingungen von selbst. Das gilt für Wissenschaft und Technik, wo der Wettbewerb um Innovationen mehr nutzbares Wissen entstehen läßt und den Fortschritt der Technik beschleunigt – in der Medizin, beim Umweltschutz, in der Bio- und Gentechnologie, in der Verkehrstechnologie. Das gilt auch für weite Bereiche der Wirtschaft, soweit die Unternehmen international im Sinne von »Global Players« agieren und sich damit unmittelbar im verschärften weltweiten Wettbewerb behaupten müssen.

Andererseits ist nach wie vor im nationalen Bereich die ordnende und gestaltende Hand vonnöten, um in den erforderlichen Anpassungsprozessen die Rahmenbedingungen so zu setzen, daß sie eine Anpassung mit optimalem Nutzeffekt ermöglichen, zugleich aber die Veränderungen gemeinverträglich halten. Wer daraus eine Allzuständigkeit der Politik ableitet, liegt allerdings grundfalsch. Die Ordnung unseres Grundgesetzes und die soziale Marktwirtschaft kennen bewußt kein Monopol für Politik und für staatliches Handeln, sondern sie beruhen in ihrer Grundkonstruktion auf dem Prinzip der Machtbegrenzung und der Machtverteilung. Deswegen zeugt die allenthalben gepflegte Neigung, die Lösung sämtlicher Probleme erst einmal bei der Politik abzufordern, von einem zentralen Mißverständnis über Zuständigkeit und

Verantwortung. Die Politik kann nicht alles, sie darf nicht einmal alles. Denn dürfte sie es, ginge es garantiert schief.

Aber Politik muß ihren Gestaltungsauftrag wahrnehmen, indem sie Prioritäten und daraus folgend das entsprechende Recht setzt. Hier kann sie nicht nur handeln, sondern hier liegt auch der Schlüssel für die Beförderung oder Behinderung, für Erfolg oder Mißerfolg des Anpassungsprozesses. Deshalb sei in aller Bescheidenheit festgehalten: Der bereits beschriebene Aufwärtstrend für den Standort Deutschland wäre in dieser Qualität nicht möglich geworden, wenn die Politik nicht in den vergangenen Jahren gegen viele Widerstände eine Fülle von Veränderungen auf den Weg gebracht und zahlreiche Weichen neu gestellt hätte. Allein die Tatsache, daß die positiven Ergebnisse dieses Handelns meistens erst auf der Zeitachse erkennbar werden, führt dazu, daß die öffentliche Wahrnehmung den Zusammenhang zwischen politischer Entscheidung und Erfolg aus den Augen verloren hat.

Die Widerlegung des Märchens vom Stillstand

Die Notwendigkeit, Deutschlands Wettbewerbsfähigkeit in der globalen Konkurrenz um Investitionen und Arbeitsplätze nachhaltig zu stärken, war, solange sie im Stadium des energischen Forderns verharrte, eine wohlfeile Angelegenheit. Als Anfang 1996 die Regierungskoalition aus CDU/CSU und FDP daran ging, dafür einen konkreten Handlungskatalog zusammenzustellen, der das Erforderliche exakt benannte und in einen Zeitplan für die Umsetzung einordnete, verband sich der öffentliche Beifall für die gute Absicht zugleich mit der mitleidigen Prognose, das sei ja doch nicht zu schaffen. Die vielgescholtene Politik hat alle Skeptiker, Spötter und Besserwisser widerlegt.

Im April 1996 präsentierte die Koalition das »Programm für mehr Wachstum und Beschäftigung«. Es war in großen Teilen eine erklärte Kampfansage an ein Übermaß an sozialen Besitzständen, strukturelle Unbeweglichkeit und bürokratische Verkrustungen. Es folgte mit seinen fünfzig präzisen Vorschlägen den Grundsätzen von mehr Eigenverantwortung und Subsidiarität, weniger Verwaltung und Absenkung der Staatsquote. Es war ein Reform-Kompendium, das selbst die sonst so rührigen bis vorlauten Mahner und Forderer aus der festgefügten Landschaft der deutschen Interessenverbände verblüffte und einige von ihnen entweder kleinmütig oder renitent werden ließ, je nachdem, was die Realisierung des Programms für die eigene Klientel in der Konsequenz bedeuten würde. Der öffentliche Protest jedenfalls klang schrill, was die Tatsache um so erstaunlicher macht, wie schnell alles wieder vergessen war. Es bedurfte schließlich nicht nur politischer Robustheit, sondern auch der festen Überzeugung, das Richtige zu tun, um das Programm, wie geschehen, nahezu vollständig umzusetzen.

Einige der zum Teil höchst umstrittenen Maßnahmen, die alle dem Ziel dienen, die Rahmenbedingungen für eine Stärkung der deutschen Wettbewerbsposition und damit für mehr Beschäftigungschancen entscheidend zu verbessern, seien noch einmal in Erinnerung gerufen:

Die Lohnfortzahlung im Krankheitsfall wurde neu geregelt, damit die Tarifparteien wieder zu mehr eigenverantwortlichen Lösungen kommen. Ergebnis: Die Betriebe konnten mittelbar um zweistellige Milliardenbeträge entlastet werden, der Krankenstand ist mittlerweile so niedrig wie nie zuvor.

Das Arbeitsrecht ist durchgreifend modernisiert worden, indem der Kündigungsschutz gelockert und Einstellungshemmnisse beseitigt wurden. Die Möglichkeiten der Betriebe, die Zahl der Beschäftigten flexibel an die Auftragslage anzupassen, wurden durch weitere Erleichterungen beim Abschluß befristeter Arbeitsverhältnisse noch einmal verbessert. Die Zumutbarkeitskriterien für die Aufnahme einer Beschäftigung sind verschärft worden, damit freiwerdende Stellen auch tatsächlich besetzt werden können.

Ein spürbarer und immer wieder monierter Standortnachteil für mehr ausländische Investitionen in Deutschland waren die Substanzsteuern. Die betriebliche Vermögensteuer ist zum 1. Januar 1997 entfallen, die Gewerbekapitalsteuer zum 1. Januar 1998 abgeschafft worden. Auch das widerlegt im übrigen das Verdikt, in der Steuerpolitik herrsche »Stillstand«.

Mit der Privatisierung von Bahn und Post, dem Börsengang der Deutschen Telekom, der Öffnung des Postmarktes und der Liberalisierung des Marktes für Telekommunikation zum 1. Januar 1998 sowie – nicht zuletzt – auch der Öffnung des Energiemarktes hat der Bund die Weichen für mehr Vielfalt im Angebot und eine insgesamt günstigere Versorgung von Unternehmen und Haushalten gestellt. Denn sollen die Wachstumskräfte gestärkt und die Staatsquote gesenkt werden, führt an Privatisierung und Deregulierung kein Weg vorbei. Bereits die Ankündigung des neuen Energierechts hat die Strompreise für Unternehmen in vielen Regionen spürbar sinken lassen.

Als weltweit viertgrößter Kapitalmarkt mit hoher Liquidität und einem erstklassigen Bankensystem hat der Finanzplatz Deutschland alle Chancen, auch und gerade nach dem Eintritt in die dritte Stufe der Europäischen Wirtschafts- und Währungsunion international erste Wahl zu sein. Deswegen haben wir ihn in den vergangenen Jahren entscheidend gestärkt, etwa durch den Wegfall der Börsenumsatzsteuer, die Befreiung der Repo-Geschäfte von der Mindestreserve, was dazu geführt hat, daß an London verlorene Geschäfte wieder nach Frankfurt zurückgeholt werden konnten. Auch der Neue Markt war ein ganz wichtiger Schritt, um den Kapitalmarkt stärker für kleine und mittlere Unternehmen aus Wachstumsbranchen zu öffnen. Schließlich hat das dritte Finanzmarktförderungsgesetz die Bereitstellung von Risikokapital durch Beteiligungsgesellschaften erheblich verbessert.

Bei unvoreingenommener Betrachtungsweise kann also niemand ernsthaft behaupten, es sei nichts bewegt worden. Es war in jedem Fall mehr, als viele noch vor wenigen Jahren überhaupt für möglich hielten. Und das, was bewegt worden ist, hat zu weiterer Bewegung geführt, bei den Gewerkschaften, bei den Unternehmen, bei den Arbeitnehmern, in der Politik. Zwar ist noch lange nicht alles Gold, doch der Standort Deutschland beginnt wieder zu glänzen mit seinen Stärken und Vorteilen. Auch dazu einige Merkposten:

Die deutschen Arbeitnehmer gehören zu den weltweit am besten ausgebildeten. Unser duales System der beruflichen Qualifizierung, von der Gesellenprüfung bis zum Meisterbrief, ist international vorbildlich und trägt ganz entscheidend dazu bei, daß wir über ein so großes Potential ausgezeichnet qualifizierter Handwerker, Facharbeiter und Ingenieure verfügen.

Deutschland besitzt eine hervorragende Verkehrsinfrastruktur, die beste Bedingungen für Transport und Logistik bietet. Das gilt auch für das Fernsprechnetz: Wir haben die meisten ISDN-Anschlüsse, die neuen Bundesländer verfügen über das modernste Telefon-Netz überhaupt.

Es gibt kein anderes Land mit einer derart breiten Struktur leistungsfähiger und innovativer mittelständischer Unternehmen, die – was häufig unterschätzt wird – auch im ländlichen Raum gute Ansiedlungsmöglichkeiten vorfinden. Das ist zum Beispiel einer der Gründe, warum in Deutschland ein so ausgewogenes Verhältnis zwischen städtischen Ballungszentren und ländlichem Raum besteht.

Hohe Rechtssicherheit, eine beispielhafte politische und soziale Stabilität sind Faktoren, die für Investitionsentscheidungen von Gewicht sind. Denn daß politische und soziale Konflikte insgesamt moderater bleiben und ausgetragen werden als in anderen Ländern, spielt bei Standortanalysen eine nicht unerhebliche Rolle.

Bleibt noch anzumerken: Deutschland liegt mitten in Europa, dem nachfragestärksten Markt der Welt mit einer stabilen gemeinsamen Währung, die neben dem US-Dollar wichtigste Reservewährung sein wird. Und Deutschland liegt ganz nahe an den künftigen Wachstumsmärkten Osteuropas und der ehemaligen Sowjetunion, was vor allem für die neuen Bundesländer strategische Vorteile birgt.

Diese kleine Aufzählung zeigt, daß unrecht hat, wer den Wirtschaftsstandort Deutschland herunterredet. Wer ihn unterschätzt, begeht einen Fehler. Gleichwohl bedarf es weiterer Anstrengungen, seine Attraktivität zu steigern und nach wie vor bestehende Schwächen zu beheben. Andere Länder schlafen nicht. Im Gegenteil, manche entwickeln sich so rasant, daß es uns schon einige Mühe kostet, mit ihnen Schritt zu halten.

Deshalb wäre es auch ganz falsch, unter dem Eindruck des bereits Erreichten in Selbstzufriedenheit zu verfallen. Der Stachel einer unerträglich hohen Zahl von Arbeitslosen steckt dafür zu tief im Fleisch von Staat und Gesellschaft. Die Lösung dieses Problems bleibt deshalb eine der zentralen politischen Herausforderungen. Es mag für manche utopisch klingen, aber ich halte das Ziel für erreichbar: Arbeit und Beschäftigung für alle. Allerdings wird die Zukunft der Arbeit einen anderen Zuschnitt haben müssen, als wir ihn aus der klassischen Industriegesellschaft kennen. Und das Ziel wird auch nur erreichbar sein, wenn es eingebettet bleibt in eine Reihe von anderen Zielen, deren Verfolgung insgesamt die Kreativität und Dynamik freisetzt, die ein zukunftsträchtiges und wettbewerbsfähiges Deutschland braucht. Deshalb muß der Kompaß eingestellt werden auf Weltgeltung für Innovationen »Made in Germany«, auf eines der leistungsfähigsten Bildungssysteme der Welt, auf einen schlanken, unbürokratischen Dienstleistungsstaat, auf einen Sozialstaat, der Eigenverantwortung mobilisiert, auf eine neue Kultur der Selbständigkeit, auf eine Erneuerung der sozialen Gemeinschaften. Die ausgetretenen Pfade der Vergangenheit sind dabei nicht mehr zielführend. Wir werden uns, mit ein wenig Mut, schon neue Wege bahnen müssen.

Zukunft der Arbeit braucht Bildung für die Zukunft

Im globalen Wettbewerb und durch den technischen Fortschritt ändern sich nicht nur Arbeitsbedingungen, sondern stellt sich die Frage nach der Zukunft der Arbeit insgesamt neu. Der überkommene Vierklang aus Ausbildung, Erwerbsarbeit, Familie und Rente, an dem sich die gesellschaftlichen Sachverhalte lange Zeit ausrichten und ordnen, ja nahezu standardisieren ließen, löst sich mehr und mehr auf. An seine Stelle treten höchst vielfältige Kombinationen von Lern- und Kreativphasen, zeitlich unterschiedlich intensive Phasen der Berufstätigkeit, Phasen der Kindererziehung und des Engagements in der Familie, Phasen ehrenamtlicher Tätigkeit. Viele werden, vielleicht sogar mehrmals, in ihrem Leben »einfach noch einmal neu anfangen«.

Das Berufsleben unserer Kinder wird dem Berufsleben unserer Eltern immer weniger ähnlich sein. Schon jetzt sind die Veränderungen unübersehbar. Was früher als normal galt – Vierzig-Stunden-Woche, rundum sozial abgesichert und bis zum sechzigsten oder fünfundsechzigsten Lebensjahr im selben Betrieb –, wird zukünftig nicht mehr die Regel sein. In fünfzehn Jahren, so besagen seriöse Schätzungen, hat allenfalls noch jeder zweite Beschäftigte ein klassisches Vollzeitarbeitsverhältnis. Die anderen üben eine Teilzeittätigkeit aus, stehen in einem befristeten Arbeitsverhältnis oder einem Zeitarbeitsverhältnis.

Das gewohnte Arbeitszeitschema – Montag bis Freitag, acht bis sechzehn oder siebzehn Uhr – wird durch eine völlige Neugestaltung unserer Arbeitszeit abgelöst. Erfordert es eine bestimmte Aufgabe, kann die Regelarbeitszeit deutlich überschritten werden, die Differenz wird gutgeschrieben. Gleitzeit, Zeitkonten, Zeitgutscheine ermöglichen immer individuellere Gestaltungen, können je nach Interessenlage des Arbeitnehmers für Qualifizierung, Blockfreizeit oder vorgezogenen Ruhestand genutzt werden.

Sicher erscheint, daß der Anteil des Arbeitslebens an der Lebenszeit insgesamt weiter zurückgehen wird, von ursprünglich zwei Drittel zu Beginn des Jahrhunderts auf weniger als die Hälfte. Im Jahr 2010, so lauten die Prognosen, werden die Deutschen bei einer Lebenserwartung von über achtzig Jahren nur noch knapp fünfunddreißig Jahre im Berufsleben stehen. Die gesteigerte Lebenserwartung, Fortschritte in der gesundheitlichen Vorsorge und Versorgung, ein zunehmender privater Wohlstand machen das Alter zu einem neuen, eigenständigen Lebensabschnitt mit vielfältigen Möglichkeiten und Chancen, einem Lebensabschnitt, den sich der einzelne nach seinen Zielen und Wertvorstellungen autonom gestalten kann.

Komplementär zu den Entwicklungen im Arbeitsleben verändert sich unsere Arbeitswelt dank technischem Fortschritt und Rationalisierung in einem geradezu atemberaubenden Tempo. Der nahezu vollständige Ersatz menschlicher Arbeitskraft durch robotergesteuerte Produktion in der vollautomatischen Fabrik ist keine Utopie, sondern greifbare Wirklichkeit. Selbst Routinearbeiten im Büro werden durch immer perfektere Systeme der Datenverarbeitung und moderne Telekommunikationsdienste zukünftig immer weniger anfallen.

Statt dessen wird die Nachfrage nach Dienstleistungen aller Art erheblich zunehmen und zum prägenden Faktor der Arbeitswelt der Zukunft werden. Zum Teil wird es sich dabei um Dienstleistungen einfacher Art handeln: Versorgung von Privathaushalten mit dem täglichen Bedarf, Familien- und Pflegehilfen, Unterstützung für ältere Menschen, Hilfen an Tankstellen, in Supermärkten, Begleitpersonen im öffentlichen Personennahverkehr, Pförtner, Kleinhandwerk, um nur einige Beispiele zu nennen. Es werden sich aber auch hochspezialisierte Dienstleistungen herausbilden: im Informations- und Kommunikationsbereich, im Bereich neuer Medien, im Freizeit- und Unterhaltungssektor, in der Entwicklung und Wartung moderner Technik, in der Kundenbetreuung, in neuen Serviceleistungen. Vor allem Information wird zur sprudelnden Quelle der Wertschöpfung: Ob Informationssuche oder -verarbeitung, ob Informationsaufbereitung oder Informationsumsetzung – in der modernen Wissensgesellschaft werden sie den Kern der neuen beruflichen Tätigkeiten bilden.

Industrielle Großbetriebe mit Tausenden von Beschäftigten sind aussterbende Dinosaurier. Die Zukunft gehört den vielen kleinen und mittleren Betrieben, darunter vielen Neugründungen, die in der Lage sind, auf eine rasch wechselnde Nachfrage nach Gütern und Dienstleistungen flexibel zu reagieren. Dabei dürften diejenigen Unternehmen am erfolgreichsten sein, die mit wenigen Festangestellten operieren, ohne starre Strukturen, die ihre Geschäftstätigkeiten mit wechselnden Subunternehmen durchführen, die sie nach dem Baukastenprinzip je nach Auftrag zu einer »virtuellen Firma« computervernetzt zusammenführen, um sie dann wieder aufzulösen oder je nach Bedarf neu zu gruppieren.

Dieser eklatante Wandel in der Unternehmensstruktur befreit den einzelnen Arbeitnehmer aus dem starren Schema fabrikmäßiger Arbeitsorganisation. Unter Nutzbarmachung moderner Informations- und Kommunikationssysteme wächst ihm ein bisher nicht gekanntes Maß an räumlicher und zeitlicher Autonomie zu. Ob im Büro, zu Hause oder unterwegs, ob morgens, mittags oder abends, ob allein oder interaktiv zu Teams vernetzt – wir bestimmen zunehmend selbst, wann, wie und wo wir unsere Arbeit erledigen wollen. Entlohnt wird dementsprechend nicht nach Zeit, sondern nach dem Ergebnis. Das heißt, ein Festgehalt wird ergänzt durch einen variablen Teil, der je nach persönlicher Leistung und Unternehmenserfolg unterschiedlich ausfällt. Er kann je nachdem auch ganz oder zum Teil in Form einer Unternehmensbeteiligung gewährt werden.

Es liegt auf der Hand, daß ein dermaßen tiefgreifender struktureller Wandel der Arbeitswelt – einmal ganz abgesehen von allen sozialen Fragen, die sich daraus ergeben – die Anforderungsprofile für Arbeitnehmer grundlegend verändern wird. Mehr Freiraum am Arbeitsplatz bedeutet nämlich einen unmittelbaren Zuwachs an Eigenverantwortung und Selbstmanagement. Selbständigkeit wird deshalb die wichtigste Arbeitstugend der Zukunft sein. Das betrifft auch die abhängige Erwerbstätigkeit, die ohne ein höheres Maß an Selbständigkeit nicht mehr auskommen wird.

Berufliche Qualifikation und Bildung erfahren unter solchen Umständen einen gewaltigen Bedeutungszuwachs. Nicht nur den Arbeitsplatz werden die Menschen zukünftig mehrfach wechseln, auch der Inhalt ihrer Tätigkeit wird nicht derselbe bleiben. Die Ausbildung der Zukunft muß deshalb zwangsläufig breiter angelegt sein als heute, weniger Gewicht auf Detailwissen legen, dafür mehr Lerntechnik vermitteln und Lernfähigkeit fördern. Das heißt, Ausbildung wird sich weniger denn je nur einer bestimmten Lebensphase zuordnen lassen. Um den Anforderungen in Arbeit und Beruf gerecht zu werden, wird der Erwerb von Qualifikation und Kompetenzen vielmehr zu einem lebenslangen Prozeß. Nicht mehr die einmal erworbenen Abschlüsse und Diplome oder die Zahl der Berufsjahre entscheiden zukünftig über Einkommen und Karrierechancen, sondern die Bereitschaft und Fähigkeit, sich immer wieder neu zu orientieren, umzulernen, neue Kenntnisse zu erwerben, sich neue Tätigkeitsfelder zu erschließen.

Die Aus- und Weiterbildung von in diesem Sinne erstklassigen Arbeitskräften, ohne die langfristig der internationale Wettbewerb um Innovation und technologische Spitzenleistungen kaum gewonnen werden kann, stellt an unser System beruflicher Bildung erhebliche Anforderungen. Das betrifft natürlich einmal die Zahl der angebotenen Ausbildungsplätze. Es wäre fatal, wenn schon an dieser quantitativen Frage der notwendige Qualitätssprung scheitern würde. Mit staatlichen Sanktionen, etwa einer Ausbildungsplatzabgabe, würde man freilich nicht nur das Gegenteil des Gewollten erreichen, sondern zudem auch noch das duale System selbst sprengen. Andererseits muß dafür Sorge getragen werden, daß die duale

130

Berufsausbildung anpassungsfähig bleibt, indem rechtzeitig neue und modernisierte Berufsbilder entwickelt werden, die den Wandel in Wirtschaft und Gesellschaft widerspiegeln. Im Dschungel überflüssiger Regulierungen ist da noch viel Rodungsarbeit zu leisten.

Die Gleichwertigkeit von beruflicher und staatlicher Bildung muß auch unter den Bedingungen eines strukturellen Umbruchs in der Arbeitswelt grundsätzlich erhalten bleiben. Das hindert aber nicht daran, die Optionsbreite zu vergrößern. Aus diesem Grund hat die Bundesregierung das Meister-BAFöG eingeführt und die Möglichkeiten verbessert, auch über die berufliche Bildung den Hochschulzugang zu erreichen. Die allgemeine Studienförderung muß ohnehin noch reformiert werden, um auch in Zukunft jedem dafür qualifizierten jungen Menschen die Chance zu einem Studium zu eröffnen.

Es hat allerdings wenig Sinn, neue Ausbildungsformen und Bildungsgänge in einer Schul- und Hochschullandschaft einzurichten, die in weiten Teilen nicht mehr intakt ist. Das deutsche Bildungssystem galt einmal weltweit als vorbildlich. Die Experimente der linken Bildungsreformer der sechziger und siebziger Jahre sind in erster Linie dafür verantwortlich zu machen, wenn das heute nur noch eingeschränkt zutrifft. Noch immer halten SPD-geführte Landesregierungen an einer überholten Ideologie fest, die das Umverteilungsdogma auf die Begabungen unserer Kinder anwendet: Mittelmaß für alle. Das muß endlich ein Ende haben.

Unsere Grundschulen dürfen nicht nur verlängerte Kindergärten sein, in denen viel gespielt und getobt, dafür um so weniger gelernt wird. Im Grunde ist es ein Unding, wenn man heute fordern muß, daß Fleiß auch an Schulen wieder eine Primärtugend zu sein hat. Die Schulen verfehlen ihren Zweck, wenn sie nicht mehr imstande sind, den Kindern einen soliden Grundstock an elementaren Kulturtechniken wie Schreiben und Rechnen zu vermitteln. Daß Schüler in der Hauptschule oder beim Übertritt auf weiterführende Schulen noch nicht einmal die grundlegenden Rechtschreibregeln beherrschen, ist ein Skandal, den sich eine Kulturnation nicht leisten darf. Und eine weltoffene moderne Dienstleistungs- und Industriegesellschaft kann sich ebensowenig erlauben, daß Fremdsprachen an unseren Schulen eher wie lästiges Beiwerk unterrichtet werden.

Vor dem Hintergrund der sich ausdifferenzierenden Arbeitswelt der Zukunft kommen wir nicht darum herum, die Erziehungsziele auf die neuen Bedürfnisse hin auszurichten. Neben Selbständigkeit, Initiative und Kreativität werden Selbstvertrauen, Urteilsvermögen, die Fähigkeit, mit anderen zu kooperieren, Flexibilität und das Vermögen, in Zusammenhängen zu denken, eine entscheidende Rolle spielen. Die Globalisierung begünstigt eine sich stetig beschleunigende Entwicklung von Vernetzung, der Multiplikation von Fakten und Daten. Es ist eine ganz neue Qualität von Unübersichtlichkeit entstanden. Angeblich – wer will das kontrollieren? – verdoppelt sich unser »Wissen«, oder, richtiger, die Menge vorhandener Informationen – gegenwärtig etwa alle fünf bis sieben Jahre. Notwendig ist in dieser Situation verläßliches Orientierungswissen, und deshalb brauchen wir ein neues Nachdenken über Bildung.

Vor mehr als dreißig Jahren rief Georg Picht die Bildungskatastrophe aus. Er ging von der richtigen Erkenntnis aus, daß ein Land, das nicht auf natürliche Bodenschätze zurückgreifen könne, sondern dessen einziges Kapital die geistigen Ressourcen der in ihm lebenden Menschen seien, es sich nicht leisten könne, eben diese Ressourcen nicht bei allen Menschen optimal auszubilden, die Kreativität und Fähigkeiten vieler also brachliegen zu lassen.

Die Konsequenz der von ihm angestoßenen Debatte, die Bildungsreform der siebziger Jahre, hatte dann freilich unter ideologischer Anleitung eifriger Gleichmacher viele schlimme Auswüchse. Eine Folge, unter der wir heute immer noch leiden,

132

ist die faktische Diskriminierung der Hauptschule, die dadurch zur Restschule verkümmert ist. Gleichwohl hatte Pichts Denkanstoß auch einen wichtigen Effekt: Bildung für alle wurde zum Standard, den niemand wieder aufgeben will.

Heute könnte man eine neue Bildungsdebatte unter verschiedenen Gesichtspunkten anzetteln, zum Beispiel um dem Subsidiaritätsprinzip auch auf diesem Sektor zum Durchbruch zu verhelfen. Denn der Grundsatz, möglichst viel Verantwortung auf untere Ebenen zu delegieren, ließe sich auch im schulischen Bereich nutzbringend anwenden. So hätte es durchaus seinen Reiz, Schulen wie auch Hochschulen mit Globalhaushalten auszustatten und die Verantwortung für den Umgang mit den Mitteln auf die untere Ebene, also an die, die es angeht, zu delegieren. Wie gut so etwas zu funktionieren vermag, kann man an manchen ausländischen Beispielen, etwa aus Kanada, lernen.

Vordringlicher jedoch als eine solche Diskussion ist die Klärung einer inhaltlichen Frage: Welche Bildung brauchen wir für die globale Gesellschaft – und welche Bildung brauchen wir für die Zivilgesellschaft? Auch dabei geht es nicht in erster Linie um vordergründige Probleme der *Aus*bildung, auch nicht um *handwerkliche* Fähigkeiten oder die Anhäufung von unverbundenem Faktenwissen, wenngleich all das nicht geringgeschätzt werden soll.

Eigentlich kann auch niemand mehr, der selber Kinder hat und beobachtet, wie diese mit dem PC umgehen, es für ein wichtiges Bildungsziel halten, solche Geräte bedienen zu können. All das wird in zehn Jahren so selbstverständlich sein, wie es heute sein sollte, daß man lesen, schreiben und rechnen kann. »Medienkompetenz« erschöpft sich eben nicht darin, an der Schule zu lernen, im Internet zu surfen. Jemand, der heute »PowerPoint« oder »Excel« beherrscht, der mit »Windows 97« arbeiten oder mit dem Navigator »Netscape Gold 3« Homepages erstellen kann, dessen Fähigkeiten und Kenntnisse sind – wenn er sie nicht ständig den neuen Gegebenheiten anpaßt – in wenigen Jahren veraltet, überholt und wertlos.

Bildung für die und in der Informationsgesellschaft ist etwas ganz anderes. Bei den Zielen, die wir uns setzen müssen, geht es weder in erster Linie um Organisationsreform noch um Ausbildungsinhalte und auch nicht um die Vermittlung von technischen Fertigkeiten. Es geht darum, den Menschen, die morgen Verantwortung in Gesellschaft, Wirtschaft und Staat tragen werden, das nötige Wissen mit auf den Weg zu geben, mit dessen Hilfe sie zum einen in der Lage sind, ihr ganzes Leben hindurch weiter zu lernen, und das sie zum anderen mit einem stabilen Wertegerüst ausstattet, einem Kriterienraster, mit dem zwischen falsch und richtig, gut und böse, relevant und irrelevant unterschieden werden kann in einer zunehmend unübersichtlichen Welt.

Dabei sollte man sich sehr frühzeitig von der Illusion verabschieden, es könne noch irgend jemanden geben, der in der Lage ist, auch nur einen Bruchteil dessen zu erklären, was mit ihm und um ihn herum täglich geschieht. Das fängt morgens beim Radiowecker an, dessen Funktion mehr oder weniger dankbar in Anspruch genommen wird, den aber wohl kaum einer, der sich von ihm wecken läßt, etwa selbst herstellen könnte – von dem Funkhaus, das für die Musik sorgt, und dessen technischer Ausstattung ganz zu schweigen. Das setzt sich den Tag über fort in allen Aspekten der motorisierten Fortbewegung, ganz gleich, ob mit dem Auto, der Eisenbahn oder dem Flugzeug. Kaum jemand, der sich in diese Vehikel setzt, weiß, wie und warum sie funktionieren – jeder aber verläßt sich in der arbeitsteiligen Gesellschaft darauf, daß sie es tun. Vertrauen, der große Begriff, ist also heute an vielen Stellen sehr viel stärker und unbefragt notwendig, als das etwa in der bäuerlichen Gesellschaft der Fall gewesen ist.

Wie kann man sich dennoch zurechtfinden in einer Welt, in der CNN oder andere Nachrichtensender jedes halbwegs berichtenswerte Ereignis rund um die Uhr in die Wohnstuben flimmern lassen, in der niemand mehr weiß, was an Datenmaterial im Internet verfügbar ist, und deren Charakteristikum trotz – oder wegen – allen Tempos eine zunehmende Beschleunigung ist.

Der Kompaß in dieser neuen Unübersichtlichkeit besteht in einigen ganz elementaren Dingen, die sich ungeachtet aller Beschleunigung, allen Wandels, allen Tempos und aller Technik nicht gewandelt haben: Dazu gehören zuerst und vor allem klare Werte, die von allen in der Gesellschaft – oder doch zumindest von den allermeisten – geteilt werden. Das Gemeinwesen ist für sein Funktionieren darauf angewiesen, daß es solche allgemeinverbindlichen Grundlagen gibt, an die sich alle halten – und zwar nicht nur wegen der mit der Verletzung möglicherweise verbundenen Sanktionsdrohungen, sondern aus Einsicht.

Ob diese klaren Werte heute noch hinreichend in Elternhaus, Schule und Kirche oder durch andere gesellschaftliche Institutionen, intermediäre Institutionen, wie Peter Berger sie genannt hat, vermittelt werden, muß leider bezweifelt werden. Die Schule, die je nach Sichtweise und Interessenlage entweder als gesellschaftlicher Reparaturbetrieb oder als bequemer Sündenbock herhalten muß, bedarf einer Konzentration auf das Wesentliche. Es kann nicht sein, daß Lehrpläne mit immer neuen Spezialthemen befrachtet werden und dann auch noch gefordert wird, daß jeder Schulabgänger möglichst auch die Grundzüge des Aktienrechts versteht, Derivate von Anleihen unterscheiden kann oder in der Lage sein müsse, Warenterminngeschäfte zu tätigen (wobei all das nicht unwichtig ist, bedenkt man, daß nur noch hinter einem Hundertstel der heute täglich weltweit bewegten Kapitalmengen tatsächlich Sachwerte oder Dienstleistungen stehen).

Die Schule muß mehr denn je ein Wissensgerüst vermitteln. Sie muß für ein langes Leben »bilden«, nicht vordergründig »aus«bilden, was meistens dann auch noch nach Erfordernissen des Tages geschieht, die längst überholt sind, wenn diejenigen als Abiturienten die Schule verlassen, für die ein solches Curriculum verabschiedet wurde, als sie eingeschult wurden.

Es geht ja nicht um die Anhäufung von Fakten, sondern darum, ein Kriterienraster zu entwickeln, Basiswissen zu vermitteln, auf dessen Grundlage sich jeder nach der Schulzeit weiterbilden und natürlich auch jeweils für den und auf dem spezifischen Arbeitsplatz ausbilden kann.

Es geht also, kurz gesagt, um zweierlei: erstens darum, Lernen zu lernen. Früher sagte man: »Ich weiß, wo es steht« – und meinte Gesetzessammlungen, Logarithmentafeln, den »Ploetz zur Weltgeschichte« oder ähnliches. Heute reicht das nicht mehr, es gehört längst der Umgang mit Datenbanken, mit CD-ROM, mit dem Internet dazu. Der Brockhaus allein wird wohl niemandem mehr genügen. Künftig wird es darauf ankommen, sagen zu können: »Ich weiß, *wie* ich es finde.« Mit anderen Worten: Ich beherrsche die Techniken, um effizient die Informationen zu beschaffen, die ich zur Lösung jeweils konkret gestellter Aufgaben benötige.

Ein zweites aber kommt hinzu. Wie entscheidet man in der Informationsvielfalt über Relevanz und Verläßlichkeit der angebotenen – um nicht zu sagen: aufgedrängten – Information? Es ist ironischerweise ja nicht nur eine sprachliche Ungenauigkeit, wenn behauptet wird, durch das Internet sei Wissen verfügbar oder vermehre sich gar Wissen. Das einzige, was sich tatsächlich explosionsartig vermehrt, ist Information – vollkommen ungeordnet und chaotisch, allerdings in der Regel prinzipiell frei zugänglich. Für die Richtigkeit des überquellenden Datenmaterials übernimmt freilich niemand die Verantwortung, und wohl kaum jemand kann dafür haftbar gemacht werden. Informationsmanagement wird deshalb zu einer unabdingbaren Kulturtechnik – und sie gehört schon heute dazu, wenn es darum geht, Lernen zu lernen.

Das reicht freilich allein noch nicht aus, ist nicht einmal der entscheidende Punkt. Die Anforderungen der globalen wie der Zivilgesellschaft verlangen einen gebildeten Menschen, der nicht nur über quantitative, sondern vor allem über qualitative Auswahlkriterien im breiten Strom der Informationsflut verfügt.

Die Frage nach den zu vermittelnden Werten ist deshalb keine abstrakte oder gar nebensächliche, sondern sie wird sehr konkret zu beantworten sein, weil es um die Fähigkeit des mündigen Menschen im Informationszeitalter geht, zu unterscheiden und verantwortlich zu entscheiden, insbesondere wenn es sich um Dinge handelt, die für das Zusammenleben der Gemeinschaft von elementarer Bedeutung sind.

Die Grundfragen der Menschheit sind – wenn man ehrlich ist – seit Aristoteles die gleichen geblieben. Sehr viel Neues ist nicht hinzugekommen, auch wenn manche Gefahren – wie etwa die Umweltzerstörung – heute realer und bedrohlicher geworden sind. Das aber bedeutet, daß der modernste Bildungskanon ein ganz klassischer ist, ein Bildungskanon eben, der Orientierungswissen vermittelt, Bildung, die zum lebenslangen Lernen ebenso befähigt wie zur Lebensbewältigung im Alltag.

Auch dabei können wir von ausländischen Vorbildern etwas lernen. In den USA oder England zum Beispiel, die gegenwärtig die am dynamischsten wachsenden Wirtschaften aufweisen, ist es ganz selbstverständlich, daß junge intelligente Leute etwa in Oxford »Classics« studieren, um dann Investmentbanker in der Londoner City zu werden. Unsere engstirnigen deutschen Bewerbungskriterien, Auswahlverfahren und Karrierepfade blockieren statt dessen viel an Kreativität – und beeinträchtigen so unser aller Zukunft.

Neben den Bildungsnotwendigkeiten für die »Elite«, auf deren Fertigkeiten und Fähigkeiten es für die Zukunft unseres Landes in der Globalisierung in erster Linie ankommen wird, gibt es ein zweites, für den gesellschaftlichen Zusammenhalt nicht minder wichtiges Bildungsthema. Es ist die Frage nach der Bildung für jene, deren Lebensnormalität weniger vom Alltag im »global village« als vielmehr von der Region geprägt ist. Auf sie wird es vielfach ankommen zur Aufrechterhaltung der Stabilität von Sozialkapital, denn sie sind durch ihren regionalen Bezug, der ihre Lebenswirklichkeit prägt, weit weniger mobil als die »Eliten«.

Die Gefahr eines zunehmenden Auseinanderklaffens der Gesellschaft in konsumierende »couchpotatoes« – in Amerika ist das die Metapher für chipsvertilgende Fernsehsesselhocker – und wertschöpfende Globalisierungseliten läßt sich etwas überspitzt, aber plastisch so illustrieren: Wenn nämlich ein großer Teil der beispielsweise durch Arbeitszeitverkürzung, aber auch durch technische Haushaltshilfen neu gewonnenen Freizeit von allzuvielen Menschen schlicht in Fernsehkonsum investiert wird, geht der Gesellschaft dringend benötigtes aktives Humankapital verloren. Engagement in der und für die Gesellschaft erlischt bei den einen aus Zeitmangel, bei den anderen aus einem Überschuß an Zeit, der im Konsum der fragwürdigen TV-Wirklichkeit zerrinnt. Welche Bildung also, welche Kompetenzen brauchen letztere, um zu lernen, verantwortlich mit dem Zeitdieb Fernsehen, diesem kreativitäts- und aktivitätsbremsenden Medium fertig zu werden?

Der Erwerb von Kompetenz im Umgang mit den neuen Medien, der etwa von Initiativen wie »Schulen ans Netz« intensiv gefördert wird, ist eine unabdingbare Grundvoraussetzung nicht nur für unsere künftige Wettbewerbsfähigkeit im globalen Markt, sondern auch für den gesellschaftlichen Zusammenhalt. Möglicherweise wird Unfähigkeit im Umgang mit PC und Internet schon in zehn Jahren das sein, was heute Analphabetentum ist.

Um so wichtiger ist es, auch aus Gründen des demokratischen Selbstverständnisses, daß der Zugang zu diesen Medien nicht zu einer Frage der Einkommenshöhe wird – weder des eigenen noch – bei Kindern – desjenigen der Eltern. Es wird also viele frei und öffentlich zugängliche Terminals geben müssen.

Vor einem solchen Hintergrund sind Aktivitäten wie die des vermutlich reichsten Mannes der Welt, Bill Gates, zu sehen, der 1997 zusammen mit seiner Frau Melinda 215 Millionen US-Dollar für den Anschluß öffentlicher Bibliotheken an das

138

Internet zur Verfügung stellte. In Deutschland ist gerade mal eine solche Aktivität bekannt: Die Bertelsmann Stiftung hat an der Gütersloher Stadtbibliothek 1997 das erste Internetcafé in einer öffentlichen Bibliothek eingerichtet. Die Nixdorf Stiftung fördert mit erheblichen Mitteln Aktivitäten wie »Schulen ans Netz«. Dennoch: Die schiere Größenordnung privaten Engagements gerade im Bereich der Bildung für Unterprivilegierte in den USA ist der unseren um einige Dimensionen voraus.

Man mag einwenden, daß Gaben à la Gates nicht ganz uneigennützig seien – da ja wohl die Computer in den öffentlichen Bibliotheken, die er durch seine Stiftung gespendet hat, wiederum mit Programmen seiner Firma Microsoft ausgestattet werden dürften, also auch hier großzügige *charity* wiederum mit schnödem wirtschaftlichem Eigeninteresse verwoben würde. Doch immerhin, so stellt Claus Leggewie fest, der diese Geschichte in der »Süddeutschen Zeitung« berichtete, »hat diese Spende eine soziale Komponente: Gates' Stiftung unterstützt damit den öffentlichen Zugang zum Internet, und sie widmet sich speziell Kindern und Jugendlichen aus einkommensschwachen Familien, für die Bildung oft ein unerreichbares Gut ist.«

Man mag weiter einwenden, daß in Deutschland die staatliche Bildungsversorgung eben gerade der Unterprivilegierten deutlich besser ist als in den USA, was sicherlich gegenwärtig stimmt. Angesichts leerer öffentlicher Kassen jedoch und der kapitalintensiven Voraussetzungen gerade im Hinblick auf die Einführung und Verfügbarmachung der neuen Medien wird das in Deutschland nur so bleiben können, wenn es wie in Amerika zu »public-private partnerships« kommt. Ansonsten droht an diesem Punkt ein Auseinanderdriften der Gesellschaft in diejenigen, die sich schon in sehr jungem Alter auf dem Datenhighway für das 21. Jahrhundert fit machen, und jene, die diese Bildungschance nicht bekommen – womit sich für diese die Gefahr, zur passiven »couchpotato« zu werden, deutlich erhöht.

Aus solchen Grundüberlegungen erschließt sich die Dringlichkeit einer Neujustierung unseres Bildungssystems. Dabei geht es weder um die Einführung eines Fachs Medienkunde noch um Computer-Lehrgänge und Internet-Anleitungen. Es geht vielmehr um einen Kompaß, mit dem sich in der Informationsflut Richtung halten läßt, um ein interdisziplinär vermitteltes Orientierungswissen auf einem gefestigten Werteunterbau. Allerdings ist es Sache der Länder und ihrer Kulturhoheit, daß möglichst rasch solche Konsequenzen gezogen werden. Es wäre eine wunderbare Bewährungsprobe für unseren Föderalismus. Bisherige Erfahrungen stimmen mich freilich nicht sehr optimistisch. Ich habe einmal gesagt, daß, gäbe es einen Preis für die innovationsfeindlichste Institution, ich ihn der Kultusministerkonferenz verleihen würde. Ein wenig von der Intensität, mit der sie für die Einführung der Rechtschreibreform streitet, würde den grundlegenden Reformfragen unseres Bildungssystems gut bekommen.

Die Kosten der Arbeit:
Sozial ist, was Beschäftigung schafft

Eines der leistungsfähigsten Bildungssysteme der Welt zu schaffen ist ein ehrgeiziges, aber erreichbares Ziel. Für die Wettbewerbs- und damit die Zukunftsfähigkeit unseres Landes ist der Spitzenplatz im Bildungsbereich unverzichtbar, um den Anforderungen an die Arbeitsplätze der Zukunft gerecht werden zu können. Damit aber diese Arbeitsplätze zumindest zu einem erklecklichen Teil auch bei uns in Deutschland entstehen, müssen wir uns über die Kosten der Arbeit Gedanken machen. Denn nur wenn der Leistungsaustausch funktioniert, ist auch die Basis für die Schaffung oder mindestens den Erhalt von Arbeitsplätzen gegeben. Das Grundproblem ist, daß kein Mangel an Arbeit herrscht, wohl aber ein Mangel an Nachfrage nach Arbeit zu den Preisen, die sie heute kostet.

Wenn selbst ein Handwerker mehrere Stunden arbeiten muß, um sich die Arbeitsstunde eines anderen Kollegen leisten zu können, sagt das alles über die Kostenproblematik.

Kapital ist mobiler als Arbeit. Wer Kapital besitzt und darüber verfügt, der kann sich die Verwertungschancen rund um den Globus suchen, kann die günstigsten Anlagebedingungen wählen, die optimalen Standortbedingungen. Der Arbeitnehmer aber bleibt auf den Verwertungschancen buchstäblich sitzen, die ihm sein lokaler, regionaler, nationaler Aktionsradius bietet. Rückschläge, die sein Standort erleidet, treffen ihn unmittelbar, seine Möglichkeiten auszuweichen sind in der Regel begrenzt. So eilt der Dax von Rekord zu Rekord, das Nettolohnniveau und die Beschäftigtenzahlen hinken weit hinterher.

Standortrückschläge sind immer Ausdruck nachlassender internationaler Konkurrenzfähigkeit. Für deren Verbesserung haben wir, wie oben beschrieben, bereits eine Menge getan. In einem entscheidenden Punkt sind wir allerdings nicht so weit gekommen, wie es erforderlich gewesen wäre. Die grundlegende und umfassende Reform des Steuersystems ist am Widerstand der SPD-Mehrheit im Bundesrat vorerst gescheitert. Immerhin sind, ebenfalls gegen den jahrelangen Widerstand der SPD-Mehrheit im Bundesrat, die arbeitsplatzfeindlichen Substanzsteuern beseitigt worden. Vermögensteuer und Gewerbekapitalsteuer mußten die Unternehmen unabhängig von der Gewinnlage entrichten, also auch dann, wenn sie mit Verlust arbeiteten. Beide Steuern waren in jeder Beziehung wettbewerbsfeindlich, ein massives Hindernis für Existenzgründungen und Standortnachteil par excellence. Die Gewerbekapitalsteuer war sogar ein deutsches Unikum. Die Vermögensteuer ist bei fast allen unserer Wettbewerber längst abgeschafft. Ihre Beseitigung war ein wesentlicher Schritt hin zu mehr Investitionen und Arbeitsplätzen.

Dennoch reicht er bei weitem nicht aus, solange wir in Deutschland immer noch höhere Steuersätze haben als andere

Länder in Europa. Deswegen bleibt die Reform unseres Steuersystems der wichtigste Punkt auf der politischen Tagesordnung. Steuersätze drastisch senken, Ausnahmen von der Besteuerung beseitigen, das Steuerrecht vereinfachen und den Steuerzahler um netto dreißig Milliarden Mark entlasten – das sind die Grundzüge des Petersberger Modells, das der Bundestag am 30. Juni 1997 bereits verabschiedet hatte, das aber durch die Bundesratsblockade der SPD nicht in Kraft treten konnte.

Dieses Steuerreformkonzept hat den einhelligen Beifall aller Experten gefunden, weil es den Hebel genau an der richtigen Stelle ansetzt: runter mit den direkten Steuern. Dabei muß die Absenkung so deutlich sein, und zwar bei privaten Einkommen wie bei Unternehmen, daß sie die erwünschte und erforderliche Dynamik auch tatsächlich freisetzt. Folgte man der sozialdemokratischen Philosophie, daß der Staat nur ja nicht auf zuviele Einnahmen verzichten darf und im übrigen Steuersätze nur insoweit gesenkt werden dürfen, wie Vergünstigungen gestrichen werden, würde das nicht nur als Nullsummenspiel ohne jeden dynamischen Effekt enden, es bedeutete im Ergebnis auch noch eine saftige Steuererhöhung für Unternehmen. Denn die Ausnahmen von der Besteuerung sind nun mal vorwiegend im Unternehmensbereich wirksam. Wer hier streicht, ohne zugleich deutlich zu entlasten, läßt sich die Steuerreform von denen bezahlen, die die Arbeitsplätze schaffen sollen. Eine merkwürdige Logik.

Das Petersberger Modell ist demgegenüber in sich konsistent und konsequent. Die Steuersätze werden über den gesamten Tarif abgesenkt, mit einem Eingangssteuersatz von 15 Prozent statt heute 25,9 und einem Spitzensatz von 39 statt heute 53 Prozent. Neun von zehn der deutschen Unternehmen sind Personenunternehmen in Handwerk und Mittelstand. Für sie werden die Steuersätze auf Einkommen aus gewerblicher Tätigkeit in gleicher Weise bis auf einen Spitzensatz von 35 Prozent statt heute 47 Prozent abgesenkt. Entsprechend muß auch die Belastung der Unternehmen mit Ertragssteuern so gestaltet sein, daß Investitionen wieder stärker nach Deutschland fließen. Deshalb soll der besonders für ausländische Investoren wichtige Körperschaftsteuersatz für ausgeschüttete Gewinne auf 25 Prozent und der auf einbehaltene Gewinne auf 35 Prozent reduziert werden.

Die Erfolge anderer Länder, die den gleichen Weg schon vor geraumer Zeit eingeschlagen haben, bestätigen die Richtigkeit dieser Steuerpolitik: Die »Job-Wunder« in den USA, in Großbritannien oder in den Niederlanden haben zwar auch noch andere Ursachen, sie wären jedoch ohne Steuersenkungen erst gar nicht möglich gewesen.

Es ist schon manchmal herzzerreißend, mit welcher Arroganz Sozialdemokraten oder auch Gewerkschafter über die nun wirklich unleugbar positiven Erfahrungen in diesen Ländern hinwegargumentieren. Natürlich ist unser Steuersystem nicht eins zu eins vergleichbar mit dem amerikanischen oder holländischen. Aber die Grunderkenntnis, daß Wachstumsdynamik und Beschäftigungszunahme auch etwas mit niedrigen Steuersätzen zu tun haben, hat sich überall durchgesetzt, ausgenommen im Ollenhauer-Haus und in der DGB-Zentrale.

Wem wirklich an »Arbeit für alle« gelegen ist, wer sich wirklich dem Gedanken der sozialen Marktwirtschaft verpflichtet weiß und wer es wirklich mit Modernisierung ernst meint, für den darf es keine ideologischen Tabus geben, weder in der Steuer- noch in der Sozialpolitik, und auch nicht zwischen den Tarifpartnern.

Es gehört zu den beklagenswerten, aber wahrscheinlich kaum zu ändernden Eigenheiten politischer Diskussionsprozesse, daß sich Sachdebatten immer wieder in nebensächlichen Detailfragen festfressen und im öffentlichen Getöse über Kleinkariertes die Architektur des Ganzen untergeht. Für die Stabilität eines Hauses ist es ziemlich gleichgültig, ob die Fensterrahmen blau oder die Dachziegel rot sind. Das Fundament verkraftet beides. Brüchig wird es dann, wenn immer noch ein

143

Stockwerk draufgebaut und immer noch ein Zimmer zusätzlich eingerichtet wird.

Ähnlich verhält es sich mit der sozialen Marktwirtschaft, die viel Gestaltungsspielraum eröffnet und auch manche Einrichtungsvariante verträgt. Wird sie jedoch mit immer mehr Regulativen überfrachtet, die die Kräfte des Systems paralysieren, verliert sie nicht nur ihre Dynamik, sondern droht an Kosten zu ersticken, die sie aufgrund erhöhter Konkurrenz nicht mehr erwirtschaften kann. Diese Kosten gehen im wesentlichen auf das Konto sozialer Verteilungsmechanismen. Solange wachsende Ansprüche ebenso wie zusätzliche Wohltaten aus den erwirtschafteten Zuwächsen befriedigt werden konnten, ließen sich drohende Konflikte stets bequem wegdrücken, nämlich dadurch, daß – um es drastisch auszudrücken – immer noch eine Schippe Geld draufgeschmissen wurde. Seit die grundlegend veränderte globale Wettbewerbssituation von der deutschen Volkswirtschaft zum Teil schmerzliche Anpassungsprozesse verlangt, treten die Verteilungskonflikte wegen knapper werdender Ressourcen offen zutage. Während die Begünstigten der sozialen Verteilungsmaschinerie hartnäckig ihre Besitzstände verteidigen, steigen auf der anderen Seite die Belastungen derer, die unter erschwerten Wettbewerbsbedingungen die Kosten tragen müssen, immer weiter. Hätte man die Entwicklung unkorrigiert weiterlaufen lassen, wäre wahrscheinlich nicht nur die Zahl der Arbeitslosen weit höher, weil die Wirtschaft den steigenden Kostendruck noch stärker über Rationalisierung und Personalabbau kompensiert hätte. Auch die Systeme sozialer Sicherheit bewegten sich am Rande des Kollapses, weil sie mehr vom Kuchen verteilen müßten, als tatsächlich gebacken werden kann.

Ohne eine Rückgewinnung wirtschaftlicher Stärke, die neue Wettbewerbskraft zur Voraussetzung hat, und einer damit zwangsläufig verbundenen Neujustierung der Verteilungsgerechtigkeit wären wir tief in eine handfeste Akzeptanzkrise der sozialen Marktwirtschaft und im ungünstigsten Fall sogar unseres demokratischen Systems geschlittert. Die Gefahr ist noch keineswegs gebannt. Umfragen zeigen seit einiger Zeit abnehmende Sympathiewerte für unser Wirtschaftssystem, wobei insbesondere in den neuen Ländern alarmierende Trends zu beobachten sind. Zwar zeigen die in den letzten Jahren von der Bundesregierung bereits ergriffenen und von der Opposition jedesmal heftig bekämpften Reformmaßnahmen allmählich Wirkung. Aber sie reichen bei weitem noch nicht aus. Die bisherigen Erfahrungen lehren zudem, daß Reformen nicht per se als etwas Gutes empfunden werden, sondern fast immer unter dem Generalverdacht stehen, sie seien ungerecht. Viele der darob entfachten, manchmal erbitterten öffentlichen Auseinandersetzungen bewegen sich entlang eines menschlich verständlichen, aber gleichwohl vordergründigen und politisch ausbeutbaren Reflexes: Nur nichts hergeben! Die Kernfrage, die sich dahinter verbirgt, markiert allerdings genau den Punkt, an dem sich die Zukunft der sozialen Marktwirtschaft und unseres demokratischen Systems entscheiden könnte: Was heißt, was ist heute, unter den Bedingungen der Globalisierung, sozial gerecht? Was braucht, was verträgt die soziale Marktwirtschaft der Zukunft?

Das Ordnungsmodell der sozialen Marktwirtschaft beruht neben dem Leistungsprinzip und dem Marktmechanismus auf den Grundsätzen der Solidarität und der Subsidiarität. Der Gedanke des sozialen Ausgleichs ist darin ein tragender Pfeiler. Dieses Modell hat deshalb weltweit Vorbildcharakter, weil es wirtschaftlichen Erfolg mit sozialer Stabilität verbindet, ja durch diese erst den nachhaltigen wirtschaftlichen Erfolg ermöglicht. Der solide Ausbau unseres Sozialstaats hat über Jahrzehnte den sozialen Frieden in Deutschland gewahrt. Und es steht völlig außer Zweifel, daß dieser Friede nicht nur ein hohes Gut an sich ist, sondern auch und nicht zuletzt ein handfester Standortvorteil.

Sozial gerecht war und ist für die CDU Deutschlands eine Politik, die sich orientiert am Gedanken einer materiellen

Sicherung, die jedem Menschen ein Leben in Würde und mit gesellschaftlichen Teilhabemöglichkeiten garantiert. Sozial gerecht ist eine Politik, die sich am Gedanken der Chancengleichheit und des sozialen Ausgleichs für besondere Benachteiligungen und Belastungen orientiert, die am Gedanken der Vorsorge und der Absicherung in Lebenslagen wie Alter, Krankheit, Pflegebedürftigkeit, Arbeitslosigkeit festhält, in denen der einzelne seinen Lebensunterhalt und den seiner Angehörigen nicht mehr aus eigener Kraft bestreiten kann.

Soziale Gerechtigkeit und Solidarität ergeben sich für Christen schon aus dem Gebot der Brüderlichkeit und Nächstenliebe. Der Mensch trägt Verantwortung nicht nur für sich selbst, sondern auch für seine Mitmenschen – für den nächsten wie für den fernsten. Das Ordnungsmodell der sozialen Marktwirtschaft erkennt das Gebot der Mitmenschlichkeit und Solidarität an, hat es verinnerlicht. Deshalb findet es in der Soziallehre beider Kirchen auch Zuspruch und Unterstützung.

Solidarischer Ausgleich für Benachteiligungen und existentielle Lebensrisiken entbindet nicht von der Eigenverantwortung des einzelnen. Eigenverantwortung und Solidarität sind keine Gegensätze. Nur eine freiheitliche Ordnung, in der jeder seine Kräfte einsetzt und entfaltet, ermöglicht soziale Hilfe und verhindert die Entmündigung der Bürger durch eine hypertrophe und entmutigende Bürokratie. Subsidiarität und Solidarität gehören also zusammen.

Diese Grundprinzipien stehen für Christliche Demokraten nicht zur Disposition. Aber sie müssen sich immer wieder unter veränderten Umständen bewähren. Deshalb kann die Frage nach sozialer Gerechtigkeit nicht immer und zu jeder Zeit gleich beantwortet werden. Aber noch nie schien das so schwierig zu sein wie heute. Zwar hat schon Alfred Müller-Armack, einer der Väter der sozialen Marktwirtschaft, darauf hingewiesen, daß dieses Ordnungsmodell kein starres Schema sei, sondern einen dynamischen Prozeß beschreibe, der auf veränderte Rahmenbedingungen flexibel zu reagieren vermag. Doch die Radikalität mancher dieser Veränderungen lassen bei nicht wenigen Menschen Zweifel aufkeimen.

Kann also sozialer Ausgleich überhaupt noch gelingen unter verschärften Wettbewerbsbedingungen und angesichts globaler Verteilungskonflikte, in Zeiten knapper Mittel bei gleichwohl weiter ungebremst steigenden individuellen Ansprüchen und Erwartungen? Ist soziale Gerechtigkeit praktizierbar unter der Bedingung eines gesellschaftlichen Nullsummenspiels, bei dem erst dem einen etwas genommen werden muß, bevor dem anderen etwas gegeben werden kann? Muß sich die Politik in der parlamentarischen Demokratie unter diesen Umständen nicht geradezu zwangsläufig auf Schritt und Tritt in den Kartellen der Besitzstandswahrer verfangen? Ist es unter diesen veränderten Bedingungen sozial verantwortbar, die sozialen Sicherungssysteme im gewohnten Umfang beibehalten zu wollen, wenn dadurch die Gefahr wächst, daß sie zusammenbrechen?

Kann man in der globalisierten Wirtschaft einem Unternehmen, das sich im Wettbewerb behaupten will, mit dem Hinweis auf soziale Gerechtigkeit verwehren, sich der internationalen Konkurrenz auch über die Kosten des Faktors Arbeit zu stellen, indem es sich von tarifvertraglichen Vorgaben freizumachen versucht? Ist also ein auf den nationalen oder regionalen Bezugsrahmen zugeschnittener Flächentarifvertrag im Zeichen der Globalisierung überhaupt noch sozial vertretbar? Gibt es umgekehrt Grenzen, sozialethische Grenzen der Flexibilität und Anpassungsbereitschaft? Können wir den Arbeitnehmern in Deutschland zumuten, mit dem Lohnniveau und damit dem Lebensstandard und dem Kulturniveau industrieller Schwellenländer in offene Konkurrenz zu treten? Wohl kaum. Sind wir dann aber nicht verurteilt, mehr oder weniger hilflos zuzusehen, wie die industrielle Basis in Deutschland dahinschwindet, weil wir nicht mehr nur Güter exportieren, sondern die Arbeitsplätze, an denen die Güter produziert werden, gleich mit?

147

Wer den Anspruch erhebt, Zukunft gestalten zu wollen, kann solchen Fragen nicht ausweichen, denn sie zielen letztlich alle ins Mark der Glaubwürdigkeit und Akzeptanz des Systems. Könnten am Ende diejenigen recht behalten, die den Selbstheilungskräften des Marktes noch nie viel zutrauten, dafür staatlichem Interventionismus um so mehr? Denn was sollen die Menschen davon halten, wenn trotz wirtschaftlichen Wachstums die Arbeitslosenzahlen nicht oder nur in sehr geringem Maße zurückgehen? Wie muß es auf sie wirken, daß die Ankündigung von Personalabbau die Aktienkurse in die Höhe schnellen läßt, während zugleich die Statistiken von wachsender Ausländerbeschäftigung künden, nicht nur bei Erntehelfern, sondern auch auf Baustellen, in der Gastronomie, in Krankenhäusern und Pflegeeinrichtungen?

Um die richtigen Antworten auf die vielfach verwirrenden Entwicklungen zu finden, braucht es Unvoreingenommenheit gegenüber allen denkbaren Lösungsansätzen. Leider ist die hierzulande gepflegte Debattenkultur solchen Bemühungen nicht sehr förderlich. Denn wer glaubt, die Auseinandersetzung um die Zukunft unserer sozialen Wirtschaftsordnung mit Schlagworten wie »Sozialabbau« oder der Neidparole von der »Umverteilung von unten nach oben« gewinnen zu können, der beweist nur, daß er sich in den Schützengräben von gestern bestens auskennt, von der gewaltigen Dimension der Veränderungen um uns herum jedoch wenig begriffen hat.

Die größte soziale Ungerechtigkeit ist es zweifellos, daß so vielen Menschen verwehrt ist, ihren Lebensunterhalt selbst zu bestreiten. Daraus folgt im Umkehrschluß das bereits schon einmal erwähnte Motto der letztjährigen CDA-Bundestagung in Magdeburg: »Sozial ist, was Beschäftigung schafft«. Es darf mit Fug und Recht bezweifelt werden, daß diese Definition von allen, die entsprechend handeln könnten, gleichermaßen beherzigt wird. Beschäftigung zu schaffen ist natürlich zuallererst Aufgabe der Arbeitgeber, im weitesten Sinne des Wortes. Sie sind allerdings, um mehr Arbeitsplätze bereitstellen zu

148

können, in ihrer Disposition nicht völlig frei, sondern abhängig von der Gunst der Umstände. Auf die Verantwortung der Politik in diesem Zusammenhang ist bereits hingewiesen worden. Noch unmittelbarer freilich wirkt die Verantwortung der Tarifpartner. Denn ohne eine beschäftigungsorientierte Tarifpolitik kann und wird es keine nachhaltige Absenkung der Arbeitslosigkeit geben. Arbeitgeber und Gewerkschaften tragen nicht nur gemeinsam Verantwortung für die Beschäftigten und deren Interesse an sicheren Arbeitsplätzen, höheren Löhnen und tariflichen Zusatzleistungen, sie tragen auch Verantwortung für die Erwerbslosen und deren Interesse an einer Wiedereingliederungschance in den Arbeitsmarkt. Es darf nicht sein, daß Tarifverhandlungen geführt werden ohne Rücksicht auf die Beschäftigungswirkungen, weil nur die Interessen eines geschützten Kartells von Arbeitsplatzbesitzern Berücksichtigung finden. Wenn steigende Arbeitslosigkeit der Preis und die unmittelbare Folge überhöhter Tarifabschlüsse ist, dann sind diese zu teuer erkauft. Anders gesagt: Solche Tarifabschlüsse sind sozial ungerecht.

Nun ist relativ wenig bestritten, daß beschäftigungswirksame Tarifabschlüsse unterhalb des Produktivitäts*zuwachses* liegen müssen. Die moderaten Vereinbarungen in den letzten beiden Jahren sind dieser Erkenntnis gefolgt. An diesem Kurs muß festgehalten werden, wenn die mit Zeitverzögerung eingetretene Trendwende am Arbeitsmarkt sich verstetigen und möglichst noch beschleunigen soll. Wer bereits jetzt das »Ende der Bescheidenheit« fordert, würde, wenn man ihm folgte, diese Trendumkehr wieder abwürgen. Wir stehen nicht am Ende, sondern am Beginn einer neuen Bescheidenheit. Allerdings muß diese Bescheidenheit auch Früchte tragen. Die Arbeitgeber, vor allem im gewerblichen, im industriellen und im großindustriellen Bereich, stehen in der Pflicht, den verringerten Kostendruck jetzt auch zu nutzen und in noch viel höherem Maße als bisher neue Arbeitsplätze einzurichten.

In diesem Zusammenhang ist eine kritische Bemerkung angebracht: Daß Kostenentlastungen für die Unternehmen sinnvoll und erforderlich sind, ist hinreichend klar geworden. Wenn die neu entstandenen Spielräume jedoch dazu benutzt werden, durch weitere Rationalisierungsmaßnahmen immer noch mehr Personal abzubauen, um möglichst den »shareholder value« weiter zu verbessern, dann trifft unter der Maßgabe der Beschäftigungswirksamkeit auf eine solche Unternehmensstrategie das Verdikt »sozial ungerecht« mindestens genauso zu wie auf die Forderungen der Unbescheidenheitsapostel aus dem Gewerkschaftslager.

Allerdings darf man nicht die Augen davor verschließen, daß weder in den klassischen Industriebranchen allein noch in den großen Verwaltungen bis hin zu den Banken und Versicherungen so viele zusätzliche Arbeitsplätze geschaffen werden könnten, wie notwendig wären, um das Ziel »Arbeit für alle« zu erreichen. In den schwerindustriellen Bereichen, aber auch bei einem Großteil der verarbeitenden Industrie sind Rationalisierungen unausweichlich, um das Überleben zu sichern. In den öffentlichen Verwaltungen ist Verschlankung sogar ausdrücklich erwünscht. Also muß das fehlende Beschäftigungspotential im wesentlichen im tertiären Sektor erschlossen werden, in dem Deutschland gegenüber vergleichbaren Ländern deutlich zurückliegt. Das ist leichter gefordert als tatsächlich getan. Hier wirken die in der deutschen Tradition der Sozialpartnerschaft verinnerlichten Vorstellungen von Erwerbsarbeit eindeutig hemmend. Ohne durchgreifende mentale Veränderungen gegenüber Dienstleistungen, ohne neue Flexibilität im Arbeitsrecht wie in der Tarifpolitik und ohne stärkere Lohnspreizung vor allem für geringer Qualifizierte läßt sich das von manchen Experten auf über fünf Millionen geschätzte Arbeitsplatzpotential nicht erschließen. Natürlich sind solche Vorstellungen den in Kategorien von Organisationsmacht denkenden Gewerkschaften ein Graus, weil sie um ihren Einfluß fürchten. Angesichts der hohen Arbeitslosenzahlen ist aber hinhaltender Widerstand nicht akzeptabel, ja, um den vorgegebenen Maßstab anzulegen, sozial ungerecht. Grundsätzlich muß jede Arbeit, die in Deutschland getan werden muß und nachgefragt wird, auch Deutschen zugemutet werden, und grundsätzlich muß jeder, wenn er arbeitet, mehr Einkommen haben, als wenn er nicht arbeitet.

Das darf allerdings nicht in das andere Extrem ausschlagen, daß Beschäftigung um buchstäblich jeden Preis geschaffen und angenommen werden muß. Die oben gestellte Frage nach den sozialethischen Grenzen der Flexibilität und Anpassungsbereitschaft erfordert hier eine konkrete Antwort. Die vergleichsweise rüde amerikanische »McJob-Mentalität« ist mit den Prinzipien einer sozialen Marktwirtschaft nur insoweit kompatibel, als es selbstverständlich auch in diesem System Billigjobs geben muß. Weil aber die niedrigen Löhne, die für mancherlei Tätigkeiten aus Wettbewerbsgründen nur gezahlt werden können, nicht ausreichen, um ein nach unseren Maßstäben auskömmliches Einkommen zu sichern, brauchen wir zur Abfederung eine neue Kombination und bessere Verzahnung von Arbeits- und Transfereinkommen, geringere Anrechnung auf Sozialhilfe – d.h. einen Kombilohn oder wie immer das im Einzelfall heißen mag.

Das muß Hand in Hand gehen mit einer durchgreifenden Reform der sogenannten geringfügigen Beschäftigungsverhältnisse, oder »620-Mark-Jobs«. Das Problem ist vielschichtig und verschließt sich jeder einfachen Lösung. Aber es ist unbestritten als Problem erkannt, was ja auch schon etwas ist. Allerdings muß gleich hinzugefügt werden, daß die Neigung, auch in einem solchen komplexen Fall mit simplen Deutungsmustern zu operieren, eine offene Diskussion eher verhindert als befördert. Natürlich stimmt es, daß ohne dieses deutsche McJob-Angebot die Schwarzarbeit drastisch zunähme. Andererseits hat eine ungehinderte Ausweitung und Ausgestaltung der 620-Mark-Verhältnisse unmittelbare Auswirkungen auf die Sozialversicherungssysteme. Denn deren Finanzierung hängt an einer ausreichenden Anzahl beitragspflichtiger

Arbeitsverhältnisse, von denen jedoch gerade im unteren Lohnsegment immer mehr in sozialversicherungsfreie 620-Mark-Arbeitsplätze aufgesplittet werden. Es geht, um Mißverständnisse auszuschließen, bei der Diskussion um dieses Problem nicht primär darum, mehr Einnahmen für die Sozialversicherungen lockerzumachen. Es geht vielmehr um zwei kardinale Fragen: Erstens, wieviel Schwund kann sich ein beitrags- und lohnbezogenes Sozialsystem leisten, ohne zu kollabieren? Und zweitens, wieviel Flexibilitätsdynamik auf dem Arbeitsmarkt im Bereich von Niedriglohn- oder Teilzeittätigkeiten geht durch sozialversicherungsfreie Arbeitsverhältnisse verloren? Nun wäre es unsinnig, das Kind gleich mit dem Bad auszuschütten. Deshalb kann es auch nicht um eine Abschaffung der geringfügigen Beschäftigungsverhältnisse gehen. Hilfreich wäre schon ein vertieftes und unvoreingenommenes Nachdenken über die Frage, warum wir etwa im Vergleich zu den Niederlanden so wenig Flexibilität bei der Teilzeitbeschäftigung haben. Die perfekte Lösung wird es bei diesem Problem nicht geben können. Aber vielleicht eine unvollkommene, die für eine weitere Ausgestaltung in der Zukunft offen ist.

Vielfach wird eingewandt, es sei unwürdig, eine Tätigkeit anzunehmen, deren Entlohnung nur knapp oberhalb des Sozialhilfeniveaus liege und die zu allem Überfluß auch noch das Dienen für andere Menschen zum Inhalt habe. Dabei sind jedoch die Anhänger dieser Lehre weder imstande, den realen Anfall solcher Aufgaben hinwegzudefinieren, noch fähig, plausibel zu erklären, wer sie denn erledigen soll. Außerdem verhindert die damit verbundene Indizierung des Begriffs Dienen genau jene mentale Veränderung, die wir in der Einstellung zu Dienstleistungen so dringend benötigen. Für mich bleibt es dabei: Auch die geringer entlohnte und scheinbar weniger prestigeträchtige Beschäftigung ist immer noch besser als dauerhafte Arbeitslosigkeit und sozial gerechter allemal. Es wird wahrscheinlich nicht mehr einen traditionellen Vollzeitarbeitsplatz für jeden geben können. Aber eine akzeptable Beschäftigungschance – sei es Teilzeit, sei es Einfacharbeitsplatz, sei es ein Beschäftigungsverhältnis auf gemeinnütziger Basis – sollte jedem zugänglich sein. Das ist mit dem Ziel »Arbeit für alle« gemeint, und nur so ist die Frage nach sozialer Gerechtigkeit in der sozialen Marktwirtschaft der Zukunft stimmig zu beantworten.

Zukünftig wird ein wachsender Teil der gesamtwirtschaftlichen Erträge aus Kapital entstehen. Der aus Erwerbsarbeit resultierende Ertrag verliert demgegenüber relativ an Gewicht. Die Folgen sind nicht unbedingt nur erfreulich. Denn wenn unsere Gesellschaft auseinanderbricht in einen Teil, der immer reicher wird, und einen anderen, der in der modernen Welt Anschluß und Zukunft verliert, entspricht das nicht unserem Leitbild von sozialer Gerechtigkeit. Insofern ergibt sich auch in dieser Hinsicht ein Gerechtigkeitsproblem, das sich vor dem Hintergrund eines geradezu entfesselten weltweiten Kapitalmarktes immer drängender stellt. Die systemgerechte Konsequenz daraus kann nur lauten, daß möglichst alle nicht nur Einkommen aus Arbeit, sondern eben auch Kapitalerträge erzielen. Das macht dann auch eine größere Flexibilität in den Erwerbsbiographien möglich und erträglich.

Die Vorteile einer erheblich breiteren Beteiligung der Arbeitnehmer am Produktivkapital zum Beispiel über die Einführung investiver Lohnbestandteile, liegen auf der Hand: Angesichts des begründeten Zwangs zur Lohnzurückhaltung kann Arbeitnehmern durch ihre Beteiligung an den Gewinnen der Unternehmen ein zusätzliches Einkommen gesichert werden. Die Eigenkapitalbasis der Unternehmen wird gestärkt, was wiederum zu mehr Investitionen anregt und Beschäftigung schaffen kann. Die Motivation im Betrieb wird verbessert, die Bindung der Arbeitnehmer an ihr Unternehmen gestärkt. Mit der Einführung eines auch ordnungspolitisch sauber konstruierten Investivlohns ließe sich sogar die soziale Marktwirtschaft zu einer »Gesellschaft von Teilhabern« weiterentwickeln, wie das bereits Ludwig Erhard forderte.

Daß auf diese Weise auch noch die private Altersvorsorge gestärkt werden kann, ist im Zusammenhang mit den langsamer wachsenden Einkommen aus der gesetzlichen Rentenversicherung ebenfalls nicht ganz unbedeutsam.

Solche Gewinnbeteiligungsmodelle sind zwar nicht unbedingt der moderne Stein der Weisen, der bei Berührung alles zu Gold werden läßt, aber mit Sicherheit ein ganz entscheidender, zukunftsweisender Baustein von Lohn- und Gehaltssystemen. Künftig sollte im Grunde jeder Arbeitnehmer Teile seines Gehalts in erfolgsabhängigen Investivlohnanteilen erhalten. Dabei muß ein Grundstock, der ihm die normale Lebensführung ermöglicht, wie bisher weiter als Fixum gezahlt werden. Dazu addieren sich dann die Teile, deren Bemessung abhängig ist vom eigenen Erfolg, von der Erreichung der eigenen Ziele, der aber vor allem abhängt vom Erfolg des Unternehmens. Daraus erwächst Arbeitsplatzsicherheit, weil Unternehmer das Risiko in ertragsschwachen Zeiten nicht mehr allein tragen. Es befördert aber auch die Verteilungsgerechtigkeit, weil in Phasen hoher Ertragskraft die Mitarbeiter ganz direkt am Unternehmenserfolg beteiligt sind.

Dieser Weg ist gangbar, verlangt aber auf allen Seiten auch den Mut, notfalls über den eigenen Schatten zu springen. Es wäre zum Beispiel fatal, wenn eine wirklich zukunftsweisende Lösung daran scheitern würde, daß die Dogmatiker der reinen Lehren ihre Verhinderungsmacht ausspielten. Zwischen völliger Beteiligungsfreiheit und spezifiziertem Beteiligungszwang ist reichlich Platz für ein Modell, das auch individueller Kreativität genügend Spielraum läßt. Der Staat wird allerdings in jedem Fall mit fiskalischen wie auch direkt wirksamen finanziellen Anreizen eine »Anschubfinanzierung« leisten müssen, aus der er sich jedoch mittelfristig wieder zurückziehen sollte. Für ein wirksames Investivlohnmodell kann es künftig weder nach oben noch nach unten Einkommensgrenzen geben.

Den Vertretern der »shareholder value«-Ideologie wird das

natürlich nicht behagen, weil ihre Freiheit zur Gewinnmaximierung zunächst relativiert wird. Vermutlich allerdings wird dies nur mittelfristig gelten, da die Ertragsstärke solcher Unternehmen, in denen die Mitarbeiterbindung ebenso steigt wie das Gefühl größerer materieller Gerechtigkeit – was übrigens alle Mitarbeiterbefragungen in den Unternehmen zeigen, die ein vergleichbares Investivlohn-System bereits heute praktizieren –, auf längere Sicht größer sein wird als die von Firmen mit klassischen Lohnsystemen.

Die Kosten der Sicherheit:
Sozial ist, was bezahlbar bleibt

Die Frage danach, was heute und morgen sozial gerecht ist, kann den Komplex der Sozialversicherungssysteme nicht aussparen. Da deren Ausgleichsfunktion ohne ein hinreichendes Maß an sozialversicherungspflichtiger Beschäftigung zu einem unfinanzierbaren und die Belastungen von Beitragszahlern und Volkswirtschaft in unzumutbare Höhen treibenden Risiko zu werden droht, erfordert das Überleben der Systeme quasi eine Operation am offenen Herzen. Die zentralen Stichworte sind bereits alle genannt: Ohne ausreichende Dynamik und Wettbewerbsfähigkeit sind die erforderlichen Arbeitsplätze nicht zu schaffen. Ohne ein stärkeres Maß an Eigenverantwortung und Leistungsbereitschaft ist weder der Beschäftigungszuwachs erreichbar, noch kann die Inanspruchnahme von Sozialtransfers zurückgeführt werden. Ein Zuviel an kollektiver Regelung lähmt, und sei alles noch so gut gemeint. Solidarität und Subsidiarität bedingen sich gegenseitig.

Angesichts der finanziellen Belastungen unserer Sozialversicherungssysteme – die Sozialleistungen belaufen sich in Deutschland immerhin auf ein Drittel unseres Bruttoinlandsproduktes, also auf rund 1 200 Milliarden Mark jährlich – bleibt sparsame Mittelverwendung allererstes Gebot. Die Versicherten lassen sich allerdings kaum zu sparsamer und sozial rücksichtsvoller Inanspruchnahme von Versicherungsleistungen bewegen, wenn sie nicht zugleich die Chance haben, durch verantwortliches Verhalten die eigene Kostenbelastung zu reduzieren. Die vermeidbare Belastung des eigenen Geldbeutels entfaltet immer noch die nachhaltigste Gestaltungskraft. Dieser Einsicht ist die heiß umstrittene Reform der gesetzlichen Krankenversicherung gefolgt und hat sich, wie vorhergesagt, zur Erfolgsgeschichte entwickelt. Mittelverschwendung bei Gesundheitsleistungen kann eingedämmt werden, wenn diejenigen, die über die Inanspruchnahme von Leistungen entscheiden, zur Sparsamkeit angeregt werden können. Das heißt in praxi Zuzahlung oder Eigenbeteiligung, soweit dies sozial zumutbar ist – und es funktioniert: Seit vergangenem Sommer steigen die Ausgaben der Krankenkassen nicht mehr. So bleibt die bestmögliche Gesundheitsversorgung wirtschaftlich tragbar, und die aus dem Lot geratene Balance von Solidarität und Subsidiarität kann wiederhergestellt werden.

Auch die »leistungslose« Gewährung staatlicher Transferzahlungen trägt unvermeidlich den Keim des Mißbrauchs in sich. Diesen Zusammenhang kann nur leugnen, wer einem falschen Verständnis von Solidarität anhängt. Wer von der Gemeinschaft also Unterstützung erfährt, der soll – soweit ihm das zuzumuten ist – auch etwas Nützliches für die Gemeinschaft tun. Das mag den vielen Institutionen, Organisationen und Gruppierungen des sozialen Betreuungswesens vielleicht nicht einleuchten, die Menschen jedoch verstehen es – weil es richtig ist.

Es gibt in Deutschland rund siebenhunderttausend arbeitsfähige Sozialhilfeempfänger, dazu 1,3 Millionen Arbeitslose, die nach Auslaufen der Leistungen aus der Arbeitslosenversicherung staatliche Transferleistungen beziehen. Wie läßt sich eigentlich begründen, daß der Staat diesem Personenkreis auf Dauer Transferzahlungen wie Sozialhilfe oder Arbeitslosenhilfe ohne jede Gegenleistung zukommen läßt? Um so mehr, als sich das Füllhorn staatlicher Wohlfahrtsleistungen ohnehin nur mühsam vor dem völligen Versiegen bewahren läßt. Sozial gerecht kann es jedenfalls nicht sein, diejenigen immer stärker mit Abgaben zu belasten, die durch ihre Arbeit die Leistungen für jene finanzieren müssen. Im Sinne der Grundwerte von Solidarität und Subsidiarität muß es deshalb das Ziel sein, jeden arbeitsfähigen Empfänger sozialer Transferzahlungen, dem kein Arbeitsplatz nachgewiesen werden kann, vorzugsweise über die Kommunen mit gemeinnütziger Arbeit zu beschäftigen. Eine entsprechende kommunale Beschäftigungsförderung – immer mit dem Ziel einer späteren Wiedereingliederung in den ersten Arbeitsmarkt – wird vielerorts mit Erfolg praktiziert. Dieses Angebot ließe sich erheblich ausweiten, wenn nur mehr Kommunen als bisher ihre Phantasie und Energie nicht mehr vorwiegend auf die Verteidigung des bequemsten Verwaltungsvorgangs konzentrierten, sondern stärker in Kategorien effizienter Mittelverwendung und subsidiärer Sozialverantwortung dächten.

Arbeitslosen auf diese Weise eine Beschäftigung zu verschaffen, hat, das haben die Erfahrungen gezeigt, außerdem einen heilsamen Nebeneffekt bei der Bekämpfung von Sozialmißbrauch in Gestalt von Schwarzarbeit – einfach mangels Zeit und Gelegenheit der neuerdings Beschäftigten. Auch das ist eine Antwort auf die Gerechtigkeitsfrage, die sich angesichts eines exorbitant gewachsenen grauen oder schwarzen Arbeitsmarktes immer drängender stellt.

Bleibt im Zusammenhang der solidarischen Sicherungssysteme die Frage nach der gerechten Verteilung der künftigen Lasten zwischen den Generationen. Der sogenannte Generationenvertrag, auf dem unsere gesetzliche Rentenversicherung basiert, ist aus demographischen Gründen, aber auch durch die Probleme auf dem Arbeitsmarkt – je mehr Arbeitslose, desto weniger Beitragszahler – in eine Schieflage geraten. Die Geburtenzahlen sinken, die durchschnittliche Lebenserwartung der Menschen steigt, in den nächsten Jahrzehnten auf über achtzig Jahre. Mehr ältere Menschen und weniger Kinder – das bedeutet, daß sich bis zum Jahr 2030 die Zahl der Menschen im Rentenalter fast auf das Doppelte derjenigen im erwerbsfähigen Alter erhöhen wird.

Wenn Generationensolidarität – die ja nicht nur die Grundlage für unser System der Alterssicherung, sondern auch für die Kranken- und Pflegeversicherung bildet – erhalten bleiben soll, dann muß zwangsläufig die demographische Schieflage wiederum durch eine Operation im System kompensiert werden. Die Beitragsbelastung, die die Jüngeren im Rahmen der kollektiven Sicherungssysteme zu schultern haben, muß wieder in einem ausgewogenen Verhältnis stehen zu den Leistungen, die die Älteren aus diesen Systemen ziehen. Man hat errechnet, daß der Beitragssatz der gesetzlichen Sozialversicherung von heute rund 42 Prozent auf etwa 55 Prozent im Jahr 2030 angehoben werden müßte, wenn die aktuelle Entwicklung ungebremst weitergehen würde.

Die vorläufige, noch nicht ganz abschließende Antwort ist die – von der SPD erbittert bekämpfte – Rentenstrukturreform 1999, mit der die finanziellen Folgen aus steigender Lebenserwartung und längerem Rentenbezug gleichmäßig auf beide Generationen verteilt werden. Die Durchsetzung dieses entscheidenden Reformschrittes war ein kaum zu überschätzender politischer Kraftakt. Denn das Verhetzungspotential, das immer in Maßnahmen zur Abbremsung der Ausgabendynamik sozialer Sicherungssysteme schlummert, bei der Rentenversicherung aber noch um ein Vielfaches höher ist, hat auch in diesem Fall die Opposition und ihre publizistischen Hilfstruppen zu Höchstleistungen demagogischer Irreführung angestachelt. Eine allmähliche Verlangsamung des langfristigen Anstiegs des Rentenniveaus als Rentenkürzung zu diffamieren, obwohl die Renten auch in Zukunft steigen, nur etwas langsamer als früher, gehört zu den besonderen Schurkenstücken politischer Rattenfängerei.

Wie immer, wenn Sachzusammenhänge so kompliziert sind wie bei der gesetzlichen Rentenversicherung, lassen sich derartige Totschlagworte kaum erfolgreich kontern, weil zwischen sachgerechter Erläuterung und demagogischer Opposition keine Waffengleichheit herrscht. Deshalb bleibt nur der Weg des unermüdlichen Erklärens, der für Zeitungsschlagzeilen und auf Sekunden bemessene Fernsehnachrichten natürlich wenig attraktiv ist. Um es auf einen in der Kürze nicht ganz konkurrenzfähigen, gleichwohl aber einfachen Nenner in der Sache zu bringen: Die Renten müssen langsamer steigen, denn sonst werden Wirtschaft und Beitragzahler mit zu hohen Beitragssätzen überfordert, und eine überforderte Wirtschaft und überforderte Beitragzahler könnten die Sicherheit der Renten nicht gewährleisten.

Mit dem Einbau eines demographischen Faktors in die Rentenformel ist dieser erste und wichtigste Schritt getan worden. In einem zweiten Reformschritt muß nun insbesondere die Verantwortung der mittleren Generation für die künftige Generation von Beitragzahlern stärker berücksichtigt werden. Die notwendige Vorsorgeleistung besteht ja nicht nur in der Entrichtung von Beiträgen für die Renten der älteren Generation, sondern auch darin, daß Kinder geboren und erzogen werden, die als künftige Beitragzahler für die Kontinuität des Generationenvertrages sorgen müssen. Angesichts der Entwicklung der Geburtenzahlen muß man schon aus prinzipiellen Erwägungen für jede Entscheidung zur Elternschaft dankbar sein. Um so mehr fällt aber ins Gewicht, daß die Erziehung von Kindern für die Eltern mit wirtschaftlichen Einschränkungen verbunden ist, was – vor der Folie der heute vorherrschenden Lebensgewohnheiten – wahrscheinlich stärker empfunden wird als früher. Diese Belastungen tragen andere nicht. Deshalb ist es recht und billig, einen Ausgleich zu schaffen zwischen Beitragzahlern mit Kindern und solchen ohne Kinder, und zwar möglichst so, daß Eltern in der Erziehungsphase etwas davon haben, und nicht erst dann, wenn sie später selbst

Rentner geworden sind. Und der dritte Schritt muß die Stärkung zusätzlicher privater Vorsorge sein, wofür wir die gesetzlichen und steuerlichen Rahmenbedingungen verbessern.

Ein derart angelegter, zukunftssichernder Umbau des Rentensystems folgt den Erfordernissen sozialer Gerechtigkeit. Die in diesem Zusammenhang geführte Diskussion um sogenannte versicherungsfremde Leistungen führt hingegen in die Irre. Kinder sind im Generationenvertrag der dynamischen Rente nicht versicherungsfremd. Wer auf dem Standpunkt steht, nur noch durch eigene Beiträge erworbene Rentenansprüche seien nicht versicherungsfremd, der kann auch gleich zur privaten Lebensversicherung wechseln, weil er dort inklusive Zinsen und Gewinnbeteiligung nur das herausbekommt, was er selbst auch eingezahlt hat. Mit Solidarität zwischen den Generationen und sozialer Gerechtigkeit hat das dann allerdings nichts mehr zu tun.

Unter so grundlegend veränderten Bedingungen, wie wir sie heute vorfinden, bedarf es vieler neuer Antworten auf die alte Frage, was als angemessener sozialer Ausgleich, was als sozial gerecht zu gelten hat. So neuartig, so innovativ diese Antworten auch sein müssen – und wir werden noch ein beträchtliches Maß an Einfallsreichtum und Kreativität zu entfalten haben –, es ändert nichts daran, daß die Maßstäbe, an denen sich neue Lösungen zu messen haben, die altvertrauten sind: Solidarität, Subsidiarität, Chancengerechtigkeit, natürlich auch Leistungsgerechtigkeit. Die Erneuerung des Sozialstaats erfordert letztlich die Rückbesinnung auf seine Wurzeln, auf seine tragenden Prinzipien von Anfang an, Prinzipien, die häufig verfremdet, verschüttet worden sind unter den vielleicht allzu günstigen Bedingungen, welche die Sozialpolitik in Jahrzehnten wirtschaftlichen Wohlstands und gesellschaftlicher Stabilität vorgefunden hat. Vielleicht liegt in den soviel schwieriger gewordenen Umständen deshalb gerade die große Chance zur kraftvollen Erneuerung des Sozialstaats aus dem Geist seiner Anfänge.

Die bis hierher geschilderten und erläuterten Beispiele für notwendige Reformen entspringen der Einsicht, daß unter den Bedingungen der Globalisierung und des schärfer gewordenen Wettbewerbs auch eine saturierte Wohlstandsgesellschaft wie die deutsche nicht darum herumkommt, mit den Mitteln der Innovation, der Modernisierung und des Umbaus die Voraussetzungen dafür zu schaffen, daß ohne eine ernsthafte Gefährdung des erreichten Niveaus die globale Konkurrenzfähigkeit erhalten bleibt. Der Blick über die Grenzen zeigt die Gleichartigkeit der Probleme bei Ungleichzeitigkeit ihrer Bewältigung. Andere in Europa sind uns teilweise weit voraus, andere hängen noch weiter zurück. Der Innovations- und Reformdruck wird aber um so höher, je dramatischer sich die unmittelbar meßbare Wettbewerbssituation gegenüber unseren europäischen Partnern zu unseren Ungunsten verändert. Dabei wird auch deutlich, daß wir nicht alles in unserem nationalen Rahmen bewältigen können, sondern in vielen Bereichen zu einem länderübergreifenden Gleichklang gezwungen sind. Doch genau darin liegt auch unsere Chance: Bündelung von Kräften zum Erreichen gemeinsamer Ziele ist das Geheimnis des Regierens in der globalisierten Welt. Wer unter diesen Auspizien seine Hausaufgaben nicht oder zu spät erledigt, stürzt vom fahrenden Wagen. Der Reformdruck hat sowohl eine europäische als auch eine globale Komponente. Die europäische fordert uns unmittelbar heraus, das zu tun, was in unseren eigenen Kräften steht; die globale ist die Aufforderung, europäisch zu antworten. Das ist der Gegenstand des nächsten Kapitels.

Fünftes Kapitel

Strategien für den Wandel –
Die europäische Antwort

Als »offensichtlich unbegründet« hat das Bundesverfassungsgericht die Verfassungsbeschwerden abgewiesen, mit denen
fünf deutsche Professoren versucht hatten, die gemeinsame
europäische Währung, den Euro, zu verhindern. Ohne das
Karlsruher Gericht dafür in Anspruch zu nehmen, das natürlich diese Frage nicht zu entscheiden hatte, hieße der Umkehrschluß: Die Einführung des Euro ist begründet. Daß sie
in der Tat nicht nur politisch, sondern auch ökonomisch begründet ist, ja geradezu dringend erforderlich, ist unter den demokratischen Kräften in Deutschland schon lange nicht mehr
umstritten. Gleichwohl erfüllt die Aussicht, auf die D-Mark
verzichten zu müssen, die Mehrheit der Bevölkerung mit Unbehagen. Man weiß nicht so recht, was da kommt. Uninfor-
miertheit und Unverständnis führen zu Ressentiments, die
nicht nur die neue Währung, sondern in diffuser Weise auch
den europäischen Einigungsprozeß betreffen, gegen den man
eigentlich nie etwas einzuwenden hatte. »Ja, wozu brauchen
wir eigentlich Europa?« fragen sich heute viele. Die Antwort
ist ebenso kurz wie klar: für eine sichere Zukunft. Europa als
Projekt für eine bessere, friedlichere und humanere Welt verständlich zu machen, das ist die – gemessen an der alltäglich
erfahrbaren eurokratischen Realität – nicht immer ganz einfache Aufgabe, der sich auch ein Buch stellen muß, das von den
Strategien für den Wandel und seinen Chancen handelt.

Gäbe es die Europäische Union nicht bereits, müßte man
sie erfinden. Sie ist die denkbar beste Reaktion auf die unge-

163

heuren Veränderungen in der Welt – ein Europa, das in der Lage ist, bei der Neuordnung der politischen und ökonomischen Weltkarte seinen Platz zu behaupten und zugleich seiner globalen Verantwortung gerecht zu werden. Die Europäische Einigung bietet Antworten – wenn auch oft nur vorläufige – auf viele der Fragen, vor denen wir heute stehen und die allein im nationalen Rahmen nicht mehr gelöst werden können. Im nationalen Alleingang lassen sich für niemanden in Europa die Herausforderungen der Globalisierung meistern, nicht die Veränderungen des Welthandels in den Griff bekommen und auch nicht die Umweltfragen, die längst ein globales Ausmaß angenommen haben. Allein wird selbst ein reiches und wieder größer gewordenes europäisches Land wie Deutschland künftig weder seine Wettbewerbsfähigkeit sichern können noch innere Sicherheit garantieren – und schon gar nicht seiner außenpolitischen Verantwortung gerecht werden. Der Nationalstaat alten Zuschnitts ist entweder überfordert, oder er überhebt sich – beides ist nicht zukunftstauglich.

Tilman Evers hat in einem bemerkenswerten Aufsatz in der »Frankfurter Allgemeinen Zeitung« den Zusammenhang zwischen Globalisierung und der Herausbildung neuer Ordnungsmuster auf den europäischen Punkt gebracht, als er den Integrationsprozeß der EU als »Modellkasten für die Zukunft« bezeichnete. »Den einhegenden Nationalstaat«, so diagnostiziert er, »kann es nicht mehr geben. Das Prinzip der Souveränität mit seiner klaren Trennung zwischen innen und außen löst sich auf. Schadstoffe und Treibhausgase, Bevölkerungswachstum und Migration, Kriminalität und Aids machen an keiner Grenze halt. Die weltweiten Großunternehmen und Finanzströme haben sich längst einzelstaatlicher Steuerung entzogen. Wichtige Funktionen in Wirtschaft und Währung, Wohlfahrt und Sicherheit sind ›nach oben‹ in internationale Behörden abgewandert. Gleichzeitig entleert sich der Nationalstaat ›nach unten‹ in ein Multiversum von korporativen Sonderinteressen, wissenschaftlich-technischen Appara-

ten, kulturellen und regionalen Eigenwelten, die nach Gut-
dünken die Schlagbäume unterlaufen.«

Am ausrinnenden Nationalstaat festhalten zu wollen wäre
zwecklos, meint Evers. »Eine zukunftsfähige Demokratie
braucht nicht ein, sondern mehrere neue Gefäße, größere,
kleinere, andere.« Europäisierung von Regelungszusammen-
hängen und Steuerungsmechanismen, Dezentralisierung und
Neuordnung von Mitbestimmungs- und Entscheidungsebe-
nen kamen den Vätern der europäischen Idee nicht in den
Sinn, weil sie noch von ganz anderen Prioritäten ausgingen.
»Plus jamais la guerre entre nous«, das war Ende der vierziger
und Anfang der fünfziger Jahre die entscheidende Begründung für die europäische Integration. Die damaligen Archi-
tekten des europäischen Hauses hatten zwei fürchterliche
Weltkriege hinter sich. Nie mehr, so war ihr Credo, sollten die
Völker Europas übereinander herfallen. Die Voraussetzungen
für den Frieden waren Verständigung und Freundschaft. Die
Teilung Europas und der Kalte Krieg erhöhten den Druck von
außen und schweißten zusammen. Die freien Staaten des
Kontinents brauchten ein einiges und damit starkes (West-)
Europa, um der sowjetischen Bedrohung widerstehen zu können. Die Ost-West-Konfrontation ist inzwischen längst Geschichte und Krieg zwischen den Mitgliedern der Europäischen Union eine mehr als unwahrscheinliche Vorstellung.
Die Notwendigkeit der europäischen Integration ist jedoch
zum Ende des Jahrhunderts nicht geringer geworden, als sie
es in der Mitte des Jahrhunderts war. Allerdings haben sich die
Begründungen gewandelt.

Globale Entwicklungen, von den internationalen Finanzmärkten über die Bedrohung unserer natürlichen Lebensgrundlagen bis hin zu Fragen der Weltbevölkerung und der
Sicherheit, verlangen in wachsendem Maße Steuerung oder
zumindest Beeinflussung. Kooperation über nationale Grenzen hinweg, wo immer und wie intensiv auch immer möglich,
ist also die konsequente Alternative zu einer nationalen Allzu-

ständigkeit, die sich zunehmend als unzulänglich erweist. Der Traum jedoch, daß eine derartige neue globale Ordnung, idealtypisch auf dem Reißbrett entwickelt, sich quasi perfektionistisch von oben, also durch die Vereinten Nationen organisieren und durchsetzen ließe, wird wohl noch lange ein solcher bleiben. Es wird auf absehbare Zeit bei den unvollkommenen und unvollständigen Lösungen bleiben, von denen die europäische nicht nur am weitesten gediehen ist, sondern sich in der Tat immer mehr zum attraktiven Modell entwickelt.

Von allem, was in der Welt geschieht, sind wir mehr oder minder unmittelbar mitbetroffen. Regionale Waffengänge, Hungerkatastrophen, separatistische und ethnische Auseinandersetzungen, ja schon die Existenz eines Wohlstandsgefälles lösen Migrationen in bisher nicht gekanntem Ausmaß aus. Die revolutionäre Entwicklung von Informations- und Kommunikationstechnologien ist einer der entscheidenden Gründe dafür, daß Fluchtbewegungen Ziele haben, nämlich jene Länder, in denen – wie die Fernsehwerbung verheißt – Milch und Honig fließen müssen. Hier wiederholt sich ein Lernprozeß in den westlichen Demokratien, der dem unserer heimischen Medienpolitiker sehr ähnelt, die ja auch vor eineinhalb Jahrzehnten erst einmal begreifen mußten, daß noch so schöne Landesrundfunkgesetze die Abstrahlung von Fernsehsendungen durch Satelliten nicht verhindern können. Nur daß es sich heute nicht um kulturhoheitliche Unterdrückung von Vielfalt, sondern um eine zunehmende Interdependenz von Stabilitätsrisiken handelt. Das ist das Neue: Ökonomische und ökologische Entwicklungen, Fragen der Friedenssicherung oder der innenpolitischen Stabilität, der Kurssturz an den asiatischen Börsen oder das unaufhaltsame Wandern der Sahelzone, die Proliferationsprobleme der GUS-Staaten oder der Terror in Algerien – die Entwicklungen in allen Teilen dieser Welt gehen auch alle anderen unmittelbar an.

In einer solchen Situation ist die europäische Integration nicht länger nur zur inneren Friedenssicherung notwendig, zur

Sicherung unserer Wettbewerbsfähigkeit und zur Gewährleistung unserer äußeren Sicherheit, was für sich genommen schon als Begründung mehr als nur ausreichte. Das Spannende, Zukunftsweisende am Projekt Europa ist die modellhafte Verbesserung der Möglichkeiten zur Steuerung globaler Prozesse. Wenn die Europäer ihr Potential noch stärker bündeln, effektiver zusammenfassen, effizienter einsetzen und zur Geltung bringen, als das bisher schon der Fall ist, können sie über den europäischen Bereich hinaus bei der Konstruktion eines Netzwerks globaler Ordnungssysteme mitwirken – und selbst ein besonders stabiler Teil davon werden. Diese Aufgabe, die der Gestaltung eines Flickenteppichs ähnelt, eröffnet die einzige realistische Option, bereits in absehbarer Zeit zu wenigstens einigermaßen funktionierenden, globalen Steuerungsverfahren zu kommen.

Ein Organismus wie die Europäische Union ist dabei geeignet, die Spitze der Bewegung zu bilden. Maßstab für Konzentration und Bündelung der Kräfte in diesem Sinne ist die tatsächliche Handlungfähigkeit der europäischen Politik nach innen wie nach außen. Vorrangig betroffen sind jene Felder klassischer staatlicher Souveränität, auf denen nicht erst jetzt, sondern in Wahrheit seit dem Beginn der Nachkriegszeit kein europäisches Land mehr für sich allein Problemlösungskompetenz hatte und hat. Auf sie kommt es aber bei der Herstellung eines globalen Steuerungszusammenhangs besonders an: Wirtschaft, innere Sicherheit und äußere Sicherheit. Je stärker in diesen Bereichen die Integration voranschreitet, desto tragfähiger und reißfester kann und wird der Flicken sein, den der europäische Webstuhl zu dem neuen, weltumspannenden Teppich sich überlappender Regelungszusammenhänge beisteuern kann.

Exempel Euro: Knotenpunkt für das globale Netzwerk

Am weitesten fortgeschritten ist die europäische Integration zweifellos auf wirtschaftlichem Gebiet. Nach vielen kleineren und größeren Schritten im Laufe der letzten vier Jahrzehnte ist die Vollendung des europäischen Binnenmarktes zum 1. Januar 1993 die vorläufige Krönung eines langen Prozesses gewesen, der von einer reinen Freihandelszone über den Gemeinsamen Markt zur Schaffung der Wirtschafts- und Währungsunion führte und damit die richtige Antwort auf die Herausforderungen wachsender weltwirtschaftlicher Verflechtung gab. Durch die Realisierung des Binnenmarktes, in dem es einen nahezu freien und ungehinderten Verkehr von Waren, Dienstleistungen, Personen und Kapital gibt, haben die Europäer einen der größten Wettbewerbsvorteile ausgeglichen, den sowohl – traditionell – die USA als auch, nach rasantem Aufstieg, Japan gegenüber den Staaten Europas hatten. Der Binnenmarkt als wirtschaftliches Fundament der Europäischen Union wäre aber ohne die Weiterentwicklung zu einer Wirtschafts- und Währungsunion mit einer gemeinsamen Währung ein fragiles Gebilde geblieben. Die integrierten Volkswirtschaften wären ohne die EWU trotz aller Handelsverflechtungen den Wechselkursschwankungen ihrer jeweiligen nationalen Währungen in zwar unterschiedlicher Intensität, aber gleichwohl im Prinzip ungeschützt ausgesetzt. Zwar bilden Wechselkursverbände wie das EWS, die für die beteiligten Länder feste Wechselkurse untereinander vorschreiben, bereits einen wirksamen Abfederungsmechanismus gegen Währungsturbulenzen. Dennoch sind sie kein Bollwerk gegen die Versuchung, in Zeiten konjunktureller Abwärtsbewegungen wirtschaftliche Einbrüche durch Abwertungsalleingänge aufzufangen, was wiederum andere stets zu protektionistischen Maßnahmen verleiten wird. Die Abschottung nationaler Wirtschaftsräume wäre aber der Tod des Binnenmarktes. Eine gemeinsame, einheitliche Währung bannt diese Gefahr.

Sie markiert den *point of no return,* an dem der Binnenmarkt nicht mehr rückgängig zu machen ist, ebensowenig wie die europäische Integration.

Damit ist einer der wichtigsten Gründe für ein ebenso kühnes wie zukunftsweisendes, ein ebenso kühl kalkuliertes wie visionäres Projekt genannt. Es hat in der Geschichte kein Vorbild, ist gleichsam eine historische Pionierleistung. Deshalb liegt es in der Natur der Sache, daß es dagegen Einwände gegeben hat und gibt, auch ernstzunehmende Bedenken. Doch in der nüchternen Abwägung der Vorzüge und guten Gründe, die für den Euro sprechen, gegen die Zweifel hat die Waage sich eindeutig zugunsten der gemeinsamen Währung gesenkt.

Natürlich sind die komplexen Zusammenhänge, aus denen sich die Notwendigkeit der Währungsunion ergibt, für viele nicht oder nur unzureichend nachvollziehbar. Sie spüren zwar, daß diese Entscheidung irgendwie richtig ist. Aber was sie konkret bedeutet, was für Folgen sie hat, darüber herrscht nach wie vor viel Unsicherheit. Ihre Fragen sind schlicht: Wird der Euro uns Vorteile bringen? Wird er auch wirklich stabil sein? Wird mir damit auch nichts genommen? Die Politik darf sich um verständliche Antworten darauf nicht drücken. Sie darf vor allem nicht in kleiner parteipolitischer Münze rechnen und mit opportunistischem Gerede diffuse Ängste schüren, um sie parteipolitisch zu nutzen. Besorgnisse ernst nehmen, das ja; aber Unsicherheiten absichtsvoll bestärken, das beweist nicht Führungs-, sondern Zerstörungskraft. Eine »kränkelnde Frühgeburt« hätte kein verantwortlich handelnder Politiker einleiten dürfen, und wer dennoch meint, die gemeinsame europäische Währung so charakterisieren zu müssen, der plappert entweder populistisch wider besseres Wissen dummes Zeug – oder er handelt politisch fahrlässig, wenn er dem Projekt dennoch zustimmt.

Eine gemeinsame Währung stärkt nachhaltig Europas Wettbewerbsposition gegenüber anderen Konkurrenten. Das hat unmittelbar etwas mit der Sicherung vorhandener und der

Schaffung neuer Arbeitsplätze zu tun. Durch die Steigerung unserer Leistungsfähigkeit im europäischen Zusammenschluß können wir vor allem mit den dynamischen Wachstumsmärkten Asiens und Amerikas besser Schritt halten. Der Wettbewerbsposition des Standorts Deutschland in Europa verschafft die Währungsunion durch die Beseitigung der Wechselkursrisiken im Binnenmarkt einen ganz spezifischen Vorteil: Knapp zwei Drittel unserer Exporte gehen heute in andere Mitgliedsländer der Europäischen Union. Künftig müssen die Unternehmen also nicht mehr fürchten, daß gerade erreichte Rationalisierungserfolge und Produktivitätssteigerungen quasi über Nacht durch eine Aufwertung der D-Mark beziehungsweise die Abwertung anderer europäischer Währungen gleich wieder zunichte gemacht werden. Allein dadurch werden Millionen von Arbeitsplätzen in Deutschland sicherer.

Ein weiteres entscheidendes Argument für den Euro betrifft seine schützende Außenfunktion. Getragen von dem großen europäischen Binnenmarkt macht die gemeinsame Währung die europäischen Volkswirtschaften gegenüber Turbulenzen an den internationalen Finanzmärkten weniger verwundbar. Dort ist das globale Dorf längst Wirklichkeit: Wenn es in der einen Hütte kriselt, läßt das auch die entfernteren nicht unberührt. Wie sehr wir selbst in unseren alltäglichen Erfahrungen von Währungskrisen und den Ausschlägen an den internationalen Finanzmärkten unmittelbar betroffen sein können, zeigt das Beispiel des mexikanischen Peso-Desasters vor einigen Jahren: Über die Turbulenzen an den Märkten hat es dazu geführt, daß der Milcherzeugerpreis für die Landwirte in Deutschland innerhalb weniger Wochen um fast zehn Pfennige gesunken ist. Und um einen aktuellen Fall zu nennen: Die Frage, ob die Finanzkrise in Asien bewältigt werden kann, hat auch Auswirkungen auf unser wirtschaftliches Wachstum und den Arbeitsmarkt in Deutschland, weil der plötzliche Rückzug von Kapital und Investoren verheerende Wirkungen entfalten müßte. Je besser und nachhaltiger die von solchen Finanzbeben ausgehenden Erschütterungen aufgefangen und abgefedert werden können – und genau das leistet eine starke, gemeinsame europäische Währung –, desto eher lassen sich unsere Abhängigkeit von Entwicklungen in anderen Teilen der Welt und unsere Verletzbarkeit mildern.

Wer die komplizierte weltwirtschaftliche Realität des vergangenen Jahres genauer untersucht, der wird, sofern er nicht mißgünstig ist, sich der Erkenntnis nicht verschließen können, daß wir von den Auswirkungen der Finanz- und Wirtschaftskrise in Südostasien weit heftiger getroffen worden wären, wenn wir nicht durch den Maastricht-Prozeß unsere Immunität gegen solche Entwicklungen schon spürbar gestärkt hätten. Das Exempel des asiatischen »Tigersterbens« hat auch unbedarfteren Zeitgenossen die Augen dafür geöffnet, wie eng vernetzt, wie interdependent die Welt mittlerweile ist.

Es zeigte aber auch, wie wichtig vertrauensbildende Rahmensetzungen in der Finanz- und Wirtschaftspolitik für das Engagement von Investoren sind. Freie Finanzmärkte und Auslandskapital sind ein Schlüssel zu Wachstum und Beschäftigung. Aber es kann einem schon unbehaglich zumute werden in Anbetracht der Volatilität, die heute an den Märkten herrscht und die, so scheint es, einen Teil des Nutzens offener und freier Finanzmärkte wieder zunichte machen könnte. Die enormen Summen, die heute bewegt werden, die technisch bedingte Unmittelbarkeit der Transaktionen – Stichwort »real time information« – und die geringen Transaktionskosten haben die Volatilität generell erhöht. Und so sinnvoll offene und freie Finanzmärkte für die effiziente Allokation der Kapitalströme auch sein mögen, ihre negativen Begleiterscheinungen verschlechtern mitunter nicht nur die Chancen auf Wachstum und Arbeitsplätze, sie können, etwa in Entwicklungsländern, auch zu einer Gefahr für Freiheit und Demokratie werden, wenn sie die Anpassungsfähigkeit im realwirtschaftlichen Sektor überfordern.

Hier wird geradezu dramatisch deutlich, warum wir so dringend neue Steuerungsmechanismen und Regelkreise im globalen Maßstab brauchen. Die Gefahr, daß die Ideen offener Märkte, des Freihandels und des Privateigentums durch die hohe Volatilität selbst diskreditiert werden könnten, läßt sich mit einer besseren Überwachung der Finanzinstitutionen und einer stärkeren Unterstützung multilateraler Institutionen wie des IWF vorläufig leider nur unzureichend bannen. Deshalb sollte eine größere Stabilität wenigstens zwischen den wichtigsten Währungen der Welt unser vorrangiges Ziel sein. Aus europäischer Sicht steht dafür der Euro, dessen Einführung dazu beitragen wird, daß die Wechselkurse zwischen den wichtigsten Währungen sich künftig in ruhigeren Bahnen bewegen. Für Europa und insbesondere für Deutschland kann dies nur von Vorteil sein.

Der in Maastricht begonnene Prozeß, der am 1. Januar 1999 mit der Einführung der gemeinsamen Währung seinen Abschluß findet, trägt also aus mehrerlei Gründen zur Stabilität bei, in Europa und weltweit. Dies ist vielleicht die wichtigste Botschaft für die Menschen, die dem Euro skeptisch gegenüberstehen: Er wird so stabil sein wie die Mark – aber darüber hinaus weniger verwundbar.

Die Tatsache, daß die D-Mark schon seit Jahren, nach dem Dollar und noch vor dem Schweizer Franken und dem japanischen Yen, die angesehenste internationale Reservewährung ist und weltweit als »safe haven« höchstes Ansehen genießt, hat die Deutschen nach der totalen Katastrophe des Zweiten Weltkriegs zu Recht auch ein wenig mit Stolz erfüllt. Ich habe keinen Zweifel, daß der Euro mindestens den gleichen Reservestatus erreichen wird, und zwar aus dem einen Grund, der so viele Menschen umtreibt: weil er, wie die Mark, ein Musterbeispiel an Stabilität sein wird. Wer aufmerksam die Reaktionen vor allem in Amerika auf das Kommen des Euro verfolgt, der erkennt, daß die USA inzwischen – nachdem sie das Projekt der gemeinsamen europäischen Währung jahrelang milde

172

belächelt und nicht sehr ernst genommen hatten – genau darin die größte Herausforderung sehen: Der US-Dollar wird in Kürze nicht mehr gleichsam automatisch die Weltreservewährung Nummer eins sein – er bekommt europäische Konkurrenz.

Der Verlust an währungspolitischer Souveränität ist für jede Nation ein schwerwiegender Einschnitt. Daß die Deutschen, die nach den Katastrophen dieses Jahrhunderts viel Symbolhaftes mit der Mark verbinden, diese Cäsur besonders tief empfinden müssen, braucht man nicht eigens hervorzuheben. Das Wissen um die neue Währung, um ihre Notwendigkeit und ihre Vorteile, läßt sich durch Aufklärungs- und Informationskampagnen sicher kräftig mehren. Das Unbehagen, die Unsicherheit gegenüber dem Neuen wird erst der praktische Umgang mit dem Euro reduzieren können. Am liebsten würden die Menschen erst einmal zehn Jahre Erfahrung mit dem Euro sammeln, um in diesem Licht ihr Urteil abgeben zu können. Leider ist eine solche »Ehe auf Probe« nicht möglich. Um so mehr kommt es darauf an, Vertrauenskapital zu schaffen, und damit darf man nicht erst am Tag der Einführung des Euro beginnen. Hier hat die Bundesregierung dank der unermüdlichen und zähen Beharrlichkeit von Helmut Kohl und Theo Waigel die entscheidende Bedingung bereits geschaffen: die Durchsetzung und vertragliche Verankerung strenger, stabilitätsorientierter Finanzpolitik in den Ländern, die der Währungsunion angehören wollen. Es sind alle nur denkbaren Vorkehrungen getroffen, um zu verhindern, daß aus dem Euro eine weiche Währung wird.

Entgegen allen professoralen Kassandrarufen beweist der Blick auf die nüchternen Zahlen und die Märkte, daß die strengen Stabilitätsvorgaben ihre Wirkung längst entfalten. In den Jahren 1970 bis 1982 hatte Deutschland eine durchschnittliche Inflationsrate von 5,1 Prozent. Das war die Zeit, in der die Sozialdemokraten Verantwortung für die Regierungspolitik trugen. Seit 1982 – also mit Beginn der Regierungszeit von Helmut Kohl – sank die Preissteigerungsrate in Deutschland deutlich. Selbst der nach der Wiedererlangung der staatlichen Einheit unvermeidliche, vorübergehende Anstieg der Inflation konnte den bis dahin erreichten niedrigen Durchschnitt nicht über 2,1 Prozent heben. Inzwischen ist die Preissteigerungsrate in Deutschland im Schnitt unter zwei, in Westdeutschland zeitweise sogar auf unter ein Prozent gesunken. Das hat niemand nach der deutschen Einheit für möglich gehalten. Viele Sachverständige, die 1990 mit Sorgenfalten auf der Stirn vorhergesagt haben, die D-Mark könne und werde nicht stabil bleiben, haben sich kräftig getäuscht. Es sind übrigens zum Teil dieselben Leute, die uns später einreden wollten, die Kriterien des Maastricht-Vertrages würden niemals erfüllt und der Euro könne keine stabile Währung werden.

Dieser hinsichtlich der spezifischen deutschen Situation alles andere als selbstverständliche Stabilitätserfolg ist aber, und das ist nahezu sensationell, kein singuläres Phänomen im inflationsscheuen Deutschland, sondern ein gesamteuropäisches. In früheren Jahren gab es in vielen europäischen Ländern stets höhere Inflationsraten als in der Bundesrepublik. Noch beim Abschluß des Maastricht-Vertrags im Jahre 1991 betrug die durchschnittliche Preissteigerungsrate in der Europäischen Union ungefähr sechs Prozent. Seither ist sie unter dem Druck der Stabilitätskriterien im Maastricht-Vertrag auf unter zwei Prozent gesunken. Die strengen Auflagen für den Teilnehmerkreis an der Währungsunion werden dafür sorgen, daß das eine nachhaltige Entwicklung ist.

Europa ist also bereits im Vorfeld der Währungsunion zu einer Stabilitätsgemeinschaft zusammengewachsen. Dies ist die übereinstimmende Botschaft der Konvergenzberichte, die die Europäische Kommission und das Europäische Währungsinstitut vorgelegt haben. Zu diesem Ergebnis kommt auch die Deutsche Bundesbank in ihrer Stellungnahme zur Konvergenzlage in der EU. Der Stabilitätskurs, den Deutschland unbeirrt von allen widrigen Anmutungen in manchen

Partnerländern verfolgt hat, ist inzwischen zum *common sense* in allen europäischen Ländern geworden. Er war die Voraussetzung für die Bereitschaft, den von Bundesfinanzminister Theo Waigel vorgeschlagenen Stabilitäts- und Wachstumspakt im vergangenen Jahr in Amsterdam zu unterzeichnen, der gleichsam zur »Geschäftsgrundlage« für die Finanzpolitik der Mitgliedsländer geworden ist und dessen ehrgeizige Ziele über die des Maastricht-Vertrages noch hinausgehen.

Diese selbst von vielen Euro-Enthusiasten in dieser Stringenz nicht erwartete Stabilitätsentwicklung beweist im übrigen, daß die gemeinsame Währung nicht nur politisch, sondern auch und gerade ökonomisch wohlbegründet ist. Denn wenn sich bereits im Vorfeld ihrer Einführung solche Erfolge einstellen, zeugt das von einer durchschlagenden Wirksamkeit der festgelegten Kriterien und der Mechanismen zur Sicherstellung ihrer Einhaltung. Besorgnisse, es werde eine weiche Währung über Europas Bürger kommen mit all ihren klammheimlich enteignungsgleichen Wirkungen für die sparsamen kleinen Leute, sind folglich nachweisbar unbegründet.

Die Europäische Zentralbank, der künftige Hort der Stabilitätswächter, ist in ihrer Unabhängigkeit und Stärke dank der unerbittlichen deutschen Bemühungen noch besser ausgestattet als die Deutsche Bundesbank, deren harter Kurs selbst im ordo- bis neoliberalen Expertenlager, von Lafontaine gar nicht zu reden, oftmals als währungspolitischer Rigorismus Anstoß fand. Die verschiedenen wirtschafts- und finanzwissenschaftlichen Schulen mögen das Maß des Notwendigen und Erträglichen unter sich ausdiskutieren, für den Bürger ist die Botschaft, daß der Euro dem opportunistischen Zugriff politischer Ratschlüsse entzogen bleibt, die entscheidende, weil vertrauensbildende.

Nun wäre es unredlich zu behaupten, die Einführung des Euro sei völlig frei von irgendwelchen Risiken. Natürlich kann heute noch niemand ganz genau wissen, wie stabil er in zehn Jahren sein wird und wie sich das Verhältnis zwischen unabhängiger Europäischer Zentralbank, den Regierungen der Nationalstaaten und der Europäischen Kommission in der Praxis entwickeln wird. Zwar sind alle Voraussetzungen geschaffen, damit auch langfristig unliebsame Überraschungen so gut wie möglich ausgeschlossen sind. Aber Vorhersagen, das wußte schon Mark Twain, sind immer schwierig, besonders für die Zukunft. Auch wäre es falsch, dem Eindruck Vorschub zu leisten, der Euro sei die Patentlösung für alle unsere Probleme. Das ist er sicher nicht. Aber er wird einiges leichter und einfacher machen, und seine Einführung wird vor allem den Innovationsdruck auf die an der Währungsunion beteiligten Volkswirtschaften beträchtlich erhöhen. Wer also seine Modernisierungshausaufgaben bisher nur unwillig erledigt hat, wird sehr schnell unter den Druck der Binnenmarktrealitäten geraten, die Sünden wider die Wettbewerbsfähigkeit rasch und schmerzhaft bestrafen dürften.

Auch dieser Mechanismus wirkt bereits, und zwar in doppelter Hinsicht. An den Daten und dem Vergleich der nationalen Politiken läßt sich ablesen, wie eng Europa wirtschafts- und finanzpolitisch sowie in der Einschätzung der Märkte seit 1992 schon zusammengerückt ist. Die Inflationsraten in den einzelnen Ländern der EU sind dafür nur ein Beispiel. Ein anderes sind die Schuldenstände. Bezogen auf das Bruttosozialprodukt, haben sie sich in nahezu allen Teilnehmerländern verringert, zum Teil erheblich. Auch das Zinsniveau in Europa hat sich angeglichen und bewegt sich auf einem historischen Rekordtiefstand. Einen Rückfall in bequeme Schuldenmacherei verbietet nicht nur der Stabilitätspakt; ein solches Vorgehen empfiehlt sich auch deshalb nicht, weil es mit einem Schlag die Vertrauensbasis in die Nachhaltigkeit konsolidierender Haushaltpolitik vernichten würde. Und darauf, das ist die weitere Konsequenz, reagieren die Märkte allergisch. Sie haben die gemeinsame Währung zum größten Teil bereits antizipiert und in ihren Auswirkungen vorweggenommen; sie haben Vertrauen zum Euro und seiner innovationsfördernden Kraft. Wehe dem, der dieses Vertrauen enttäuscht.

Das Verhalten nahezu aller europäischen Regierungen, deren Länder die Aussicht hatten, zur Gründungsriege des Euro zu gehören, war deshalb seit den Beschlüssen von Maastricht zunehmend von wirtschaftlicher Vernunft geprägt und am Ziel der Geldwertstabilität ausgerichtet. Die anderen haben in ihrem Sog und angetrieben von dem Wunsch, so früh wie möglich mit dabeisein zu können, ungeheure Anstrengungen unternommen, die man zum Beispiel im Falle Italiens gar nicht hoch genug einschätzen kann. Einschneidende, mutige Konsolidierungspolitik in den öffentlichen Haushalten war jedenfalls zuvor in vielen unserer Partnerländer nicht der Normalfall. Eine Politik des »leichten Geldes« und ungezügelter Staatsausgaben ist zumindest keine erstrebenswerte Alternative mehr. In diesem Zusammenhang ist auch die Feststellung von Bedeutung, daß Frankreich, Belgien, Luxemburg, die Niederlande, Dänemark, Finnland und selbst Irland in den vergangenen sechs Jahren fast durchgehend noch niedrigere Preissteigerungsraten erzielt haben als Deutschland. Die Inflation in Italien liegt heute unter zwei Prozent – gemessen an dem, wofür Italien immer stand, eine Sensation.

Übrigens hat ein Land wie Großbritannien, das nie einen Hehl daraus gemacht hat, daß es, wenn überhaupt, erst viel später der Währungsunion beitreten werde, daraus nicht die Konsequenz gezogen, weniger Stabilitätspolitik betreiben zu müssen. Im Gegenteil: Auch die Briten waren von Anfang an ehrgeizig bemüht, die Maastricht-Kriterien auf jeden Fall zu erfüllen. Das ist von der Kommission in ihrem Konvergenzbericht inzwischen sogar aktenkundig als Tatsache festgestellt worden. Und der britische Schatzkanzler hat sogar kurz nach dem Amtsantritt der Labour-Regierung die Unabhängigkeit der nationalen Notenbank verkündet – keine leichte Entscheidung, wenn man sich das britische Verständnis von der Rolle der Bank of England vor Augen hält. Außerdem hat Premierminister Tony Blair seither kaum eine Gelegenheit versäumt, im Ausland deutlich zu machen, daß der Beitritt Groß-

177

britanniens ziemlich rasch nach dem Start der Währungsunion zu erwarten sei. Daheim hält sich Blair mit solchen Einlassungen eher zurück, weil ihm das Versprechen eines weiteren Referendums wie ein Klotz am Bein hängt. Doch an den
wichtigsten Finanzplätzen der Welt, insbesondere in Asien,
wird er um so deutlicher.

Der Grund für dieses auf den ersten Blick widersprüchliche
Verhalten ist handfestes Eigeninteresse angesichts der Erwartungen der Finanzmärkte. Denn startet die Währungsunion
am 1. Januar 1999 ohne eine relativ präzise und so kurz wie
möglich bemessene Beitrittsperspektive Großbritanniens, werden die Märkte in ihrer bereits jetzt dokumentierten Einschätzung, daß der Euro ein Erfolg wird, den Standort Verei-
nigtes Königreich und den Finanzplatz London in ihrer Gunst
ziemlich rasch herabstufen, weil die Musik fortan anderswo
spielt. Außerdem wäre ein Rückzug der ausländischen Direkt-
investitionen, insbesondere aus Japan und den USA, für Großbritannien eine Katastrophe. Da es an diskreten, aber dennoch
deutlichen Warnungen einschlägiger Finanzkreise offenbar
nicht gefehlt hat, versucht Blair, durch beruhigende Botschaf-
ten an den richtigen Stellen für die notwendige Klarheit zu sorgen. Die schon vorweggenommene Attraktivität eines der
künftig größten integrierten Finanz- und Bankenmärkte in
einem von Stabilitätskultur geprägten Wirtschaftsraum ver-
fehlt jedenfalls auch auf ein höchst zögerliches Großbritannien
seine Wirkung nicht.

Die Dämme gegen alte Versuchungen sind also ziemlich stabil, und dafür, daß sie nach Inkrafttreten der Währungsunion
brechen könnten, spricht nichts. Im Gegenteil. Die Lohnent-
wicklung in der Europäischen Union ist schon lange moderat
und dürfte es auch vorerst bleiben. Die weltweit beispiellose
Unabhängigkeit der Europäischen Zentralbank ist fest zementiert. Ja, die von manchen beklagte Tatsache, daß ihr eine
politische Zentralgewalt, vergleichbar einer nationalen Regierung, (noch) nicht gegenübersteht, wird jedenfalls ihre Unabhängigkeit de facto noch zusätzlich stärken.

Die Finanzmärkte haben auch da die Erwartungen schon vorweggenomen. Da niemand mit steigenden Inflationsraten nach Einführung des Euro rechnet, konnten sich die Kapitalmarktzinsen offenbar dauerhaft auf einem historisch niedrigen Niveau einrichten. Hinweise darauf, daß sich daran in naher Zukunft etwas Gravierendes ändern könnte, gibt es nicht. Das aber bedeutet zusammengefaßt: Weder vom Geldangebot noch von der Geldnachfrage, noch von den Erwartungen der Märkte über die Entwicklung beider Größen, also weder von der Ausgangslage noch von der Entwicklungsperspektive her zeichnet sich ein, gemessen an seiner Binnenkaufkraft, weicher Euro ab.

Man muß gerade denen, die sich eine dem Namen nach soziale Politik auf die Fahnen geschrieben haben und in der Regel der Geldwertstabilität im Vergleich zu Wohlfahrtsgesichtspunkten mindere Priorität einräumen, auch jetzt wieder ins Stammbuch schreiben: Stabiles Geld, niedrige Preissteigerungsraten und niedrige Zinsen sind die beste Sozialpolitik. Zum einen ist eine solche Politik günstig für Wachstum, Beschäftigung und Arbeitsmarkt. Zum anderen sind es gerade Rentner, Sparer und Menschen mit niedrigem Einkommen, die darauf angewiesen sind, daß das Geld seinen Wert behält. Man darf deshalb weder die erzielten Stabilitätserfolge noch die neue europäische Stabilitätskultur unterschätzen, gerade in ihrer sozialen Auswirkung für alle Schichten der Bevölkerung.

Daß das von den Menschen nicht überall gleich positiv anerkannt wird, hängt mit den bereits erwähnten Unsicherheiten gegenüber dem Neuen zusammen. Aus ihnen resultierte auch die in der Demoskopie deutlich ablesbare Neigung, die Einführung des Euro wenigstens zu verschieben, wenn sie schon nicht zu vermeiden ist. Dieser auch bei anderer Gelegenheit immer wieder durchschlagende menschliche Reflex, grundsätzlich zwar dafür oder mindestens nicht dagegen zu sein, dann aber, wenn es konkret wird, Entscheidungen lieber auszuweichen, die man in ihrer Tragweite nicht genau einzuschätzen vermag oder die Besitzstände tangieren könnten, dieser Reflex ist eine grandiose Versuchung für politische Rattenfänger und schreckliche Vereinfacher. Obwohl eine Mehrheit in den aktuellen Meinungsumfragen dagegen war, obwohl deutlich war, daß man den Menschen etwas zumutet, ist die Entscheidung für die Europäische Währungsunion dennoch getroffen worden. Darin beweist sich Führungstärke: Wenn man auch gegen Widerstände das Notwendige durchzusetzen vermag, weil man weiß, daß es richtig ist. Die CDU hat unter Führung von Bundeskanzler Helmut Kohl diesen Führungsauftrag verantwortlicher und gestalterischer Politik immer wahrgenommen.

Das neue globale Ordnungsmuster erfährt mit diesem visionären Modell Euro einen enormen Qualitätssprung. Europas Wettbewerbsfähigkeit wird gestärkt in einer Phase der Weltwirtschaft, in der sich immer neue regionale Zusammenschlüsse wie MercOsur in Südamerika, der Asean-Pakt in Südostasien und Nafta in Nordamerika bilden. Die ersten Gespräche über einen kontinentalen Zusammenschluß von MercOsur und Nafta zur größten Freihandelszone der Welt haben in diesem Jahr stattgefunden. Die Zahl der Teilnehmer an der Weltwirtschaft hat sich in den letzten zwanzig Jahren verdoppelt. Mit China, Indien und den Staaten Mittel- und Osteuropas treten vierzig Prozent der Weltbevölkerung neu in die internationale Arbeitsteilung ein. Zwar gibt es schon seit Jahrhunderten Handelsströme zwischen den Kontinenten, aber noch vor 25 Jahren haben wir unter dem Begriff Weltwirtschaft im wesentlichen nur die OECD-Staaten Nordamerikas, Westeuropas und Japan verstanden – der Rest der Menschheit lebte entweder in der abgeschlossenen »Zweiten« Welt sozialistischer Staatswirtschaften, in der UdSSR, ihren Satellitenstaaten, China und Vietnam, oder in der Dritten Welt, in den Entwicklungsländern.

Innovationsdruck nach innen

Der globale Umbruch findet Europa gewappnet, vorausgesetzt, der äußeren wirtschaftlichen Stärke entspricht eine möglichst umfassende innere Konsistenz und Kongruenz. Insofern erwächst auch der Wirtschafts-, Finanz- und Sozialpolitik eine neue Integrationsqualität. Mit dem Euro erhöht sich der Innovationsdruck, der jedes Mitgliedsland dazu anhalten wird, in seinem Verantwortungsbereich mit Flexibilisierung, Differenzierung und marktwirtschaftlichen Reformansätzen in allen Bereichen den Herausforderungen von technologischem Wandel und Globalisierung zu begegnen. Schon die umfangreichen Reformen der vergangenen Jahre, die in zahlreichen Mitgliedsländern eingeleitete Deregulierung der Arbeitsmärkte, die Öffnung der Telekommunikations- und Energiemärkte, die Zurückdrängung des Staatseinflusses auf allen Ebenen, die Stärkung von Subsidiarität und Eigenverantwortung zeigen, daß nicht nur, aber auch wegen der »Vorauswirkung« der Währungsunion der Wettbewerb um die günstigsten Zukunftsvoraussetzungen nachhaltig belebt werden konnte. Der Satz von Adam Smith behält auch im größeren europäischen Wirtschafts- und Währungsraum seine Gültigkeit: »The best that each country can do for other countries is to keep its own economy in shape.«

Mit Blick auf die europäische Einigung im allgemeinen und die gemeinsame europäische Währung im besonderen wird man jedoch sehr präzise darauf zu achten haben, daß die beschriebenen ökonomischen Vorteile, die wir durch den Euro gewinnen, nicht durch falsche ordnungspolitische Entscheidungen – gerade auch auf europäischer Ebene – wieder zunichte gemacht werden. Die Integrationsdynamik wächst durch die gemeinsame Währung ganz zweifellos, doch das bedeutet nun nicht, daß alles vereinheitlicht oder über einen Kamm geschoren werden müßte. Der einheitliche europäische Wohlfahrtsstaat mit gleichen Sozialstandards, gleicher Arbeitslosen-, gleicher Renten-, gleicher Sozial-, Kranken- und Pflegeversicherung für alle ist keine erstrebenswerte Vision. Es mutet schon erstaunlich an, mit welch realitätsferner Verve deutsche Sozialdemokraten für Harmonisierung in diesem Bereich streiten, obwohl sie wissen müßten, daß es utopisch ist, die europäischen Sozialstandards auf deutsches Niveau anzuheben. Wenn das aber nicht geht, heißt Harmonisierung zwangsläufig Absenkung. Das wollen nicht einmal die von den Linken als Lieblingsfeinde auserkorenen »Neoliberalen«. Den europäischen Sozialstaat mit Macht und Brechstange und möglichst schon jetzt schaffen zu wollen wäre also nicht nur unter diesem Aspekt ein verhängnisvoller Fehler. Wer die europäischen Integrationsmöglichkeiten überfordert, fördert ihren Zusammenbruch. Es entspricht vielmehr dem Subsidiaritätsprinzip, eben solche Vereinheitlichungen zu vermeiden, wo sie nicht erforderlich sind. Deshalb wird es in Europa weder ein einheitliches Lohnniveau geben, noch ist die Forderung nach gleichen Löhnen ökonomisch überhaupt sinnvoll. Auch ein Steuersystem, das alles und alle in Europa über einen Leisten schlägt, ist theoretisch vielleicht noch begründbar, praktisch jedoch eine Anleitung zur ökonomischen Verelendung ganzer Regionen.

Die Deutsche Bundesbank hat in ihrer Stellungnahme zum Euro festgestellt: »Letzlich wird die Währungsunion um so besser gelingen, je flexibler die Güter-, Finanz- und Arbeitsmärkte sind.« Daraus ergibt sich ein klarer Zusammenhang zwischen den Vorteilen, die aus der Schaffung der gemeinsamen Währung erwachsen, und den Reformen in den einzelnen Nationalstaaten, in Deutschland ebenso wie bei vielen unserer Nachbarn. Beides bedingt sich gegenseitig. Deshalb ist es auch ausgesprochen töricht, auf Baisse spekulierend notwendige Reformen zu verweigern oder populistisch Beifall heischend zu versprechen, bereits durchgesetzte zukunftssichernde Reformen zurückzunehmen. Beides treibt Kosten in die Höhe und verwehrt arbeitsuchenden Menschen eine bessere Chance auf Beschäftigung.

Wer die sofortige Harmonisierung aller Standards in der Europäischen Union fordert, der wird weder Fortschritte erreichen noch Zukunft gewinnen, sondern allenfalls Erreichtes gefährden. Wir sind für Flexibilität, für Deregulierung und für Wettbewerb. Doch das bedeutet zunächst, die optimalen Bedingungen erst einmal auf der nationalen Ebene herzustellen. In diesem Rahmen ist dann jedes Land frei, sich für die Standards zu entscheiden, die mit seiner Wettbewerbsfähigkeit vereinbar sind. Lafontaine und seine SPD-Streiter täuschen über diesen Zusammenhang hinweg. Ihre Forderung nach Harmonisierung soll letztlich davon ablenken, daß erst die Reformen im eigenen Land durchgeführt werden müssen. Darum aber drückt sich die Linke.

Langfristig ist ordnungspolitisch sehr genau zu prüfen, in welchen Bereichen einheitliche Regelungen wünschenswert oder notwendig – in manchen Bereichen auch unverzichtbar – sind und wo sie kontraproduktiv wären, weil sie die Vielfalt Europas ebenso gefährden würden wie seine Wettbewerbsfähigkeit. Exemplarisch kann man das an drei Bereichen zeigen: Steuersystem, Sozialsystem und Umweltpolitik.

Es wird, vermutlich sogar kurzfristig, erforderlich sein, die Verbrauchssteuern europaweit zu harmonisieren, ebenso – im Zeichen globalisierter Finanzmärkte – die Besteuerung von Kapitaleinkünften. Im Zusammenhang mit Steueroasen, die ja nicht nur ein Problem der Besteuerung von Einkünften aus Kapitalvermögen sind, wird man sich zudem der Frage stellen müssen, ob der im letzten Ecofin vereinbarte Ansatz von Fairneßabkommen, der, systematisch gesehen, sicherlich in die richtige Richtung weist, ausreichend sein kann. Solange aber nicht mehr erreichbar ist, ist »Fairneß« richtig, auch im Sinne der noch nicht perfekten Lösung, die Gestaltungsspielraum für Verbesserungen eröffnet. Es spricht im übrigen viel dafür, daß die europaweite Übereinstimmung letzten Endes nicht ausreicht, sondern daß es im Hinblick auf die globale Realität der Finanzmärkte für eine wirklich sinnvolle und effiziente Regulierung auch globaler Übereinkünfte bedarf.

Ganz anders sieht es im Bereich der direkten Steuern, also insbesondere bei der Lohn- und Einkommensteuer aus. Diese müssen – etwa nach dem Vorbild der Schweiz und ihrer Kantone – auch weiterhin nationalstaatlichen Regelungen vorbehalten bleiben, schon weil man nicht Regionen mit ansonsten schlechten Standortbedingungen die Chance nehmen darf, ihre Nachteile über niedrige Steuersätze auszugleichen. Ähnliches gilt auch für die Frage sozialrechtlicher Regelungen.

In diesen zentralen Bereichen gibt es – und das soll man nicht verschweigen – grundsätzliche Auffassungsunterschiede zwischen der Bundesregierung und der Opposition, leider auch zwischen Deutschland und der gegenwärtigen französischen Regierung. Dabei ist dann die Frage, ob man Beschäftigungspolitik zu Hause oder anderswo macht, gar nicht die entscheidende. Entscheidend ist vielmehr das Grundverständnis von sozialer Marktwirtschaft und Tarifautonomie. Die Sozialdemokratie in Deutschland und leider auch die Regierung Jospin glauben, daß der Staat durch möglichst viel Regulierung möglichst viel erreichen könne. Ich glaube das nicht, sondern bin vom Gegenteil überzeugt.

Die Auffassung, daß mehr staatliche Einflüsse am Ende bessere Ergebnisse für den Arbeitsmarkt, für die soziale Sicherheit und für den wirtschaftlichen Wohlstand der Menschen erbringen, stammt aus der Steinzeit eines interventionistischen »Allzuständigkeitglaubens«. Das Beispiel der DDR und ihrer trostlosen Hinterlassenschaft sollte auf Dauer abschreckend wirken. Im übrigen ist unsere Staatsquote ohnehin schon zu hoch; weitere Lenkungsaufgaben würden sie noch weiter in die Höhe treiben. Deshalb ist die einzig richtige Konsequenz, den Staat so wenig wie nur möglich regeln zu lassen. In Deutschland gibt es Tarifautonomie, und das ist gut so. Also liegt die Verantwortung für den Arbeitsmarkt nicht in erster Linie bei der Politik, sondern bei den Tarifpartnern. Entließe man sie aus dieser Verantwortung, wären unweigerlich falsche Entscheidungen die Folge. Die Ausweitung der Zuständigkeit des Staates wäre folglich auf europäischer Ebene ebenso falsch, wie sie es auf nationaler ist.

Das Argument, nur durch staatliche Reglementierung lasse sich ein verhängnisvoller Wettlauf in Europa verhindern, an dessen Ende die Menschen überhaupt keine Steuern und Abgaben mehr bezahlen müßten, die EU aber ebenso wie die nationalen Regierungen pleite wäre, ist unlogisch. Der SPD-Vorsitzende Lafontaine, der dieser Lehre anhängt und sie mehrfach bei Debatten auch im Deutschen Bundestag vertreten hat, sieht zum Beispiel im Zusammenhang mit der Einkommen- und Körperschaftsteuerreform die Gefahr, daß unter dem europäischen Konkurrenzdruck die Menschen immer weniger für den Fiskus berappen müssen. Abgesehen davon, daß das doch exakt im Sinne von Lafontaines Konsumstärkungstheorie nach keynesianischem Muster sein müßte, sind Realität und Wahrnehmung genau umgekehrt. Zur Zeit stöhnen die Menschen in Deutschland nicht wegen zu niedriger, sondern wegen zu hoher Steuern und Abgaben. Von Wettlauf ist da keine Spur, wohl aber von Wettbewerb, den wir nicht verlieren dürfen.

Nun ist die Lafontainesche Vorstellung, daß man diesem Wettbewerb durch eine Art internationaler, zumindest aber europäischer Kartellabsprache ausweichen, ihn vielleicht sogar außer Kraft setzen könne, nicht nur Wunschdenken, sondern grundfalsch. Es wäre, selbst wenn so etwas zustande käme, ohnehin nichts anderes als ein Projekt zur Förderung von Reformunfähigkeit und zur Betonierung ineffizienter Strukturen. Was daran in die Zukunft weisen soll, ist mir völlig schleierhaft. Daß es nicht unser Interesse sein kann, im Wettbewerb um Produktionsanteile, Investitionen und Lohnkosten auf das Wohlstands- und Sozialniveau ärmerer Länder in Europa oder gar in der Welt abzusinken, sollte eigentlich gar nicht der Erwähnung wert sein. Das wäre im übrigen dann jener ominöse Wettlauf, vor dem Lafontaine immer glaubt warnen zu müssen. Er findet aber schon deshalb nicht statt,

185

weil auch die anderen Staaten in Europa weder Sozial- noch Lohndumping betreiben, sondern vielmehr ihren Verstand und ihre Kreativität einsetzen, um mit Vernunft und Augenmaß die nötigen Modernisierungen durchzuführen und den Boden für Innovationen zu bereiten. Das geschieht freilich nicht durch ein Mehr an, sondern im Gegenteil durch einen gezielten Abbau von Reglementierungen. Unser Weg in Deutschland ist der gleiche, auch wenn er von der SPD heftig bekämpft wird. Manchmal hat man tatsächlich den Eindruck, die deutschen Sozialdemokraten seien die letzten ihrer Art in Europa, die noch an die heilbringende Funktion der nächsthöheren zentralistischen Einheit glauben.

Das ist – um Mißverständnissen vorzubeugen – kein Plädoyer gegen größere Regelungszusammenhänge. Daß sie sinnvoll und auch zunehmend notwendig sind, ergibt sich schon aus der Beschleunigung der globalen Veränderungen, die neue Steuerungsmechanismen und entsprechende Zuordnungen auch institutioneller Art erforderlich machen. Aber das ist eben nicht zentralistisch zu verstehen, sondern dezentral im Sinne unterschiedlicher, sich auch überlappender Ebenen, die jeweils ihre Verantwortung und Kompetenzen wahrnehmen. Im Grunde ist diese moderne Abwandlung des klassischen Subsidiaritätsprinzips das einzig zukunftsweisende Ordnungsmuster, das im europäischen Modellbaukasten seine »Serienreife« erlangen könnte, wenn wir nicht vorher von einer ungebremst wuchernden, anonymen Zentralbürokratie totreglementiert werden. Die in diesem Zusammenhang sich ergebenden demokratischen Legitimationsfragen werden ausführlich im nächsten Kapitel behandelt.

Kleine Einheiten, Dezentralisierung und mehr Flexibilität sind auf der europäischen Ebene besser durchsetzbar, wenn sie auf der nationalen bereits Realität sind. Deswegen führt es kaum zum Ziel, Subsidiarität immer nur in Europa zu fordern, wenn sie zu Hause ein Fremdwort bleibt. Bei der Frage zum Beispiel, wie man mehr Beschäftigung erreicht, prallen die

Lehrmeinungen hart aufeinander. Die Staatsgläubigen mit ihrer besonders starken deutschen Fraktion in Gestalt der SPD verweisen außer auf die eigene Regierung auch auf Europa – Brüssel, die Kommission und die Räte –; diese Gremien müßten Beschäftigungspolitik betreiben. Das dabei häufig ins Feld geführte Argument, Europa sei ja ohnehin verantwortlich, weil die gemeinsame Geldpolitik künftig durch die unabhängige Europäische Zentralbank gemacht werde, führt zum Kern des ordnungspolitischen Dissenses: Wer Beschäftigungspolitik als funktionale Variante von Geldpolitik versteht, fördert nicht Beschäftigung, sondern sprengt die Unabhängigkeit der Zentralbank. Beschäftigungspolitik kann also, um erfolgreich zu sein, immer nur die Setzung von Rahmenbedingungen durch die staatliche Ebene und deren tatsächliche Ausfüllung durch die nächstkleineren Ebenen bedeuten. Die deutsche Sozialpartnerschaft ist dafür ein weltberühmtes Beispiel. Wer hingegen die Verantwortung immer weiter nach oben delegiert, schafft allenfalls Fässer ohne Boden, aber mit Sicherheit keine Arbeitsplätze.

Die Funktion der Europäischen Währungsunion ist deshalb in diesem Zusammenhang nicht mehr, aber auch nicht weniger als die einer Rahmenbedingung, wenngleich einer ganz entscheidenden, denn die mit ihr verbundenen wirtschaftlichen Vorteile entfalten – zwar nicht von heute auf morgen, aber mittelfristig – unbestreitbar positive Arbeitsmarkteffekte. Diese werden aber nur dann dauerhaft sein können, wenn der Versuchung widerstanden wird, das Problem der Arbeitslosigkeit mittels einer Politik anzugehen, die auf noch mehr Abgaben und noch mehr bürokratische Regulierungen hinausläuft, wie es die Linke in Deutschland und leider auch die sozialistische Regierung in Frankreich fordern. Damit ist – entgegen manchen Behauptungen – die Krise auf dem Arbeitsmarkt weder schneller noch besser zu lösen.

Ein solcher Weg ist vielmehr grundfalsch, weil er hemmt statt befreit; weil er vorgeblich perfekte Lösungen ansteuert, die in Wahrheit ineffizient sind, statt freigesetzte Kräfte die angemessene Lösung selbst finden zu lassen. Natürlich ist es hilfreich, die nationalen Wirtschafts- und Beschäftigungspolitiken in der EU besser zu koordinieren. Der EU-Beschäftigungsgipfel in Luxemburg im vergangenen November war ein wichtiger Schritt in diese Richtung. Eine Beschäftigungspolitik »alten Stils« jedoch darf es und wird es auf europäischer Ebene nicht geben. Das ist in Luxemburg noch einmal bestätigt worden – auch wenn das Gegenteil in Deutschland von manchen kurzsichtig gefordert wird.

Auf dem Feld von Verbraucherschutz, Gesundheits- und Umweltregelungen wird zunächst eine Kombination aus Ursprungsprinzip und Mindeststandards sinnvoll sein. Mittel- und langfristig sind jedoch größere Harmonisierungen unausweichlich. Am Beispiel der Umweltpolitik und hier insbesondere in der Frage der Energiebesteuerung läßt sich das am besten zeigen. Die Umweltprobleme, mit denen wir heute konfrontiert sind – Treibhauseffekt, Klimaveränderungen, Lücken in der Ozonschicht, Versteppung, Waldschäden –, entziehen sich nationalen Lösungen. Schadstoffe in der Luft oder im Wasser machen nun mal vor Grenzpfählen nicht halt. Die ökologische Herausforderung ist eine Herausforderung im Weltmaßstab und kann nachhaltig auch nur im Weltmaßstab angenommen und bestanden werden.

Diese Erkenntnis gewinnt mehr und mehr an Überzeugungskraft: Weltweit wächst die Bereitschaft zu gemeinsamem Handeln. Die UN-Konferenz von Rio de Janeiro, auf der sich 178 Staaten auf ein Aktionsprogramm zum Schutz des Klimas und der Arten verständigt haben, hat 1992 das Startsignal gegeben. Es ist ein schönes Beispiel dafür, wie sich das globale Netzwerk allmählich verdichtet und funktioniert. Auch wenn die Folgekonferenz von Kyoto im vergangenen Dezember nicht alle Erwartungen erfüllt hat, so hat sich doch gezeigt, daß ein einiges Europa auch gegen erhebliche Widerstände selbst der USA Fortschritte im Umweltschutz durchsetzen kann.

»Global denken, vor Ort handeln« – das bedeutet, daß Erfolge im Kampf um das ökologische Gleichgewicht auf dieser Erde nur erzielt werden können, wenn jedes Land das ihm Mögliche auch auf nationaler Ebene tut. Die Umweltpolitik der unionsgeführten Bundesregierung braucht da keinen Vergleich zu scheuen. Sie redet nicht nur, sondern hat beharrlich gehandelt und handelt weiter, national und international, auch wenn Ökologie einmal gerade nicht *en vogue* erscheint. Die Erfolge können sich weltweit sehen lassen: Rauchgasentschwefelung, Katalysator, verbesserter Wärmeschutz, Stopp der FCKW-Produktion, CO_2-Minderungsprogramm, schadstoffbezogene Kraftfahrzeugsteuerreform – allesamt Meilensteine auf dem Weg zu mehr Umweltschutz.

Eine konsequente Politik der Ressourcenschonung und des effizienten Energieeinsatzes ist ein immerwährendes Bemühen und darf sich nie auf errungenen Lorbeeren ausruhen. Hinter einem erreichten Ziel tauchen stets neue auf. Die CO_2-Emissionen sollen nach unserem Willen bis zum Jahr 2005 um 25 Prozent reduziert sein. Gelingt uns das, werden neue Zielmarken gesetzt. Das gilt auch für unsere Absicht, den Anteil der erneuerbaren Energien an der Stromerzeugung – Biomasse, Solarenergie, Wasser- und Windkraft – bis zum Jahr 2010 zu verdoppeln. Der technische Fortschritt wird dafür sorgen, daß damit nicht das Ende dieses Weges erreicht ist. Eine EU-weite Schadstoffminderung bei Kraftfahrzeugen steht ebenso auf der Agenda wie die rasche Einführung des Fünf- und des Drei-Liter-Autos.

Damit ist eine ganze Reihe wichtiger Schritte und Vorhaben beschrieben, die national getan und vorangetrieben werden können und zugleich Auswirkungen auf die europäischen Umweltstandards entfalten werden. Gleichwohl zeigt sich auch hier das in einem früheren Kapitel angesprochene Grundproblem, daß der Einsatz marktwirtschaftlicher Instrumente im Vergleich zu punktuellen Regelungen, die wiederum bürokratische Kontrollmechanismen erfordern, eher unterentwickelt ist. Je größer die Zusammenhänge werden, desto weniger kann man allein mit Geboten und Verboten nachhaltig regeln. Deshalb ist der Grundgedanke, daß um so mehr Umweltschutz stattfindet, je attraktiver die Vorteile sind, die daraus gezogen werden können, für alle Regelungsebenen richtig. Der dafür jeweils erforderliche Ordnungsrahmen kann hingegen unterschiedlich ausfallen.

Unter ökologischen Gesichtspunkten heißt das: Unser Steuer- und Abgabensystem macht gerade das besonders teuer, was wir am dringendsten brauchen, nämlich Arbeitsplätze. Dagegen ist das, woran wir sparen müssen, nämlich Energie- und Rohstoffeinsatz, zu billig. Ein Unternehmer wird stets versuchen, seinen Faktoreinsatz zu optimieren. Wenn der Faktor menschliche Arbeit dadurch, daß er in besonders starkem Maße mit Steuern und Abgaben belastet ist, sehr teuer wird, besteht ein hoher Anreiz, ihn einzusparen und Menschen durch Maschinen zu ersetzen. Während im Bereich von Arbeit und Produktion die Knappheitsrelationen künstlich zuungunsten des Faktors Arbeit verzerrt sind, werden im Bereich von Energie- und Ressourcenverbrauch die tatsächliche Knappheit der natürlichen Resourcen sowie die negativen externen Effekte ihres Konsums (Umweltverbrauch, Umweltschäden, soziale und gesundheitliche Folgekosten) wirtschaftlich unterbewertet. Die Energiepreise sagen, ökologisch gesehen, nicht die Wahrheit.

Dieses Ungleichgewicht auszutarieren wirkt sich deshalb positiv sowohl auf die Beschäftigungssituation als auch auf die Senkung der Umweltbelastung aus. Der Einsatz des Faktors Arbeit müßte also durch eine Senkung der Lohnzusatzkosten relativ verbilligt, der Energie- und Rohstoffverbrauch durch eine schrittweise Anpassung der Energiepreise dagegen relativ verteuert werden. Das hat allerdings mit der primitiven Vorstellung, das eine sei durch das andere zu finanzieren, nicht das geringste zu tun. Das wäre im marktwirtschaftlichen Sinne auch ziemlicher Unsinn. Wenn das soziale Sicherungssystem zukunftswirksam bleiben soll, muß die Ausgabendynamik verlangsamt werden. Daran führt kein Weg vorbei, und darüber darf keine Umfinanzierung hinwegtäuschen.

Die gundsätzlichen Einwände gegen eine Verteuerung des Ressourcenverbrauchs sind sicher ernst zu nehmen, aber letztlich nicht durchschlagend. So trifft es zwar zu, daß der nationale und internationale Wettbewerb die Unternehmen zwingt, schon aus eigenem Interesse Energieträger und andere Ressourcen so effizient und sparsam wie möglich einzusetzen, was dazu geführt hat, daß das Potential für zusätzliche Einsparungen mittlerweile eher begrenzt ist. Das bedeutet zugleich, daß die Preisschwelle für Einsparinvestitionen beziehungsweise für den Einsatz alternativer Energieträger heute so hoch liegt, daß Energieverteuerungen schon ein beachtliches Ausmaß erreichen müssen, um Substitutionsprozesse in großem Stil auszulösen. Trotzdem setzt jede – auch bescheidene und schrittweise – Verteuerung des Energieeinsatzes einen Anreiz zumindest für ein zeitliches Vorziehen entsprechender Substitutionsmaßnahmen, ist also auch im industriellen Bereich keineswegs wirkungslos – vom privaten Bereich mit seinen relativ höheren Sparpotentialen ganz zu schweigen.

In einem nationalen Alleingang ist eine solche Aufgabe allerdings nicht zu lösen. Wenn dadurch nämlich nur in Deutschland Energie teurer würde, die Unternehmen daraufhin im internationalen Wettbewerb nicht mehr konkurrenzfähig produzieren könnten und Arbeitsplätze in Nachbarländer verlagert würden, wo dasselbe unter für die Umwelt weniger günstigen Bedingungen produziert wird, dann wäre nichts gewonnen – für die Arbeitsplätze nicht und für die Umwelt auch nicht. Wer Umwelt gegen Arbeitsplätze ausspielt, der hat verspielt.

Deshalb kann – was zugegebenermaßen nicht ganz einfach durchzusetzen ist – die Lösung dieser Aufgabe nur im europäischen Rahmen erfolgen, nicht nur wegen der Vermeidung von Wettbewerbsverzerrungen, sondern auch wegen des grenzüberschreitenden Charakters von Umweltbelastungen. In Betracht kommt dabei europaweit entweder die Einführung einer aufkommens- und wettbewerbsneutral ausgestalteten CO_2/Energiesteuer oder, als intelligentere Variante, die Einführung eines erhöhten Mehrwertsteuersatzes für den Energieverbrauch. Eine höhere Mehrwertsteuer auf Energieträger wie Mineralöl, Erdgas, Kohle und Strom hätte den Vorteil, daß die Unternehmen nicht zusätzlich belastet würden, da sie die Mehrwertsteuer als Vorsteuer abziehen können, so daß die Mehrbelastung im wesentlichen von den Verbrauchern zu tragen wäre. Die Bundesregierung hat der EU-Kommission einen entsprechenden Vorschlag gemacht. Leider mahlen Europas Mühlen häufig langsam, bei Steuerharmonisierungen sowieso, solchen mit Umweltrelevanz erst recht. Gleichwohl wird die Währungsunion vieles erzwingen, was heute noch als nahezu aussichtsloses Unterfangen gilt.

Sicherheit als Gemeinschaftsprojekt

Manche Kritiker der Währungsunion haben im Vorfeld der Einführung des Euro beklagt, die Entscheidung sei eine politische. Da kann man nur zurückfragen: Ja, was denn sonst? Natürlich ist die Währungsunion, wie die vorangegangenen Ausführungen deutlich gemacht haben, auch und nicht zuletzt ökonomisch wohlbegründet und erforderlich. Dennoch entspringt sie einem eindeutigen politischen Willen. Das Recht, eine eigene Währung auszugeben, ist eines der originärsten politischen Rechte überhaupt. Wer es freiwillig zugunsten einer neuen, gemeinsamen Währung aufgibt und damit ein wesentliches Stück seiner Souveränität opfert, muß dafür schon triftige Gründe haben. Die ökonomischen Vorteile wiegen sicher schwer, aber entscheidend ist der erklärte Wille zur politischen Union, die ja ohnehin die ursprüngliche Vision war. Natürlich wäre ein Fahrplan, der erst die politische Union und dann die gemeiname Währung vorsieht, unter Legitimationsgesichtspunkten der bessere gewesen. Da aber, was sich frühzeitig abzeichnete, eine politische Union noch nicht im wünschenswerten Umfang herzustellen ist, andererseits der globale Veränderungsdruck stetig zunimmt und nach neuen ökonomischen Antworten verlangt, war es richtig, mit der ökonomischen Union zu beginnen, um auf diesem Weg auch die Dynamik im Prozeß der politischen Integration zu verstärken.

Das hat vielen nicht gefallen, weil natürlich auf der europäischen Ebene mit ihren Institutionen ein nicht zu leugnendes demokratisches Legitimationsdefizit besteht und unter diesem Gesichtspunkt die Einführung einer gemeinsamen Währung einen Schönheitsfehler aufweist. Andersherum wird aber auch ein Schuh daraus: Der Euro erhöht den Druck, auch institutionelle Reformen voranzutreiben, weil seine Einführung sowohl den Mangel an demokratischer Legitimation bloßlegt als auch das Erfordernis politischer Handlungsfähigkeit erhöht. Institutionelle Reformen wiederum schaffen mehr Effizienz und begründen mehr Legitimation. Auf diese Weise wird die Vertiefung der politischen Union, insbesondere die Entwicklung einer gemeinsamen Außen- und Sicherheitspolitik, erleichtert. »L'Europe se fera par la monnaie ou ne se fera pas – Europa wird eins durch die Währung oder gar nicht«. Dieser Satz von Jacques Rueff beschreibt treffend die Bedeutung der Währungsunion auf dem Weg zu einem umfassend politisch handlungsfähigen Europa.

Wirtschaftlicher Erfolg, innere und äußere Stabilität hängen untrennbar zusammen. Das fällt dann nicht auf, wenn alles im Lot ist. Doch ist eines dieser wesentlichen Elemente gestört, geraten auch die anderen aus dem Gleichgewicht. Es zählt zu den großen Ernüchterungen, daß mit dem Ende des Kalten Krieges und der Überwindung des Ost-West-Gegensatzes nicht der ewige Friede ausgebrochen ist. Wir leben in einer Welt, in der zu den traditionellen zwischenstaatlichen Konflikten eine Vielzahl von Gefährdungen auch jenseits des Militärischen dazugekommen ist: Internationaler Terrorismus, grenzüberschreitende organisierte Kriminalität – Drogenhandel und Geldwäsche –, Umweltkrisen, Seuchen, Menschenhandel, Proliferation und eine Völkerwanderung neuen Typs erzwingen geradezu mehr gemeinschaftliches Handeln, in welchen Konstellationen bis hin zur UNO auch immer. In den letzten Jahren ist die Zahl derjenigen Regimes, die mit Terroristen gemeinsame Sache machen und die Grundprinzipien der Völkergemeinschaft mißachten, eher größer geworden. Wie soll man dem begegnen, um inneren und äußeren Frieden zu sichern? Die Nationalstaaten sind, auf sich allein gestellt, in immer höherem Maße überfordert, wenn es darum geht, darauf eine geeignete Antwort zu geben. Der europäische Zusammenschluß ist deshalb auch für die innere und äußere Sicherheit die richtige und sinnvolle Alternative.

Die neuen Sicherheitsrisiken sind teilweise von so komplexer Art, daß sich zwischen inneren und äußeren kaum noch unterscheiden läßt. Sie gebieten gemeinsames Handeln auf europäischer Ebene. Kooperation und Integration sind dabei aus ähnlichen Gründen unverzichtbar, aus denen sie auch im Blick auf die globalen Wirtschaftsfragen zum Tragen kommen: Die Problemlösungkompetenz entspricht immer weniger dem hergebrachten Souveränitätsideal des Nationalstaats. Professionelle Verbrecherringe, seien es Drogenkartelle, Waffenschieber, Autoknackerbanden, Mädchenhändler, Einbruchsbanden oder auch auf Wirtschaftsdelikte spezialisierte Täter, nutzen sämtliche modernen Kommunikationsmöglichkeiten und operieren weitgehend grenzüberschreitend. Ohne eine verstärkte Zusammenarbeit der Polizeien, auch der Nachrichtendienste, ohne eine höhere, auch grenzüberschreitende Mobilität und ebenfalls grenzüberschreitende Kompetenzen, ist innere Sicherheit künftig nicht mehr zu gewährleisten. Europa steht da nicht erst am Anfang. Durch den Vertrag von Amsterdam ist das Schengener Abkommen Bestandteil der

EU-Verträge geworden. Europol befindet sich im Aufbau, wenn auch der Weg zu einer Art »europäischem FBI« nach wie vor mit vielen Reißnägeln, gefertigt aus nationalen Ressentiments, bestreut ist. Aber die ersten entscheidenden Schritte sind gemacht.

Sie ergeben übrigens nur dann wirklich einen Sinn, wenn allgemein akzeptiert wird, daß ohne den Einsatz aller technischen Möglichkeiten unsere Polizei den Profi-Verbrechern hoffnungslos unterlegen bleiben muß. Ein hinreichendes Maß an »Waffengleichheit« ist deshalb unverzichtbar, nicht im Sinne einer Philosophie der Abschreckung, die in der Zeit des Kalten Krieges schließlich zur Entstehung des nuklearen Patts führte, sondern um optimale Reaktionsfähigkeit auf kriminelle Aktivitäten zu gewährleisten. Dabei schließen die neuen Dimensionen des internationalen Verbrechens durchaus auch Szenarien wie möglichen Nuklear-Terrorismus oder den Einsatz von biologischen und chemischen Waffen ein. Der Giftgasanschlag auf die U-Bahn von Tokio durch die Aoum-Sekte vor wenigen Jahren war ein deutliches Warnsignal in diese Richtung, ebenso wie die jüngst aufgedeckten Arsenale biologischer Waffen in den Händen von Extremisten in den USA.

Aber nicht allein diese »größten anzunehmenden Verbrechen« sind das Problem, Schwierigkeiten bereitet vor allem die teilweise rückständige Ausstattung der Polizei im Einsatz gegen den internationalen Normalfall. Gegenwärtig konzentriert sich der Wettlauf zwischen Verbrechern und ihren Jägern in Polizei und Geheimdiensten vor allem auf die Nutzung von Informations- und Kommunikationstechnologie. Zwar hantiert die Polizei nicht mehr nur mit Schreibmaschine und Telex. Aber allein die kaum kontrollierbaren Kommunikationswege über Computer, E-mail und Handys, die natürlich mit ihren jeweils neuesten technischen Möglichkeiten von professionellen Gangstern virtuos genutzt werden, stellen jede Polizeibehörde, die Jahre benötigt, um ein veraltetes Computersystem zu ersetzen, vor ungeheure Probleme. Da fehlt die »Waffengleichheit«.

Professionelles Verbrechen ist heute praktisch ausnahmslos grenzüberschreitend. Europäisch oder international operierende Verbrecher kann man erfolgreich nur europäisch oder international, jedenfalls nicht nur national bekämpfen. Um eine noch stärkere, auch institutionelle Kooperation wird man also nicht herumkommen; dazu gehört dann nicht nur der regel- und routinemäßige Datenaustausch, sondern sie muß zumindest auf einigen Gebieten – man lernt ja manchmal Bescheidenheit – auch zu echter Integration führen, also zur Schaffung europäischer Standards und gemeinsamer exekutiver Institutionen.

Daß etwa der Aufbau von Europol bei den einzelnen nationalstaatlichen Polizeien, Kriminalämtern und Geheimdiensten auf Hindernisse, Widerstand und Eifersucht stößt, ist wahr. Aber nicht die Renitenz von Behörden, sondern die der Politik ist das Übel. Denn dort wurzelt, unterschiedlich timbriert, noch viel altes Souveränitätsdenken, dem die Vorstellung, nicht mehr unumschränkter Inhaber von Hoheitsrechten zu sein, ein Greuel ist. Vielleicht hilft den Skeptikern der Blick auf die bewährte und gut eingespielte Kooperation in Deutschland zwischen den Polizeien der einzelnen Bundesländer und dem Bundeskriminalamt. Grundsätzlich hüten die Polizeien der Bundesländer eifersüchtig ihre Zuständigkeiten. Bei grenzüberschreitenden Delikten, Verbrechen in großem Stil oder terroristischen Anschlägen kommt es jedoch nicht nur zur Kooperation, sondern der Generalbundesanwalt kann die Ermittlungen ganz an sich ziehen und mit Hilfe des Bundeskriminalamtes weiterverfolgen. Das müßte doch auch auf europäischer Ebene erreichbar sein, zumal es von den sachlichen Notwendigkeiten her keine Einwände geben kann.

In diesem Zusammenhang muß man mit einer Legende aufräumen, die sich in den letzten Jahren in manchen Köpfen festgesetzt hat. Denn es ist eben nicht wahr, daß es dem international operierenden Verbrechen durch den im Schengener Abkommen vereinbarten Wegfall der Kontrollen an den europäischen Binnengrenzen leichter gemacht worden sei. Im Gegenteil, durch die gleichzeitige Verstärkung der Kontrollmaßnahmen an den EU-Außengrenzen ist das Risiko für die organisierte Kriminalität erhöht worden. Die frühere Praxis der Grenzkontrollen, etwa zwischen Deutschland und Frankreich oder auch Italien und Österreich, bildete ja nun weiß Gott kein Hindernis für professionelle Verbrecher. Aber als Diffamierungspotential läßt sich die anderslautende Behauptung natürlich wunderbar nutzen.

Schengen kann allerdings nur funktionieren, wenn die Kontrolle an den Außengrenzen tatsächlich um so sorgfältiger erfolgt. Das ist nicht nur bei der Bekämpfung des internationalen Verbrechens von entscheidender Bedeutung, sondern auch bei Wanderungsbewegungen, die sehr schnell zu einem Problem der inneren Sicherheit werden können. Ob Flüchtlingsströme oder normale Migration, ob illegale Einwanderung mit oder ohne Schlepperbanden – die nationalstaatliche Lösungskompetenz ist auch hier längst nicht mehr ausreichend. Weil mit zunehmenden Quantitäten automatisch eine Überforderung der Aufnahmebereitschaft und Toleranz für Fremde einhergeht, ist im günstigsten Fall nur der normale Schutzreflex, nämlich die Grenzen abzuschotten, die Folge. Im ungünstigsten Fall hingegen breitet sich Ausländerfeindlichkeit aus mit all ihren üblen Begleiterscheinungen bis hin zu Gewalt und Rassismus. Für die Deutschen liegt darin vor dem Hintergrund der Vergangenheit ein noch heikleres Problem als für andere europäische Länder, um so mehr, als die große Masse von Flüchtlingen, Einwanderern und Asylsuchenden nach Deutschland drängt. Schon in meiner Zeit als Bundesinnenminister habe ich darauf gedrungen, in der Ausländerpolitik ein integratives Konzept zu verfolgen, eine Art Dreiklang von Integration der hier rechtmäßig auf Dauer lebenden ausländischen Mitbürger, Zuzugsbegrenzung und Bekämpfung der illegalen Einwanderung sowie Bekämpfung der Ursachen für Flucht- und Wanderungsbewegungen in den Herkunftsländern. Dieser Mix ist am ehesten geeignet, zum einen die nötigen Steuerungseffekte zu erzielen und zum anderen dadurch die Grundlage für Toleranz zu erhalten. Auf die besonders schwierige deutsche Situation angewendet, war das bisher erfolgreich, wenngleich es immer noch ein wenig besser werden könnte. Warum also diesen Dreiklang nicht auch für die europäische Ebene zum verbindlichen Konzept erheben?

Das Prinzip des Schengener Abkommens – offene europäische Binnengrenzen, gekoppelt mit einer gemeinsamen Verantwortung für die Außengrenzen – verlangt geradezu danach. Erfahrungen wie etwa die an der italienischen Küste, wo die überfüllten Schiffe mit albanischen Flüchtlingen die Verwundbarkeit der innereuropäischen Freizügigkeit offenlegten, sobald Schengen nicht konsequent angewendet wird, haben bei manchen zu Kurzschlußreaktionen der besonderen Art geführt. Der niedersächsische Innenminister forderte unter dem Eindruck der Fernsehbilder sogleich, das Schengener Abkommen auszusetzen. Hätte er die Sache richtig durchdacht, wäre er vielleicht zu dem Ergebnis gekommen, daß es sinnvoller sein könnte, Schengen richtig anzuwenden. Denn was wäre besser oder einfacher geworden, wenn man seinem Rat gefolgt wäre? Das Problem der albanischen Flüchtlinge hätte sich von der europäischen Außengrenze Italiens lediglich an die nationale Grenze Deutschlands verlagert – denn da wollten die meisten Albaner hin. Und dann?

Einmal ganz davon abgesehen, daß ein Aussetzen des Schengener Abkommens wahrscheinlich dessen Ende bedeutet und damit auch den Anfang vom Ende der europäischen Freizügigkeit eingeleitet hätte, lehrt das Albaner-Beispiel, wie wichtig und richtig es für die Schengen-EU (nicht alle Mitgliedsländer der Europäischen Union sind bisher beigetreten!) ist, die Begrenzung des Zuzugs als Gemeinschaftsaufgabe an den Außengrenzen zu begreifen. Es muß ja nicht immer nur Deutschland das Zielland von Wanderungsbewegungen sein. Wenn der algerische Bürgerkrieg eskaliert, hat zum Beispiel

Frankreich die Hauptlast der zu erwartenden Flüchtlings- ströme zu tragen. Es wäre im Sinne europäischer Solidarität je- denfalls nicht in Ordnung, wenn man sich auf den Standpunkt stellte, daß die Italiener an der Adriaküste oder auch die Deut- schen an ihrer Ostgrenze die Arbeit für andere mitzuerledigen haben, ansonsten aber daraus keine Konsequenzen für die La- stenverteilung zu ziehen wären. Das gilt erst recht im Blick auf die Osterweiterung, nach deren Vollzug man schwerlich zum Beispiel den Polen einseitig die großen Lasten der Grenz- sicherung aufbürden kann.

Das Prinzip einer europäischen Lastenteilung muß, da Eu- ropa bei aller notwendigen und berechtigten Sorge um die Sicherung seiner Außengrenzen nicht zur Festung werden darf – und dies auch nicht werden wird –, natürlich auch für die beiden anderen Bestandteile des Dreiklangs, also Integra- tion und Bekämpfung der Wanderungsursachen, gelten. Inte- gration kann nämlich nicht heißen, die Menschen dorthin gehen zu lassen, wohin sie wollen, und dann das jeweilige Land mit der Integrationsaufgabe allein zu lassen. Es gehört wenig Phantasie dazu, sich auszumalen, welches Land wohl – nach wie vor – das beliebteste Ziel sein wird. Deshalb muß gerade Deutschland darauf insistieren, daß eine quantitative Verteilung von Flüchtlingen und Einwanderern stattfindet, weil sonst ein Rückfall in nationale Restriktionen droht, von finanziellen Auswirkungen einmal ganz abgesehen. Innerhalb der Bundesrepublik, wo entsprechende Regelungen zwischen Bundesländern und Kommunen verhindern, daß unzumut- bare Belastungen und Überforderungen einzelner Regionen entstehen, funktioniert der Verteilungsschlüssel. Warum sollte das auf der europäischen Ebene nicht genauso möglich sein? Voraussetzung dafür ist allerdings eine weitgehende Harmo- nisierung in der Frage der materiellen Versorgung von Flücht- lingen und Zuwanderern – ein gewiß nicht einfaches Thema.

Die dritte der erforderlichen Gemeinschaftsaufgaben be- trifft die verstärkte Kooperation bei der Ursachenbekämpfung von Wanderungsbewegungen. An der Schwelle zum 21. Jahrhundert schaffen dramatische Unterschiede in politischer, wirtschaftlicher, sozialer und ökologischer Hinsicht weltweite Spannungspotentiale, die sich meistens in Migrationsströmen entladen. Die Mobilität von Menschen und Informationen war schon zu den Zeiten der europäischen Entdecker und Eroberer eine der Ursachen für die tiefen Gegensätze und Konflikte, die das Verhältnis sogenannter entwickelter und unterentwickelter Weltregionen bis heute bestimmen. Es ist das Problem der Gleichzeitigkeit des Ungleichzeitigen, des Nebeneinanders traditioneller und moderner Strukturen, Institutionen, Verhaltensformen in Wirtschaft, Gesellschaft und Kultur, das den Entwicklungsproblemen insbesondere der Dritten Welt zugrunde liegt.

Bis vor nicht allzu langer Zeit konnte man sich in den Industrieländern damit beruhigen, daß die Folgen dieses konflikthaften Nebeneinanders hauptsächlich die Menschen in der Dritten Welt zu tragen hatten. Das war schon moralisch nicht in Ordnung, wenn auch bequem. Nun aber hat sich im Zeichen der Globalisierung, der wachsenden politischen und wirtschaftlichen Verflechtung und Interdependenz, die die Welt zum globalen Dorf zusammenwachsen läßt, in dem Entfernungen immer leichter zu überwinden sind, Grenzen ihren trennenden Charakter verlieren, Information und Kommunikation weltweit ausgetauscht werden, die Lage dramatisch geändert. Die allermeisten Bewohner von Kriegs-, Dürre-, Hunger- oder sonstigen Notstandsgebieten wissen durchaus um die vergleichsweise paradiesischen Zustände in der heilen Welt der westlichen Fernsehreklame. Sie wissen also auch, wohin sie ihre Schritte lenken sollen.

Die Armut in der Dritten Welt ist die Wurzel vieler Übel – von der Bodenerosion durch unzulängliche Landbewirtschaftung, der Ausbreitung von Infektionskrankheiten über Drogenanbau und Drogenschmuggel bis hin zu Flüchtlings- und Wanderungsbewegungen. Heute sind auch wir in den entwickelten Industriegesellschaften von der Ungleichzeitigkeit der Entwicklungen bedroht.

Immer mehr Menschen kehren den Entwicklungsländern, die elementare staatliche Aufgaben aus eigener Kraft nicht erfüllen, ihre Menschen nicht ausreichend ernähren, die Folgen von Naturkatastrophen und Umweltschäden nicht beheben und gewaltsame Auseinandersetzungen nicht wirksam verhindern können, den Rücken und suchen anderswo Zuflucht vor lebensbedrohenden Konflikten, vor Hunger und Elend. Die Vereinten Nationen schätzen die Zahl der Bürgerkriegs- und Armutsflüchtlinge weltweit auf über hundert Millionen Menschen, und jährlich kommen über zehn Millionen dazu. Die meisten Flüchtlinge ziehen in die Nachbarländer, was dort häufig neue Spannungen auslöst, und ein wachsender Teil sucht zunehmend Zuflucht in der nördlichen Hemisphäre.

Armut und Unterentwicklung haben Folgen für das ökologische Gleichgewicht auf dieser Erde: Zwar tragen noch immer die Industrieländer die Hauptverantwortung für Luftverschmutzung und Klimabelastung, für die Kontamination der Böden und die Verunreinigung der Gewässer. Aber die Verödung der Böden durch extensive Landnutzung, die Vernichtung der Wälder durch Brandrodung, die Gefährdung des Grundwassers, das sind auch spezifische Probleme der Dritten Welt, deren Auswirkungen auf die natürlichen Lebensgrundlagen ebenso gravierend sind wie das, was die Industriegesellschaften in West und Ost der Umwelt zumuten.

Genauso gibt es einen Zusammenhang zwischen Armut, sozialer Ungleichheit und der Bereitschaft zu gewaltsamen Auseinandersetzungen. Neunzig Prozent aller Kriege in den fünfzig Jahren seit dem Zweiten Weltkrieg haben in Ländern der Dritten Welt stattgefunden. Wenn an der Schwelle zum 21. Jahrhundert den wachsenden Spannungen entgegenwirkt werden soll, dann darf die Kluft zwischen wachsendem Wohlstand und wachsender Armut in dieser Welt nicht nicht noch größer werden. 800 Millionen Menschen sind unterernährt, hungern und verhungern. Und niemand darf angesichts dieses Ausmaßes von Hunger, Not und Elend achselzuckend beiseite stehen; es widerspricht unserem Verständnis von Menschenwürde und Menschenrechten. Wer glaubt, die Probleme seien doch so fern, der täuscht sich: Sie holen uns ganz schnell ein, wenn wir nicht handeln.

Deshalb muß der Kampf gegen die Armut im Zentrum europäischer Entwicklungspolitik stehen, die als wirksames Mittel zur Bekämpfung der Ursachen weltweiter Wanderungsbewegungen ohne Alternative ist. Der Weg, den die Entwicklungspolitik der Bundesregierung seit langem verfolgt, hat sich auch bei unseren Partnern durchgesetzt: Schaffung geeigneter politischer und gesellschaftlicher Rahmenbedingungen für Entwicklung als Voraussetzung für Hilfe, also Beachtung der Menschenrechte, Rechtsstaatlichkeit und Rechtssicherheit, eine sozial ausgerichtete Marktwirtschaft, Entwicklungsorientierung staatlichen Handelns – also Hilfeleistung verstanden als Hilfe zur Selbsthilfe, um den Menschen die Chance zu geben, in absehbarer Zeit auf eigenen Füßen stehen zu können. Dabei wird vor allen Dingen der Faktor Bildung und Ausbildung von ganz zentraler Bedeutung sein, und zwar insbesondere im Hinblick auf die Situation der Frauen – nicht nur wegen des Aspekts der Geburtenkontrolle, der allein schon wichtig genug wäre, sondern vor allem auch zur Befreiung der Frauen aus unwürdigen Abhängigkeiten.

Europäische Entwicklungspolitik sollte allerdings nicht den Weg über die Brüsseler Bürokratie einschlagen, denn das wäre zugleich ihr Ende. Die Ineffizienz der zentralbehördlichen Bemühungen läßt sich am Beispiel des Wiederaufbaus in Bosnien exemplarisch studieren. Was in ferneren Weltregionen unter Brüsseler Kautelen zustande käme, mag man sich erst gar nicht ausmalen. Deshalb kann das richtige, weil wirkungsmächtigere Rezept nur in einer dezentralen Entwicklungshilfe bestehen, für die Arbeitsteilung, Mindestquoten und Leitlinien gemeinsam formuliert werden sollten.

Den Ländern der Dritten Welt die Chance zur Selbsthilfe zu geben – das sagt sich leicht, aber noch immer und nicht überall wird damit ausreichend Ernst gemacht. Das Verhalten der Industrieländer ist nicht frei von Widersprüchlichkeit. Welchen Sinn hat es beispielsweise, den hochverschuldeten Ländern der Dritten Welt durch Schuldenerlaß und Umschuldung mit der einen Hand zu geben, was ihnen mit der anderen Hand durch Handelsrestriktionen wieder genommen wird? Es ist besser, den betroffenen Menschen die Chance zu geben, ihre Schulden aus eigener Kraft zurückzuzahlen, statt ihre Abhängigkeit zu prolongieren. Die Reise des amerikanischen Präsidenten Bill Clinton durch Afrika im Frühjahr war ein Dokument dieser Untugend. Daß die Amerikaner ein Interesse am Handel mit den Staaten Afrikas haben, ist ja in Ordnung. Doch die Nonchalance, mit der dabei die Philosophie der Einbahnstraße vertreten wird, ist schon eindrucksvoll, um so mehr, als die USA sich vornehm aus allen multilateralen Erörterungen einer Steigerung von Entwicklungshilfe zurückzuziehen wissen.

Der freie Welthandel ist sicher die beste Entwicklungshilfe, die sich denken läßt. Deshalb war die vor vier Jahren erfolgreich abgeschlossene Uruguay-Runde des GATT ein Erfolg für die Länder der Dritten Welt. Aber noch immer bleiben Wünsche offen. Insbesondere im Bereich der nicht-tarifären Handelshemmnisse kennt die Phantasie oft keine Grenzen, und gelegentlich vermag niemand mehr zu sagen, was noch legitimer Schutz vor unfairer Konkurrenz ist und wo bereits der blanke Protektionismus beginnt.

Europa muß seine eigenen Antworten auf politische, wirtschaftliche und soziale Fragestellungen zunehmend unter dem Gesichtspunkt prüfen, wie sie sich global auswirken und ob sie als Maßstab für globale Entwicklungen taugen. Vor allem gilt es, das weltweite Netzwerk gegen wachsende Spannungen zu stärken. Deshalb geht es nicht ohne die institutionellen Möglichkeiten, die die Vereinten Nationen für weltweiten Dialog, Konfliktvorbeugung und -begrenzung, Entwicklungshilfe und Umweltschutz bieten. Bei aller Kritik an vielem, was sich in den Vereinten Nationen abspielt oder was sie nicht zustande bringen, kann die Konsequenz immer nur sein, sie zu verbessern und zu stärken.

Ohne staatliche Organisationen, ob in Europa oder in den Vereinten Nationen, lassen sich die Probleme sicher nicht lösen. Aber sie allein vermögen es auch nicht, weil ihnen immer ein bürokratischer Automatismus eigen ist, der dazu tendiert, sich selbst zu genügen, statt effizient die vorgegebenen Aufgaben und Ziele zu bewältigen. Deshalb ist das persönliche Engagement so wichtig, das der Betroffenen in den Entwicklungsländern ebenso wie das der Menschen in unseren Wohlstandsgesellschaften. Die Aktivitäten der Nichtregierungsorganisationen, der Kirchen, der politischen Stiftungen, der Bürgerinitiativen und Selbsthilfegruppen verdienen jede Unterstützung. Sie kennen häufig die Verhältnisse vor Ort besser, die Menschen dort vertrauen ihnen eher, und ihre Möglichkeiten, flexibel zu handeln, sind mit Sicherheit größer als die staatlicher Stellen. Und sie vermögen auch uns satte Wohlstandsbürger eher davon zu überzeugen, daß es letztlich unsere eigene Sache ist, was sich in den Entwicklungsländern abspielt; daß es unangebracht ist, aus einer Position vermeintlich überlegener Kultur und Zivilisation mit Arroganz oder Geringschätzung auf die Schwächeren in dieser Welt herabzublicken. Gegenseitige Anerkennung, der faire Dialog der Kulturen, nicht ihr gewaltsamer Zusammenprall – das hilft uns dann auch im eigenen Land. Und so zeigt sich wieder, daß im Zusammenwachsen dieser Welt nicht in erster Linie Gefahren und Risiken, sondern eben vor allem Herausforderungen und Chancen liegen. Wer auf Freiheit, Menschenrechte, soziale Gerechtigkeit und Toleranz für die Welt von morgen setzt, kann diese hehren Absichten in der Entwicklungshilfe in konkretes Handeln übersetzen.

Entwicklungspolitik zu betreiben heißt auch unvermeidlich,

sich zwischen die Stühle zu setzen. Sie ist, genau betrachtet, ein weiteres schönes Beispiel für nicht perfekte Lösungen, die Gestaltungsspielräume offenlassen, aber eben deshalb nicht immer auf Mark und Pfennig, auf Buchstabe und Komma begründbar sind. Den einen ist alles, was geschieht, zuwenig, sie beklagen stagnierende Haushaltsansätze und mangelndes öffentliches Interesse. Den anderen ist alles zuviel, Entwicklungshilfe ist in ihren Augen zu teuer, wenig wirksam, hinausgeworfenes Geld. Die eine Kritik ist so unberechtigt wie die andere. Daß in einer aufs äußerste angespannten Haushaltslage auch die Entwicklungspolitik einen Beitrag zur Konsolidierung leisten muß, ist unvermeidlich. Im übrigen muß es nicht unbedingt ein Nachteil sein, wenn dadurch die Bemühungen um Evaluierung von Entwicklungshilfeprojekten, um Effizienzsteigerung in der Mittelverwendung im Zeichen der Knappheit öffentlicher Mittel den einen oder anderen zusätzlichen Impuls bekommen. Den Vergleich mit anderen braucht die Bundesrepublik Deutschland ohnehin nicht zu scheuen. Mit über 7,6 Milliarden D-Mark allein aus dem Bundeshaushalt behauptet sie ihre Position als drittgrößtes Geberland der Welt. Rechnet man noch den beachtlichen Beitrag der spendenfreudigen Bürger für kirchliche und private Hilfswerke hinzu, stehen wir noch besser da: Die Nichtregierungsorganisationen leisten aus Eigenmitteln und Spenden immerhin jährlich über 1,5 Milliarden D-Mark Zuschüsse an Entwicklungsländer.

Das Geld ist nicht hinausgeworfen, es ist viel erreicht worden im Kampf gegen Armut und Unterentwicklung. Nichts wäre verkehrter, als immer nur grau in grau zu malen. Die Weltbank kommt in ihrem letzten Bericht zu dem Ergebnis, es habe seit vielen Jahrzehnten nicht derart vielversprechende Chancen für Wachstum und zur Eindämmung von Armut in der Dritten Welt gegeben wie heute. Sie prophezeit den Entwicklungsländern durchschnittliche Wachstumsraten von fünf bis sechs Prozent jährlich bis zum Jahr 2020. Das könnte in den nächsten 25 Jahren den Anteil der Entwicklungsländer an der Weltproduktion glatt verdoppeln und auf ein volles Drittel steigen lassen. Selbst die Gruppe der 47 am schwächsten entwickelten Länder der Erde hat 1996 ein Wirtschaftswachstum von 4,7 Prozent erreicht. Verdoppelt hat sich die Zahl der Länder, die ihre Bevölkerung selbst ernähren können, verdoppelt hat sich die Einschulungsrate in den Entwicklungsländern, und selbst die Bevölkerungsentwicklung dort scheint sich langsam auf ein demographisches Gleichgewicht hin zu entwickeln. Das stimmt ein wenig optimistischer, darf aber nicht darüber hinwegtäuschen, daß die Entwicklungspolitik eine wichtige europäische Aufgabe bleibt, nicht nur, aber eben auch um globale Wanderungsbewegungen zu bekämpfen.

Stabilität als Exportschlager:
Die Osterweiterung der EU

Das prioritäre Interesse daran ergibt sich schon daraus, daß Europa nur dann auf Dauer eine Insel der Stabilität bleiben kann, wenn es in ein relativ stabiles Umfeld eingebettet ist und im übrigen jeden Beitrag dazu leistet, globale Instabilitäten zu verhindern oder wenigstens zu minimieren. Es bringt uns jedenfalls wenig Vorteile, wenn an den Außengrenzen der EU Bürgerkriege toben, Wirtschaftskatastrophen stattfinden und sich autoritär-militante Strukturen festsetzen. In jedem dieser Fälle ist Europa das Ziel massiver Wanderungsbewegungen. Deren Ursachen zu bekämpfen erschöpft sich also nicht nur in Entwicklungshilfe für mehr oder weniger ferne Weltregionen; Ursachenbekämpfung ist vielmehr auch eine wesentliche Komponente der Sicherheitspolitik. Für die Mitglieder der Europäischen Union folgt daraus, daß sie klug beraten sind, die Transformationsprozesse in Mittel- und Osteuropa sowie in Nordafrika und dem Nahen Osten nach Kräften zu unterstützen, um den Menschen dort in ihren Heimatländern Entwicklungsperspektiven aufzuzeigen. Auf dem Weg zu einer gemeinsamen Außen- und Sicherheitspolitik (GASP) ist dabei im Blick auf die mittel-osteuropäische beziehungsweise mediterrane Situation sogar eine nach räumlicher und historischer Nähe differenzierte Arbeitsteilung vorstellbar.

GASP ist nicht nur als Kürzel sperrig, sondern auch in der Realität. Auf diesem Gebiet sind im europäischen Rahmen bisher die geringsten Integrations-Fortschritte erzielt und die größten Enttäuschungen erlebt worden. Dennoch gibt es positive und durchaus vielversprechende Ansätze. Wer GASP resigniert als leere Floskel abtut, ist zumindest voreilig. Natürlich ist es wahr, daß die Europäische Union im Falle des auseinanderbrechenden ehemaligen Jugoslawien und des damit einhergehenden barbarischen Krieges in Bosnien kläglich versagt hat. Es stimmt auch, daß dieses Versagen zu einer schweren Legitimations- und Ansehenskrise der EU geführt hat. Und furchtbar viel Gewicht hat die EU im nahöstlichen Krisengebiet bisher nicht in die diplomatische Waagschale werfen können. Doch manche Dinge wachsen in Europa eben langsamer als andere.

Nach der Bosnien-Pleite kann sich das zarte Pflänzchen gemeinsamer europäischer Außen- und Sicherheitspolitik jetzt bei der Osterweiterung der Europäischen Union besser bewähren und daran wachsen. Mit allen Reformstaaten Mittel- und Osteuropas hat die EU Assoziationsabkommen geschlossen, mit fünf von ihnen (sowie Zypern) sind Beitrittsverhandlungen eröffnet worden. Da das Gebiet der ehemaligen DDR durch den Beitritt zur Bundesrepublik Deutschland bereits seit Oktober 1990 zur EU gehört, wird sich damit dann endgültig einer der Gründungsgedanken der Europäischen Gemeinschaft erfüllen, die nie am Eisernen Vorhang enden sollte, sondern immer als Projekt für ganz Europa gedacht war.

Die europäische Nachkriegserfahrung, daß der Wohlstand aller Beteiligten wächst, wenn auch konkurrierende Industriestaaten miteinander handeln, kann gar nicht oft genug wiederholt werden. Auch auf diese Erfahrung ist schließlich die große Anziehungskraft des Erfolgsmodells Europäische Union auf Außenstehende zurückzuführen. Seit der Zeitenwende 1989/90 will auch der Osten Europas dazu gehören.

Bei uns wird, zumal von denen, die die Osterweiterung allein unter angeblichen Kostengesichtspunkten diskutieren, wie selbstverständlich unterstellt, das primäre Beitrittsmotiv sei der schnöde Mammon: Mittel- und Osteuropa gehe es um einen Platz an den reichhaltig gefüllten Futtertrögen der Agrarpolitik und der Strukturfonds. Doch wer die Diskussion bei den Beitrittskandidaten kennt und häufig Gespräche mit ihnen führt, weiß, daß dies ein sehr oberflächlicher Eindruck ist, der nicht nur die wahre Motivation der Beitrittswilligen verkennt, sondern auch die politische Klarsicht ihrer handelnden Eliten.

Es geht um den Wieder-Anschluß an die europäische Moderne. Davon waren diese Länder in vielen Fällen deutlich länger als seit 1939 abgeschnitten. Nach dem Fall des Eisernen Vorhangs sehen sie ihre neue Chance darin, Teil des Westens, Teil der Europäischen Union zu werden. Dabei machen sich die politischen Eliten keine Illusionen darüber, daß eine vollständige wirtschaftliche Integration ihrer Länder in die EU rasch vonstatten gehen könnte. Das würde weder ihren eigenen Volkswirtschaften bekommen, noch wäre es für die Mitglieder der heutigen EU darstellbar.

Die unter grundsätzlichen Stabilitätserwägungen also richtige und aus historischer Perspektive überfällige Osterweiterung bedarf zu ihrem Erfolg einer Strategie, die auf eine Ungleichzeitigkeit von politischer und wirtschaftlicher Integration hinausläuft: Politisch müssen die Länder Mittel- und Osteuropas so rasch wie möglich integriert werden, was Europa schon seinem eigenen Selbstverständnis schuldig ist. Nur die künstliche Bipolarität der Nachkriegszeit verhinderte, daß alte, geschichtsträchtige europäische Städte wie Prag, Warschau oder Budapest zum Modell Europa dazugehören konnten. Zum ersten Mal seit dem Ende der Nachkriegszeit bietet sich jetzt die Chance, Demokratie, Marktwirtschaft und Menschenrechte auch im östlichen Teil des Kontinents zu verwirklichen und dauerhaft zu etablieren. Es wäre verhängnisvoll, wenn Frieden, Freiheit, Sicherheit und Wohlstand auf den westlichen Teil beschränkt blieben. Denn alles, was bestehende Gräben vertieft, neue aufreißt und Dritte verunsichert, schadet am Ende nur der gemeinsamen Sicherheit. Ostmitteleuropa darf deshalb nicht dauerhaft zur politischen Grauzone werden; unterschiedliche Regionen von Sicherheit in Europa bergen unabsehbare Gefahren.

Die wirtschaftliche Integration kann sich nicht im selben Tempo vollziehen. Für die vollständige Integration der Reformstaaten in den Binnenmarkt und insbesondere in die gemeinsame Währung wird man mit langen Übergangsfristen rechnen müssen, damit das Projekt der Erweiterung wirtschaftlich nicht überfordert wird. Solche Übergangsfristen bis zur vollständigen Integration sind grundsätzlich nichts Neues; es hat sie etwa bei der Süderweiterung der Gemeinschaft schon gegeben, wobei man jedoch berücksichtigen muß, daß die Integrationsdichte damals weniger hoch war als heute und der Binnenmarkt noch nicht vollendet.

Längere Übergangsfristen und verschiedene Zwischenstufen sind auch deshalb angebracht, weil sich auf diese Weise die Akzeptanzprobleme in der Bevölkerung der heutigen Mitgliedsländer allmählich reduzieren lassen. Es ist nicht erstaunlich, daß sich Skepsis und Ablehnung meistens mit Kostenargumenten tarnen. So wünschenswert und sinnvoll die Osterweiterung in politischer Hinsicht auch sein möge, so lautet das am meisten vorgebrachte Monitum, sosehr sei andererseits dieser Schritt für die EU-Mitglieder, deren Unternehmen und Bürger mit enormen finanziellen Belastungen verbunden. Nutzen ortet man allenfalls im sicherheitspolitischen Bereich. Es ist hier im europäischen Rahmen nicht anders als zum Beispiel bei uns in Deutschland im nationalen Reformkontext: Die Angst um den Besitzstand geht um.

Tatsächlich ist die Sorge hinsichtlich der Osterweiterung nicht nur einseitig, sondern auch falsch. Natürlich werden die künftigen EU-Mitglieder zunächst zu den Nettoempfängern in der Union zählen. Sie werden auch deshalb längerfristig auf Transferzahlungen aus dem Gemeinschaftshaushalt angewiesen sein, weil ihr wirtschaftlicher Wohlstand selbst im Falle günstigster Wachstumsprognosen auf absehbare Zeit unter dem der meisten anderen EU-Länder liegen wird. Gleichwohl wird sich insgesamt für die Europäische Union ein erheblicher wirtschaftlicher Nutzen einstellen.

Die Bertelsmann Stiftung hat dazu jüngst eine Studie vorgelegt, die den wirtschaftlichen Nutzen der Osterweiterung in fünf zentralen Punkten zusammenfaßt und die ich im folgenden ausführlich zitieren möchte:

»Schon heute profitiert die EU vom erheblich gestiegenen Handel mit den mittel- und osteuropäischen Staaten. So haben sich die Einfuhren der EU aus dieser Region seit 1989 mehr als verdreifacht, während sich die Ausfuhren sogar vervierfacht haben. Zwar ist der Anteil Mittel- und Osteuropas am gesamten Außenhandel der Union noch relativ gering, doch das Handelspotential ist bei weitem noch nicht ausgeschöpft. Angesichts des weiteren Liberalisierungsbedarfs in Mittel- und Osteuropa werden die Handelsgewinne der EU auch künftig zunehmen.

Die Erweiterung fördert diese Dynamik, da sie die wirtschaftliche Verflechtung zwischen der jetzigen EU und den mittel- und osteuropäischen Staaten erhöht. Die Angleichung der rechtlichen Normen und Verwaltungsvorschriften, der Steuersysteme und der Infrastruktur sowie die höhere Sicherheit für ausländische Investoren wird das wirtschaftliche Wachstum in den neu aufgenommenen Staaten Mittel- und Osteuropas beschleunigen. Dies wird auch die Exportaussichten der westeuropäischen Unternehmen verbessern.

210

Die mit einer EU-Mitgliedschaft verbundenen Transferzahlungen an die mittel- und osteuropäischen Beitrittsländer stellen zunächst zwar eine Belastung für den Gemeinschaftshaushalt dar. Sie wirken aber auch konjunkturbelebend, da mit einem Teil dieser Gelder Einfuhren aus den wohlhabenderen EU-Mitgliedsstaaten finanziert werden.

Der größere Markt wird nicht nur die Absatzchancen, sondern auch die Bezugsmöglichkeiten der EU-Unternehmen erhöhen. Mit ihm sind komparative Vorteile, steigende Skalenerträge sowie der Transfer von Technologien und Know-how verbunden. Gleichzeitig zwingt der größere Markt die heimische Wirtschaft auch zur ständigen Überprüfung ihrer Kosten und Preise, was die Wohlfahrt der Konsumenten (über niedrigere Preise und eine größere Angebotspalette) nachhaltig steigert.

Mit ihren Wachstums-, Wohlfahrts- und Strukturwirkungen verhilft die Osterweiterung der EU zu einer höheren globalen Wettbewerbsfähigkeit. Zahlreiche Indikatoren deuten darauf hin, daß die Union dabei ist, in den dynamischen und zukunftsträchtigen Sektoren der Weltwirtschaft den Anschluß zu verlieren. Im Zeichen europäischer Nabelschau konzentriert sich die innerhalb der EU praktizierte industrielle Arbeitsteilung auf Länder mit hohen Lohnkosten. Niedrige Lohnkosten in Mittel- und Osteuropa bieten Anreize, um arbeitsintensive Produktionen in die unmittelbare geographische Nachbarschaft anstatt in traditionelle Billiglohnländer auszulagern. In vielen Branchen bieten die mittel- und osteuropäischen Länder den EU-Unternehmen jedoch nicht nur preiswerte, sondern auch gut qualifizierte Arbeitskräfte, so daß eine intraindustrielle Arbeitsteilung entstehen kann, die einen komparativen Vorteil für die EU im globalen Wettbewerb bedeutet. Die Eingliederung kostengünstiger Produktionsstandorte in die Union erhöht nicht nur die Sicherheit westeuropäischer Arbeitsplätze, sie erzwingt auch den Übergang zu höherwertiger und technologieintensiver Produktion und damit zur höheren Wettbewerbsfähigkeit.«

Eine ehrliche Kalkulation der Kosten der Osterweiterung muß auch diese positiven wirtschaftlichen Aspekte berücksichtigen. Tut man dies, so wird man feststellen, daß unter dem Strich die tatsächlich anfallenden Nettokosten (Transferleistungen minus wirtschaftliche Nutzeneffekte) weit geringer sind, als dies gelegentlich kursierende Horrorzahlen vermuten lassen. Dies wird um so überzeugender der Fall sein, wenn sich auf den einzelnen Stufen zur vollständigen wirtschaftlichen Integration solche positiven Effekte schon einstellen. Auf diesem Weg wird sich dann die heute vielfach zu hörenden Skepsis und Ablehnung vieler Menschen gegenüber einer Öffnung der EU nach Osten in Akzeptanz für diesen Schritt verwandeln. Im übrigen empfiehlt sich bei krämerseeligen Betrachtungen immer die Frage, was denn die Alternative kosten würde, was also der Preis wäre, wenn Europa langfristig geteilt bliebe – politisch, wirtschaftlich, sozial, ökologisch?

Die Osterweiterung an erster Stelle der außenpolitischen Interessen der EU zu nennen bedeutet jedoch gleichzeitig, mindestens dreierlei mitzubedenken. Erstens, wer die Erweiterung um einige Mitgliedsstaaten betreibt, der muß sich auch Gedanken über sein Verhältnis zu denjenigen Nachbarländern machen, die jetzt oder auch langfristig nicht Mitglied der EU werden können. Zweitens gilt es nicht aus dem Blick zu verlieren, daß die Beziehungen vor allem zu den Staaten Nordafrikas und des Nahen Ostens für einige Partner in der EU ähnlich bedeutsam sind, wie die Frage der Osterweiterung es für Deutsche ist; der Ostseeraum, der für die nordosteuropäischen Partner von besonderem Interesse ist, ist im Zuge der Osterweiterung ohnehin analog einbezogen. Drittens wird noch einmal deutlich, daß auch auf der Zeitachse der Unterschied zwischen Außen- und Innenpolitik der EU verschwimmt: Was heute noch eine außenpolitische Priorität ist, das hat nicht nur bereits jetzt gewaltige innenpolitische Implikationen, sondern wird bereits in wenigen Jahren auf der europäischen Agenda zu einem genuin EU-innenpolitischen Thema.

Netzwerk Sicherheit: Europa als Ordnungsmacht

Gemeinsam außen- und sicherheitspolitisch handlungsfähig zu sein schließt mittelfristig ein, gemeinsam auf internationale, außereuropäische Krisen reagieren zu können. »Die Wahrnehmung gemeinsamer Interessen erfolgt nicht automatisch, sondern muß beständig neu definiert werden«, bemerkte einst Henry Kissinger. Die Welt ist seit dem Ende der Bipolarität leider weniger berechenbar geworden. Das große, atomare Risiko ist zwar gesunken, doch dafür sind die Krisenherde in der Welt nicht mehr mit der einstigen Einflußnahme der beiden Blöcke verknüpft, was sie nur scheinbar weniger gefährlich macht. Die strategischen Prioritäten haben sich neu geordnet. Der alles vernichtende Weltkrieg ist nicht mehr das Szenario, an dem sich Verteidigungsbereitschaft orientieren muß. Selbst der »worst case« eines Atomschlages durch einen verrückten Diktator auf seine regionalen Widersacher hat nicht mehr die globale Dimension, die sie zu Zeiten des Ost-West-Konflikts unweigerlich hatte. Heute geht es darum, die vielen kleinen Konfliktherde und Krisengebiete zu befrieden oder doch zumindest unter Kontrolle zu halten, das heißt ihre Ausweitung zu verhindern. Die Regionalisierung von Krisen und Kriegen ist zwar nicht unbedingt ein erstrebenswertes Ideal, bedeutet gegenüber dem Doomsday-Szenario aber immer noch die erträglichere Variante. Allerdings muß dabei in Rechnung gestellt werden, daß wir in einer Übergangszeit leben, in der sich die neuen Konfliktlinien noch nicht endgültig herauskristallisiert haben. Die für die Industriestaaten der westlichen Hemisphäre lebenswichtigen Fragen der Rohstoffversorgung bergen zum Beispiel jede Menge Sprengstoff, der auch bei wenig gravierenden Störungen explodieren kann. Die Versorgung mit Rohöl dürfte derzeit das sensibelste Sicherheitsproblem überhaupt darstellen, weil sich die weltweit größten Reserven in politisch höchst instabilen Regionen befinden.

Die Frage nach der Ordnungsmacht ist deshalb die sicherheitspolitisch wichtigste überhaupt. Und hier kommt Europa ins Spiel. Nicht nur deshalb, weil Europa immer mit betroffen wäre von Konflikten, die auch Auswirkungen auf die Rohstoffversorgung haben. Flüchtlingsströme tangieren uns nicht minder, und die Zunahme von krisenanfälligen und instabilen Regionen in einer interdependenten Welt bedeuten immer auch ein Risiko für die Stabilitätsinseln. Der Flickenteppich, den es zu weben gilt, oder aber das Steuerungs- und Sicherheitsnetz können nur reißfest gemacht werden, wenn möglichst viele Flicken existieren oder Knoten, die möglichst viele Fäden halten und zu neuen Subnetzen verknüpfen. Die EU muß, je rascher, detso besser, in diesem Sinne präsent und handlungsfähig sein. Die Chancen dafür stehen, so paradox es klingen mag, sogar besser als bei der mühsamen Entwicklung einer gemeinsamen Außenpolitik.

Warum? Die Entwicklung neuer Sicherheitsstrukturen ist nicht so sehr eine Frage der politischen Blaupausen; sie ergibt sich vielmehr unter dem Druck der normativen Kraft des Faktischen. Betrachten wir die aktuelle Lage: Die einzige, weltweit operationsfähige Ordnungsmacht sind die USA. Ihr militärischer Apparat und dessen technische Ausstattung erlauben sowohl präventive wie reaktive Konfliktbewältigung. Gleich dahinter rangiert die NATO, mit deutlich geringerer, weil vertraglich auf den Verteidigungsfall der Mitglieder eingegrenzter Operationsmacht. Dennoch ist die NATO darüber hinaus handlungsfähig, wenn sie auf der Grundlage des Völkerrechts und seiner Institutionen wie etwa der Vereinten Nationen dazu legitimiert ist. Dürfen heißt aber noch nicht unbedingt auch können. Wie muß ein Bündnis ausgestattet sein, das die neuen Herausforderungen der sicherheitspolitischen Unübersichtlichkeiten zu meistern vermag – im Interesse des Friedens auf der Welt?

Der noch nicht abgeschlossene Wandel im Selbstverständnis der NATO macht die europäische Komponente zum eigentlichen Bauplatz. Dabei werden zwei Interessenstränge miteinander verwoben. Zum einen kann ein sich einigendes Europa die Frage der äußeren Sicherheit aus dem Integrationsprozeß nicht ausklammern mit dem Hinweis, dafür seien andere zuständig. Zwar sind die meisten EU-Mitglieder zugleich auch Mitglied der NATO, aber nicht alle NATO-Staaten sind auch Mitglied der EU. Zum zweiten: Je mehr Staatlichkeit der Europäischen Union zuwächst, desto dringender wird die Frage nach der sicherheitspolitischen Eigenverantwortung. Die WEU, die theoretisch den militärischen Arm der EU darstellt, ist bislang unter operativen Gesichtspunkten gegenüber der NATO ohne Belang. Als politischer Nukleus für die Ausbildung einer europäischen Verteidigungsgemeinschaft hat sie gleichwohl eine enorme Bedeutung. Denn sie muß künftig den europäischen Part des globalen Sicherheitsnetzes übernehmen, um der tatsächlich weltweit einsatzfähigen Ordnungsmacht USA zu erlauben, diese globale Funktion auszufüllen, ohne daß in Europa ein Sicherheitsvakuum entsteht. Mit anderen Worten: Wenn die NATO als einzig funktionsfähiges Verteidigungsbündnis zukunftsweisend bleiben soll, muß Europa zumindest in seinem eigenen Umfeld und Einflußbereich, aber stets im Einklang mit der NATO, als eigenverantwortliche Ordnungsmacht tätig werden.

Zur Zielvorstellung einer gemeinsamen europäischen Außen- und Sicherheitspolitik gehört deshalb auch eine gemeinsame europäische Armee, deren Kern in Gestalt des Eurocorps sowie im europäischen Teil der *Allied Mobile Forces* bereits heute besteht. Darüber hinaus sind der Phantasie nur durch die Praktikabilität Grenzen gesetzt. Innerhalb dieser Grenzen bewegt sich die Überlegung, daß in einer Zeit, in der trotz der Richtigkeit von Wehrpflicht – jedenfalls in Deutschland – der Anteil von Berufs- und Zeitsoldaten zunehmen wird, man zumindest diesen Teil der Armeen schrittweise auf europäischer Ebene zusammenfügen könnte. Eine solche gemeinsame europäische Armee wird stärker als vieles andere zur wachsenden gemeinsamen Identität eines einigen Europa beitragen. Überall da, wo es geht, muß man schon heute beginnen, gemeinsame Einheiten sichtbar einzusetzen. Was zum Beispiel spräche dagegen, das Eurocorps bei einer Verlängerung des Mandats der SFOR-Truppen nach Bosnien zu verlegen?

Die Herausbildung einer europäischen Sicherheitsidentität, die immer mit der NATO kompatibel und unter einem atlantischen Dach angesiedelt sein muß, benötigt allerdings einige Ingredienzien, die – so selbstverständlich sie in der Theorie erscheinen – in der praktischen Realisierung auf mancherlei Hindernisse durch altes Denken stoßen. Am einfachsten dürfte es noch sein, ganz im Sinne der Reformbestrebungen von NATO und WEU Führungs- und Kommandostrukturen doppelt, also für atlantische wie für europäische Einsätze nutzbar zu machen. Schwieriger ist es, Frankreich davon zu überzeugen, in die militärische Integration der NATO zurückzukehren, um dort glaubhaft einen tragfähigen europäischen Pfeiler zu bilden. Ohne Frankreich ist eine europäische Sicherheitsidentität nicht denkbar, ohne die NATO aber auch nicht. Politische und militärische Eifersüchteleien zwischen den alten Antagonisten Frankreich und USA verleihen möglichen Fortschritten immer noch den Charakter eines Glücksspiels auf dem Jahrmarkt der Eitelkeiten. Leider haben in den letzten Jahren Amerikaner *und* Franzosen die Chancen vertan, zu neuer, intensiver Gemeinsamkeit zurückzufinden. Seit die nuklearen Optionen durch das Ende der Ost-West-Konfrontation in den Hintergrund gerückt sind und Frankreich sukzessive sein Interesse an einer Rückkehr in die militärische Integration bekundet hat, wäre es letztlich nur ein Akt der Courtoisie zum gemeinsamen Nutzen gewesen, Paris diesen Schritt durch ein symbolträchtiges Entgegenkommen zu erleichtern. Zum Beispiel: Das ungeschriebene Gesetz, daß die politische Funktion des NATO-Generalsekretärs einem Europäer übertragen wird, das militärische Oberkommando aber stets einem Amerikaner zusteht, ist seit dem Zusammenbruch des Ostblocks nicht mehr ganz so zwingend. Warum sollte man also nicht einmal in Betracht ziehen, einen Amerikaner auf dem Posten des NATO-Generalsekretärs zu sehen und einen Europäer auf dem des militärischen Oberbefehlshabers? Wenn dabei ein Franzose dieses Amt bekleiden würde, brächte eine solche Funktion für Frankreich mehr Anreize, in die militärische Integration zurückzukehren, und die gemeinsamen Sicherheitsinteressen müßten dadurch nicht beschädigt werden.

Die atlantische Klammer hält auch in Zukunft um so besser, je stärker die Europäer selbst Verantwortung an herausgehobener Stelle übernehmen. Denn je stärker und handlungsfähiger Europa ist, um so größere Anziehungskraft wird es auf Amerika ausüben. Für die großen Sicherheitsaufgaben in Europa und an seiner Peripherie – Kaukasus, Maghreb, Naher Osten – ist dieser Bezug zwischen Europäern und Amerikanern von entscheidender Bedeutung. Ohne das Widerlager jenseits des Atlantiks kann die eurasische Landmasse nicht hinreichend balanciert werden, und ohne Amerika ist auch die Stabilisierung Ost- und Südosteuropas nicht zu schaffen.

Die Weiterentwicklung des Verhältnisses der Nordatlantischen Allianz und der Europäischen Union gegenüber Rußland läßt sich vielleicht auch leichter bewerkstelligen, wenn die militärischen Strukturen des westlichen Verteidigungsbündnisses einen weniger deutlichen amerikanischen Akzent erhalten. Eine auch in diesem Sinne stärkere europäische Repräsentanz könnte Moskauer Vorbehalte gegen die Ausdehnung der NATO nach Osten eher besänftigen als die Beibehaltung der alten Ordnungsmuster. Die Einhegung des tiefsitzenden gegenseitigen Mißtrauens durch ein immer dichteres Geflecht von Vereinbarungen, Verträgen, Erfahrungsaustausch und praktischem Miteinander ist richtig und ohne Alternative; sie trägt außerdem zum globalen Flickenteppich bei.

Die Pflicht zu militärischer Verantwortung – auf UN-Basis im Rahmen von NATO-Einsätzen wie etwa im ehemaligen Jugoslawien, aber auch im Nahen Osten – zwingt die Europäer zur Angleichung ihrer diesbezüglichen Außenpolitiken. Das ist zum einen praktische Einübung in GASP, zum anderen Grundlegung für weitere Gemeinsamkeit, weil eine solche Angleichung unvermeidlich die Definition und Eingrenzung von Interessen und Einflußsphären erfordert. Das »Sprechen mit einer Stimme« wird dadurch erleichtert, zumal auch die wirtschaftlichen Verflechtungen einheitliche Handlungsmuster in der Außenpolitik erfordern.

Natürlich ist eine entsprechende institutionelle Anbindung hilfreich. Deshalb sieht der Vertrag von Amsterdam einen Generalsekretär des Rates vor, der künftig als Hoher Vertreter für die gemeinsame Außen- und Sicherheitspolitik unter der Verantwortung des Rates die Sichtbarkeit und Kontinuität der GASP garantieren soll. Symbolträchtiger noch und für das europäische Selbstverständnis langfristig prägender wäre ein gemeinsamer europäischer Sitz im Sicherheitsrat der Vereinten Nationen. Das wäre viel zukunftsweisender als ein deutscher Sitz neben einem französischen und einem britischen. Großbritannien und Frankreich halten allerdings von dieser Idee noch nicht sehr viel, weil ihre Weltmachtnostalgie offenbar das Aushängeschild eines Sicherheitsratssitzes zum Überleben braucht. Dennoch sollte man diese Idee zäh weiterverfolgen, weil sie für das gemeiname Auftreten und Handeln richtig und wichtig ist.

Bei Angleichung und Bündelung der EU-Außenpolitiken geht es nicht um einen diplomatischen Einheitsbrei, sondern um die optimale Nutzung und Umsetzung der vielfältigen Interessen, Erfahrungen und Handlungsmöglichkeiten der einzelnen EU-Staaten, die sich – im Sinne einer Arbeitsteilung – als Teilmengen zu einer gemeinsamen europäischen Außenpolitik summieren.

Die Europäische Union finanziert heute sechzig Prozent der Rußlandhilfe und achtzig Prozent der Hilfe, die die palästinensischen Autonomiebehörden am Leben erhält. Vom israelisch-palästinensischen Dialog ist sie jedoch ausgeschlossen,

die Verhandlungen zwischen dem Westen und Rußland be-
einflußt sie nur am Rande, und die zivile Implementierung des
Dayton-Abkommens über Bosnien wird nicht in erster Linie
mit dem Namen der Europäischen Union verbunden. Dabei
ließe sich gerade in bezug auf die genannten Beispiele durch
einen Zweiklang von Arbeitsteilung und gleichzeitiger Bündelung der Kräfte das Profil europäischer Außenpolitik sichtbar
schärfen.

Was ist damit gemeint? Wir verfügen in der Europäischen
Union über ein bislang nicht hinreichend genutztes Potential
an Fähigkeiten, Kenntnissen und geographischen Verbindun-
gen, die besser erschlossen werden könnten, wenn gewissermaßen arbeitsteilig diese Kontakte sinnvoll eingesetzt würden.
Aufgrund seiner historischen Erfahrungen verfolgt etwa
Österreich die Entwicklungen in Mitteleuropa – in Ungarn, in
Slowenien oder der Slowakei – mit besonderem Augenmerk.
Das Expertenwissen über diese Region ist in Wien unzweifel-
haft größer als – sagen wir – in Dublin. Was liegt näher für die
Europäische Union, als auf diese Kenntnisse zurückzugreifen,
wenn es um die Heranführung der in die politische Union
drängenden Reformstaaten geht? Im Ostseerat, einem regionalen Forum für Dialog und Kooperation, sitzen Balten, Deutsche, Russen, Polen und die Nordischen Staaten an einem
Tisch. Innerhalb des Ostseerates kommt es zu einer verstärkten regionalen Kooperation zwischen den baltischen Staaten
und den Regionen St. Petersburg, Pskow und Königsberg. In
Barcelona hat die Europäische Union ihre Partnerschaft mit
dem Mittelmeerraum bekräftigt. Italien und Spanien, die
beide über vielfältige Bindungen an diesen Raum verfügen,
können hier eine Brückenfunktion wahrnehmen. Von den
historisch gewachsenen Verbindungen ihrer Mitglieder profitiert die Europäische Union als Ganzes. Der ibero-amerika-
nische Dialog ist ein Beispiel dafür. Mit dem Lateinamerika-
konzept verfolgte die Bundesregierung das Ziel, einen gleich-
berechtigten, partnerschaftlichen Dialog, auch mit der Euro-

päischen Union, auf den Weg zu bringen. In der Zwischenzeit ist der politische Austausch zwischen der Europäischen Union und der Rio-Gruppe immer intensiver geworden, und zwischen der EU und MercOsur ist mit dem Ziel einer »politischen und wirtschaftlichen Assoziation« ein umfassendes Rahmenabkommen unterzeichnet worden. Die traditionell engen Kontakte Deutschlands kommen dabei allen Mitgliedern zugute.

Nach diesem Muster lassen sich neue Stücke des globalen Flickenteppichs weben, wobei Europa immer als einheitliche außen- und wirtschaftspolitische Bezugsgröße wahrgenommen wird. Internationale Verflechtungen erfordern allerdings für alle Teilnehmer verbindliche Spielregeln, insbesondere beim Welthandel. Die WTO, mit der das alte GATT abgelöst wurde, hat dieser Entwicklung Rechnung getragen, und sein Gerichtshof fällte ja auch bereits ein erstes Urteil im leidigen Bananenstreit, was den Europäern nun überhaupt nicht schmeckte. In Zukunft werden solche Urteile wohl eher noch an Zahl zunehmen angesichts der Neigung einiger regionaler Handelsblöcke zu protektionistischen oder welterzieherischen Maßnahmen. Es bleibt zu hoffen, daß alle Unterzeichnerstaaten der WTO sich dann – ebenso wie Europa – an die Urteile des Gerichtshofes halten, denn nur so können diese internationalen Regelungsmechanismen Verbindlichkeit und Autorität gewinnen und damit zu größerer Sicherheit beitragen.

Wie notwendig solche allgemein verbindlichen Spielregeln sind, zeigt sich auch dort, wo es sie nicht gibt – oder wo sich einzelne Teilnehmer, seien es Staaten oder multinationale Unternehmen, nicht daran halten. Einige der Vorgänge auf den internationalen, insbesondere den ostasiatischen Finanzmärkten lassen einen schon ins Grübeln kommen. Es ergibt jedenfalls wenig Sinn, sich allein auf die Feuerwehrfunktion des Internationalen Währungsfonds (IWF) zu verlassen, dessen mit scharfen Auflagen verbundene Milliardenkredite erst fließen, nachdem das Kind in den Brunnen gefallen ist. Vielleicht wäre es besser, den Brunnen zu sichern.

Gemeinsames europäisches Handeln könnte sich auch hier bewähren, indem die EU als treibende Kraft die Festlegung sinnvoller Regelsysteme befördert. Das Geheimnis des Regierens in der Globalisierung liegt ja darin, die globalen Probleme jeweils in möglichst optimaler Kooperation derjenigen zu organisieren, die zu konstruktiver Zusammenarbeit willens und in der Lage sind. Dazu sind einerseits langfristig globale Organisationsformen und Regelwerke notwendig. Zum anderen werden diese nur aus stabilen und erfolgreichen supranationalen Zusammenschlüssen erwachsen können. Auf absehbare Zeit wird die Frage der Handlungsfähigkeit wohl im Sinne des Flickenteppichs beantwortet werden müssen. Die Weltregierung ist ferne Utopie.

Europa, das die Grenzen des nationalstaatlichen Handelns vielleicht früher erkannt hat als die meisten anderen Regionen der Welt und mit supranationaler Kooperation und Integration nun bereits über ein halbes Jahrhundert äußerst positiver Erfahrungen verfügt, kann Modell stehen für die Zukunft, wobei das aufregend Neue eigentlich etwas bewährt Altes ist. Eines, so schreibt Tilman Evers in dem anfangs erwähnten Aufsatz, »eines konnten die alten Großreiche besser als die Nationalstaaten: Das Prinzip der Pluralität und gegenseitigen Toleranz unterschiedlicher Kulturen und Ethnien war unter ihrem weiten Mantel oft besser gewahrt. Und von komplexen Verhandlungsroutinen, ausgleichenden Gewichtungen, kollektiver Friedenswahrung, gestufter Rechtsetzung und Subsidiarität hat das Heilige Römische Reich Deutscher Nation bereits eine Menge verstanden. Auch in diesem Sinne läßt sich von Europa lernen.«

Sechstes Kapitel

Modellkasten Europa –
Netzwerke von Subsidiarität und Identität

Die europäische Entwicklung hat, seit sie nicht mehr Bestandteil des aufgelösten Ost-West-Antagonismus ist, einen neuen Wahrnehmungsgrad erfahren. Das alte Europabild der (West-)Deutschen, schreibt Robert Picht, »war offensichtlich eine Projektion ihrer eigenen Sehnsüchte und Ängste, nicht zuletzt der Angst vor sich selbst. Es war das Gegenbild zum rituell mit viel Selbstmitleid beklagten ›schwierigen Vaterland‹.« Es bildete ein Identifikationsmuster, ohne echte Identität stiften zu können. Es war weithin ein Verdrängungsmechanismus, der jedoch nur so lange funktionieren konnte, wie seine Geschäftsgrundlage, die deutsche und europäische Teilung, Bestand hatte. »Seit 1989«, so Picht, »haben die Einbrüche der Realität auch dieses Europabild und seine identifikatorischen Funktionen erheblich durcheinander gebracht.« Seither, so könnte man fortfahren, ist die europäische Einigung unter verstärkten Begründungszwang geraten. Antworten auf das Warum und Wohin sind um so wichtiger, je unaufhaltsamer die Integrationsprozesse in Europa erscheinen, während das Bewußtsein der Menschen dagegen oft zwischen ablehnendem Unverständnis und resignativer Akzeptanz zurückbleibt.

Mehr als alles andere hat die Entscheidung über die Einführung des Euro diese Ungleichzeitigkeiten beleuchtet. Die sowohl politisch wie ökonomisch wohlbegründete Währungsunion stellt einen solch gewaltigen qualitativen Sprung dar, daß letztlich wohl erst der praktische Umgang mit dem neuen Geld das bei vielen empfundene Legitimationsdefizit abbauen wird. Die Frage demokratisch verankerter europäischer Handlungsfähigkeit wird gleichwohl das entscheidende Legitimationsproblem bleiben, wenn die integrativen Prozesse ohne hinreichende Rückkoppelung an institutionelle und identitätsstiftende Ebenen voranschreiten. Der Düsseldorfer Soziologe Richard Münch warnt sogar vor einer Zerreißprobe für das europäische Modell: »Politisches, solidarisches und kulturelles Nachwachsen braucht viel mehr Zeit als die vorauseilende ökonomische Dynamik, vielleicht zu viel Zeit. Europa könnte auch daran scheitern, daß es ökonomisch zu schnell davonzieht, ohne rechtzeitig mit den notwendigen begleitenden Institutionen nachzukommen.«

Es geht also auch hier wieder um ein Element der Verlangsamung im Drang der Beschleunigung globaler Prozesse, ein Element, das dynamische Entwicklungen zuläßt, ohne die Menschen dabei permanent zu überfordern. Für den Modellkasten Europa folgt daraus, daß zu einem Zeitpunkt, in dem durch die Einführung einer gemeinsamen Währung die bisher erreichte Quantität europäischer Integration immer deutlicher in eine neue Qualität umschlägt, die Legitimationsdefizite auf keinen Fall größer werden dürfen. Vielmehr muß institutionell und prinzipiell ein Weg eingeschlagen werden, der Demokratie und Selbstbestimung vor der Geiselnahme durch die technokratischen Apparate bewahrt. Anders ausgedrückt: Nachdem im vorangegangenen Kapitel die Notwendigkeit europäischer Handlungsfähigkeit in der globalisierten Welt exemplarisch ausgeführt worden ist, muß nun die Frage beantwortet werden, auf welcher Basis diese Handlungsfähigkeit aufbaut. Wie muß das Innenverhältnis der EU gestaltet sein, damit das Gebäude stabil ist, aber ausbaufähig bleibt? Die Stichworte heißen Verfassung, Subsidiarität und Identität.

Die von Werner Weidenfeld geleitete Forschungsgruppe Europa hat in einem 1994 erschienenen Gutachten zum Maastricht-Vertrag das Spannungsfeld beschrieben: »Wesentliche politische Erfahrungen werden von den Europäern nach wie vor sowohl in einem nationalstaatlichen, nationalgeschichtlichen als auch in einem regionalen und lokalen Bedeutungskontext interpretiert. Die Legitimationsbeschaffung innerhalb der Europäischen Union wird hierdurch deutlich erschwert, Legitimität strukturbedingt zu einer knappen Ressource.« Die daraus abgeleitete Konsequenz, »daß auch künftig ein erheblicher Teil der Legitimationslast von den Mitgliedsstaaten getragen werden muß«, steht nur in scheinbarem Widerspruch zum Ziel der politischen Union. Denn ein Neben- und Miteinander von nationalstaatlicher und europäischer Entscheidungs- und Regelungskompetenz ist nicht nur dem Prozeßhaften des Integrationsfortgangs angemessen, sondern auch die auf absehbare Zeit ideale Kombination von verschiedenen Wahrnehmungs- und Identitätsebenen für die Menschen. Wer die Debatte freilich vorrangig unter Souveränitätsgesichtspunkten führt, redet entweder an der Wirklichkeit vorbei oder verfängt sich über kurz oder lang unweigerlich in den Fallstricken eines ressentimentgeladenen Neonationalismus.

Scheingefechte um nationale Souveränität

Über die nicht hinwegzudisktutierende Tatsache, daß spätestens seit dem Zweiten Weltkrieg die europäischen Staaten die klassischen Aufgaben nationaler Souveränität nicht mehr auf sich allein gestellt erfüllen können, ist bereits im vorigen Kapitel das Nötige gesagt worden. Insofern ist die immer wieder aufflammende Debatte über Grenzen des Souveränitätsverzichts schon lange de facto blutarm. Die Europäische Union enthält längst Elemente von Staatlichkeit, weshalb auch die manchmal erbitterten Diskussionen darüber, ob die Entwicklung nun auf einen Staatenbund oder einen Bundesstaat hinauslaufe, von eher akademischem Interesse sind. Hermann Lübbe weist zu Recht auf die Neuartigkeit dieses europäischen

Integrationsprozesses hin, wenn er die Europäische Union in ihrer künftigen Gestalt als »ein staatsrechtlich noch gar nicht identifiziertes, historisch niemals zuvor existent gewesenes Gebilde« bezeichnet. »Wir sind Geschichtszeugen des Vorgangs«, schreibt Lübbe, »daß die staatliche Souveränität, die doch bisher als unteilbar und unveräußerlich galt, tatsächlich geteilt und zu gewissen, und sei es bescheidenen, Anteilen veräußert wird. Das wird, in langen Fristen gedacht, auch neue politische Zugehörigkeitserfahrungen prägen – in großen wie in kleinen Dimensionen. Es könnte sich zeigen, daß auch unsere Staatsnationen keineswegs auf ewig unteilbare Gebilde sind, und in einer institutionell gefestigten europäischen Gemeinschaft wäre das nicht einmal schlimm.« Die Europäische Union ist also für die Kategorien der allgemeinen Staatslehre etwas Neues, was letzten Endes nur bestätigt, daß Formen von internationaler Kooperation und Integration sich im Zeitalter der Globalisierung anders darstellen als zu Zeiten europäischer Kabinettspolitik.

Vor dem Hintergrund der beabsichtigten Erweiterung der EU beschäftigt diese Souveränitätsfrage die Beitrittskandidaten verständlicherweise viel unmittelbarer als die »alten« Mitgliedsländer. Denn mit dem Beitritt wird ihnen ein Souveränitätsverzicht abverlangt, der den Mittel- und Osteuropäern, die so lange unter sowjetischer Fremdherrschaft und Bevormundung gelitten haben, naturgemäß jetzt, da sie ihre nationale Souveränität endlich wiedergewonnen hatten, besonders schwerfällt. Für sie, die sich im *acquis communautaire* vor hohe Hürden gestellt sehen, bedeutet das einen plötzlichen Qualitätssprung, den wir durch die langfristige, sukzessive Abgabe von Souveränitätsrechten nur als langsamen Prozeß erlebt haben. Doch entscheidend ist, daß es sich um einen freiwilligen und nicht um einen erzwungenen Verzicht handelt. Und die Tatsache, daß sie trotz ihrer neugewonnenen Freiheit mit Macht in die Europäische Union streben, spricht jedenfalls nicht gegen diese.

Souveränitätsverzicht hört sich dramatischer an, als er in Wirklichkeit ist. Denn genau betrachtet ist das, was so bezeichnet wird, nichts anderes als die logische Konsequenz aus der stetigen Verflüchtigung von Souveränitätsaspekten. Verglichen mit der Wirklichkeit von Staatlichkeit, wie sie die politischen Denker der Souveränitätsidee, etwa Bodin oder Hobbes, vor Augen hatten, auch verglichen mit derjenigen, die deren späte Schüler zu Anfang dieses Jahrhunderts noch im Sinn hatten, ist unsere Ausgangslage völlig anders. Die in den vorangegangenen Kapiteln analysierten Aspekte der Globalisierung – kurz gefaßt: die national nicht steuerbaren Einflüsse auf wesentliche Voraussetzungen unseres gesellschaftlichen, wirtschaftlichen und politischen Lebens – haben dies deutlich gezeigt. So besehen ist »Souveränitätsverzicht« der negativ verkürzende Begriff für einen in Wirklichkeit richtigen und zukunftsweisenden Vorgang: nämlich die Wiedergewinnung von Handlungsfähigkeit, die im Nationalen nicht mehr gegeben ist, auf höherer Ebene aber möglich wird.

Deshalb führt die vordergründige Souveränitätsdebatte in die Irre. Erstens ist die tatsächliche Entwicklung schon weiter, und zweitens ist das eigentliche Thema die Bewahrung oder Wiederherstellung von Handlungsfähigkeit in und gegenüber den globalen Herausforderungen. Daß Europa dafür die denkbar beste Antwort ist, braucht hier nicht noch einmal begründet zu werden. Aber die Frage, nach welchem Bauplan vorgegangen werden soll, um diese Handlungsfähigkeit solide zu fundieren und mit innerer Kohärenz auszustatten, ist damit nicht hinreichend beantwortet. Und damit hängt das Legitimationsproblem eng zusammen. Über den künftigen Weg Europas scheint es unter den Mitgliedsstaaten der Union divergierende Vorstellungen zu geben. Wenn sie überhaupt diskutiert werden, dominieren Mutmaßungen, die von angeblichen Blaupausen über Meisterpläne bis hin zu einer geheimnisvollen »hidden agenda« reichen. Gäbe es sie, wäre die Arbeit am neuen globalen Flickenteppich mit der Vernetzung von Regelungs- und Entscheidungskompetenzen wahrscheinlich einfacher zu bewerkstelligen. Die europäische Alltagswirklichkeit stützt die Mutmaßungen nicht.

Sicher ist: Nach dem Beschluß zur Einführung des Euro, nach dem Vertrag von Amsterdam und nach dem Beginn der Verhandlungen zur Osterweiterung trägt die alte Integrationslogik nicht mehr. Bisher entsprach der prinzipiellen Offenheit des Endziels des europäischen Einigungsprozesses notwendigerweise die Offenheit der Wege, die dorthin führen sollten. Die Unbestimmtheit in bezug auf die Finalität der europäischen Einigung hatte ihren Sinn, solange wir noch weit davon entfernt waren. Unbeschadet der jeweiligen Vorstellungen über die Zukunft konnten die Anhänger verschiedener Ideen über die künftige Gestalt Europas – hier die europäischen Föderalisten, dort die Befürworter eines Europas der Nationalstaaten – jedenfalls ein gutes Stück des Weges gemeinsam gehen.

Dem wurde das Modell der funktionalen Integration am besten gerecht. In den vergangenen vierzig Jahren ist Europa damit gut gefahren. Es war die Integrationsmethode der kleinen Schritte, ein Voranschreiten nach Art der Salamitaktik. Dabei war der Weg das Ziel. Für die komplizierte Wirklichkeit unserer Tage, am Übergang vom Markteuropa der Vergangenheit zum Politischen Europa der Zukunft, ist dieses Prinzip jedoch immer weniger geeignet. Das liegt auch daran, daß in einer Situation, als das Ziel noch unbestimmt war, also in einer Situation, in der alle Beteiligten sich nicht endgültig sicher sein konnten, ob die europäische Integration wirklich von Dauer sein würde, alle europäischen Institutionen sich in der Regel in ihren Entscheidungen und Handlungen ausgesprochen »europafreundlich« zeigten. Die Logik gebot es, dort Integrationsfortschritte zu erreichen oder zu unterstützen, wo sie gerade zu erreichen waren. Das hat im Laufe der Jahre nicht immer zu überzeugenden Resultaten und in der Summe zu einem selbst für Spezialisten kaum noch zu durchschauenden Kompetenzwirrwarr geführt.

228

Wenn es aber stimmt, daß wir in Europa dabei sind, den Schritt in eine neue Ära der Integration zu tun, wird die Frage nach dem Bauplan für den europäischen Modellkasten um so dringender, damit solche unerwünschten Ergebnisse künftig vermieden werden können. Da ihm besondere Rechtsverbindlichkeit eigen sein muß, kann es sich naturgemäß nur um eine Art Verfassung handeln. Darunter ist materiell vor allem eine Klärung der Fragen zu verstehen, wer was und mit welchen Verfahren entscheidet. Nur durch eine solche verfassungsgleiche Regelung ist das Elend zu beenden, daß alle europäischen Institutionen, von der Kommission über das Parlament bis zum Gerichtshof, so lange in dubio pro europäische Ebene bei Zuständigkeitsstreiten entscheiden, solange sie das Gefühl haben, daß die europäischen Zuständigkeiten nicht hinreichend geregelt sind.

Eine Verfassung für die Europäische Union, die durchaus zunächst auch die Form eines Kompetenzkataloges haben könnte, schafft Klarheit, was unbedingt auf europäischer Ebene geregelt und entschieden werden muß und was in der ausschließlichen Befugnis der Mitgliedsstaaten, der Regionen oder der Kommunen bleiben soll. Ebenso muß ein solches Dokument die Entscheidungsverfahren regeln für diejenigen Bereiche, die der Kompetenz der Union übertragen werden. Und schließlich sind darin Vorgaben zu treffen über die Ausgestaltung und das Zusammenspiel der künftigen Institutionen der Union.

Eine europäische Verfassung – das mag für viele nach einer weiteren Aushöhlung der nationalen Souveränität und Eigenständigkeit klingen, nach einer fortschreitenden Schwächung der Teilgliederungen und einem Ernährungsprogramm für den eurokratischen Moloch. Indes wäre die breite Debatte um eine gemeinsame Verfassung der Europäischen Union exakt das Gegenteil. Nur in einem großen Kraftakt, der das verfassungsgleiche Gemeinschaftsrecht, wie es heute existiert, in ein *expressis verbis* als Verfassungsvertrag zwischen den Gliedstaaten formuliertes Verfassungsdokument überführt, können der Wildwuchs des Regelungsdickichts, die Unübersichtlichkeit des Gemeinschaftsrechts, das teilweise Gegen- und Nebeneinander gemeinschaftlicher und nationaler Kompetenzen beseitigt werden. Anders als viele Europaskeptiker denken, wäre eine Verfassungsdebatte keine Zementierung des Status quo und auch kein Fortschreiten in Richtung eines anonymen, vordemokratischen, bürgerfernen Europas, sondern ein taugliches Element, um beides entscheidend zu stärken: die europäische Integration und die in der Union vereinten Nationalstaaten. Denn die Nationalstaaten werden als fortexistierende subsidiäre Einheit gegenüber der supranational organisierten EU noch lange unverzichtbar bleiben.

Eine gute Verfassung ist zuallererst die verfaßte Ordnung der Freiheit. Gemeinschaftliche Regelungen dürfen nicht der Einengung von Freiräumen, sondern müssen deren Schutz und Ausweitung dienen. Das Prinzip des Wettbewerbs wird sich dabei gerade für uns Deutsche kurzfristig nicht als der bequeme Weg erweisen; als Hochsteuerstaat und Transferbeweger von sozialstaatlichen Megamassen wird für uns der Wettbewerb mit unseren Gemeinschaftskonkurrenten nicht einfach. Aber auch hier wird sich erweisen, was schon die erst kurze, aber überaus erfolgreiche Geschichte des Euro offenbart hat: Europa hilft uns, die Reformen anzugehen, die auch ohne europäische Einigung dringend vonnöten wären.

Subsidiarität:
Die Philosophie der Zuständigkeitsebenen

Immer noch gilt für die europäische Einigung, daß Stillstand Rückschritt bedeutet; die Dynamik der Integration bleibt auch in Zukunft wichtig. Die vielen tausend Einzelregelungen der Vergangenheit werden aber unter einem Gesichtspunkt nicht mehr gebraucht: Mit dem Erreichen qualitativer Unumkehrbarkeit der europäischen Einigung im Zuge der gemeinsamen Währung, der Wirtschafts- und Währungsunion sind die unzähligen und in der Vergangenheit integrationsgewährleistenden Einzelbestimmungen von der Last befreit, Bürge der Irreversibilität zu sein. Ganz unbefangen können wir daher jetzt, wo wir Irreversibilität auf qualitativer Ebene erreicht haben, zu einer Generalinventur des europäischen Regelwerks übergehen und dabei mit kritischem Blick prüfen, welche der überkommenen Regeln jenseits der alten Integrationslogik auch heute noch sachlich sinnvoll sind. Vieles wird dieser Überprüfung nicht standhalten können; eine sachgemäße Revision des europäischen Regelungswerks, die Punkt für Punkt auf den Prüfstand der Zweckmäßigkeit stellt, wird im Ergebnis zur Rückübertragung vieler Kompetenzen, die heute in Brüssel liegen, an die Nationalstaaten führen.

Gewissermaßen wird man dabei die Beweislast umkehren müssen, um zu befriedigenden Ergebnissen zu kommen, um – bildlich gesprochen – Europa vom Kopf auf die Füße zu stellen: Im Idealfall müßte jede Einzelregelung neu begründet werden, wenn sie in Zukunft fortdauern soll. In diesem Sinne wäre erstens zu definieren, was die gemeinsamen Aufgaben sind, die allein auf der Ebene der Union gelöst werden können und sollen. Dabei handelt es sich vorrangig um solche Aufgaben, die in nationaler Souveränität nicht mehr oder nur unzulänglich zu bewältigen sind. Zweitens gilt es klarzustellen, daß über all das, was gemeinsame Politik ist, auch gemeinsam – und das heißt soweit wie nur möglich nach dem Mehrheitsprinzip – entschieden werden muß. Und schließlich bedarf es der unmißverständlichen Klarstellung, daß alles andere grundsätzlich in der Verantwortung der Mitgliedsstaaten verbleiben muß, die ihrerseits frei sind, Kompetenzen auf die Ebene der Kommunen, Regionen oder Länder zu delegieren beziehungsweise sie von dort gar nicht erst an sich zu ziehen. Wir könnten uns im Zusammenhang mit der europäischen Verfassungsdebatte formal ein Vorbild an der amerikanischen

Bundesverfassung nehmen. Diese besteht aus exakt sieben Artikeln, zu denen im Ursprungstext noch die zehn der »Bill of Rights« hinzugefügt wurden. Ob wir in Europa mit so wenig Normen auskommen werden, sei dahingestellt; aber ein schlanker Verfassungsgesetzestext, der die Chance hätte, von jedem europäischen Bürger verstanden zu werden, ist mit Sicherheit eher in der Lage, Legitimität zu stiften, als ein scheinbar perfektes Regelungswerk in Brockhausstärke.

Eine europäische Verfassung würde also für den Fortgang des Einigungsprozesses zweierlei leisten müssen: erstens eine Vertiefung der Integration, was zuvörderst eine Reform der europäischen Institutionen verlangt, und zweitens die nicht nur formale, sondern reale Durchsetzung des Subsidiaritätsprinzips. Künftig kann deshalb die Richtschnur europäischer Integrationsrealität nicht mehr sein, im Zweifel Kompetenzen auf die europäische Ebene zu verlagern, sondern es muß im Gegenteil eine strenge Beweispflicht für denjenigen geben, der dies außerhalb der Bereiche Binnenmarkt sowie äußerer und innerer Sicherheit tun will.

Diese Überlegungen folgen der zwingenden Logik, daß Europas Handlungsfähigkeit in der globalisierten Welt nur dann aufrechterhalten und effizient ausgestaltet werden kann, wenn unterschiedliche Zuständigkeits- und Handlungsebenen existieren. Dabei dürfen die unteren Ebenen nicht durch ständiges Ausdünnen nach oben paralysiert werden, während zugleich die jeweils nächsthöhere Ebene durch den Zuwachs an Kompetenzen bürokratisch aufgeblasen und ihr Aktions- und Reaktionsvermögen dadurch erstickt wird. Das Problem fokussiert sich auf die Frage der Entscheidungseffizienz. Grundsätzlich müssen die zu integrierenden Politikbereiche vergemeinschaftet werden und dürfen nicht im Bereich intergouvernementaler Zusammenarbeit verbleiben. Das erzwingt aber im Sinne der angestrebten Entscheidungseffizienz eine Abkehr vom Einstimmigkeitsprinzip, was generell für alle Ebenen zu gelten hat, auch für den Kernbereich der Europäischen

Union. Wie sehr im Einstimmigkeitsprinzip eine Verführung zur Unvernunft liegt, weiß man spätestens seit dem von Spanien angedrohten Veto gegen den Beitritt von Österreich, Finnland und Schweden. Spanien hatte angeblich gar nichts gegen deren Aufnahme, wollte aber bei dieser günstigen Gelegenheit durch das Anlegen der Daumenschrauben eine Verbesserung seiner Fischfangquote ereichen. Auch die Bestellung des ersten Präsidenten der Europäischen Zentralbank Anfang Mai war kein Ruhmesblatt für das Einstimmigkeitsprinzip. Frankreich hatte die Möglichkeit, den Gipfel an dieser Frage aus nicht unbedingt sachgerechten Erwägungen – um es freundlich zu formulieren – scheitern zu lassen, und es wäre ihm beinahe gelungen.

Dennoch kann die Einstimmigkeit nicht umstandslos in allen Bereichen durch einfache Mehrheiten ersetzt werden, weil die Akzeptanz des reinen Mehrheitsprinzips ein Maß an Identität oder Homogenität voraussetzt, das in der Europäischen Union noch lange nicht erreicht ist. Die Mehrheit kann sinnvoll nur dort entscheiden, wo sie grundsätzlich mit der Folgebereitschaft der Minderheit rechnen kann. Das ist in Europa noch ziemlich kompliziert. Es sind aber auch Zwischenschritte denkbar, um die Entscheidungsfähigkeit der EU zu verbessern. So könnte beispielsweise dort, wo heute in den europäischen Verfahren Einstimmigkeit vorgesehen ist, diese durch doppelte Mehrheiten ersetzt werden: die Mehrheit der vertretenen Bevölkerung insgesamt und die Mehrheit der Mitgliedsstaaten. Eine solche Mehrheit könnte deutlich höher qualifiziert sein als nur fünfzig Prozent, weil der Zwang zu größeren Mehrheiten – etwa Zweidrittelmehrheiten – ein höheres Maß an Konsens fordert und fördert. Auf diese Weise ließe sich vermeiden, daß einzelne Mitgliedsstaaten – das heißt natürlich auch Deutschland – in sensiblen Bereichen einfach überstimmt werden. Wenn ein Interesse wirklich berechtigt ist, wird sich immer noch das eine oder andere Mitgliedsland finden, das dieselbe Interessenlage hat, so daß niemand isoliert

233

sein wird und damit hochqualifizierte doppelte Mehrheiten gegen sich vermeiden kann. Wo auch immer möglich, sind diese Mehrheiten mit pragmatischen Elementen zu verbinden: »opting-out«-Klauseln gehören ebenso dazu wie die Möglichkeit, daß ein dynamischer Kern aus einigen wenigen Staaten vorangeht, Avantgarde ist – ob man das nun »variable Geometrie« oder »unterschiedliche Geschwindigkeiten« nennt, ist letztlich zweitrangig.

Im Sinne der Tauglichkeit solcher Mechanismen für die Haltbarkeit des globalen Flickenteppichs ist übrigens die Einschränkung grundsätzlich richtig, daß Mehrheitsentscheidungen im Weltmaßstab kaum ein gangbarer Weg sein dürften. »Dieser Königsweg des demokratischen Liberalismus«, schreibt Tilman Evers, »würde bei der Ungleichheit der Völkerschaften in Fremdherrschaft münden. Je höher im Mehrebenensystem, desto mehr müssen politische Entscheidungen im Konsens aller statt durch Abstimmungen zustande kommen.« Aber auch er plädiert für »Mischformen«, wie sie oben skizziert worden sind, weil sie »einerseits unwiderlegliche Legitimation übertragen und andererseits die Gefahr der Lähmung vermeiden«.

Wesentlich sowohl für die Frage, was auf welcher Ebene zu entscheiden ist, als auch dafür, mit welchen Verfahren das zu geschehen hat, ist, daß das jeweilige Problem möglichst effizient gelöst und die Lösung von den Menschen als legitim empfunden wird. Die künftige Ausgestaltung der europäischen Institutionen und Entscheidungsverfahren wird also ebenso unter Gesichtspunkten der Effizienz wie der Transparenz und Legitimation zu erfolgen haben. Nur so kann sich allmählich auch eine gemeinsame Identität herausbilden. Möglicherweise gibt es sogar so etwas wie ein Subsidiaritätsprinzip der Identitäten, deren Anbindung an verschiedene Ebenen dennoch einen Bezug zum Ganzen aufweist.

Angesichts des nach wie vor bestehenden Defizits an Identität in Europa ist das Integrationsprinzip nur im Zusammenhang mit dem Subsidiaritätsprinzip erträglich. Eine Nagelprobe dafür und für die Fähigkeit zu Deregulierung und Dezentralisierung in einem Europa der Vielfalt wird das Schicksal der »Agenda 2000« sein, die konkrete Vorschläge für Agrarreform, Finanzreform und Zukunft der Regionalpolitik macht.

Jedes dieser Themen ist für sich genommen überaus komplex und in der europapolitischen Wirklichkeit ebenso umstritten wie emotional aufgeladen. Wer jedoch das Subsidiaritätsprinzip zur Richtschnur seines Handelns macht, der hat auch bei diesen schwierigen Fragen einen Kompaß, der ihn davor bewahrt, vom richtigen Weg abzukommen, und der ihn gleichzeitig für die anderen Mitgliedsländer zu einem verläßlichen Partner macht, gerade bei einem Thema, bei dem bekanntlich der Spaß aufhört: beim Geld.

Die Ausgaben für die gemeinsame Agrarpolitik verschlingen noch immer weit über die Hälfte des Haushalts der Europäischen Union. Schon deshalb ist eine Reform hier unerläßlich. Hinzu kommt, daß die Praxis der Subvention von Erzeugerpreisen unter wettbewerbssystematischen Gesichtspunkten höchst fraglich ist, weil sie zur Überschußproduktion verleitet. Außerdem dürfte sie mindestens dem Geist, wenn nicht dem Buchstaben von Verpflichtungen widersprechen, die die EU im Rahmen der Welthandelsorganisation WTO bereits vor Jahren eingegangen ist. Nur der Vollständigkeit halber sei erwähnt, daß die Preispolitik des gemeinsamen Agrarmarktes auch im Widerspruch zu den elementaren Interessen von Verbrauchern und Steuerzahlern in der EU steht; und schließlich – last, but not least – sei noch der Hinweis erlaubt, daß das heutige System bereits durch den Beitritt Polens und Ungarns nicht mehr finanzierbar wäre. Andererseits erbringen die Landwirte mit ihrer Arbeit auch jenseits der reinen Erzeugung von Nahrungsmitteln wichtige Leistungen. Jeder europäischen Gesellschaft muß daran gelegen sein, daß sie dies auch weiterhin tun – auch und gerade dann, wenn sie, wie

235

etwa Bergbauern oder kleine Nebenerwerbsbetriebe, nicht in der Lage sind, Nahrungsmittel zu konkurrenzfähigen Weltmarktpreisen zu produzieren.

Was jedoch im einzelnen an landschaftspflegerischen oder umwelterhaltenden Leistungen von den Landwirten erbracht wird, ist Sache der jeweiligen Gemeinden und Regionen, nicht aber der europäischen Ebene. Wer also dafür plädiert, im Sinne eines Entgelts für die Pflege des ländlichen Raumes Landwirten jenseits der Erzeugung von Nahrungsmitteln Einkommensbeihilfen zu gewähren, der muß auch für die Rückverlagerung der Kompetenzen der Agrarpolitik von der europäischen auf die nationale Ebene (die diese Kompetenz wiederum weiterdelegieren kann) eintreten. Die bisherige, im Widerspruch zu WTO-Prinzipien stehende Praxis der durch die EU subventionierten garantierten Erzeugerpreise ist jedenfalls mit dem Subsidiaritätsprinzip nicht zu vereinbaren.

Um eine Rückverlagerung von Kompetenzen geht es auch bei der Reform der Strukturfonds, also der Regionalpolitik. Europäische Zuständigkeit sollte auf Extremsituationen, also zum Beispiel die Übergangsphasen der Osterweiterung, beschränkt werden. Daneben ist eine Kompetenz der europäischen Ebene allenfalls noch für grenzüberschreitende Regionalpolitik in den Euroregionen denkbar. Ansonsten muß es dem Ermessen der jeweiligen Mitgliedsstaaten überlassen werden, eigene Regionalpolitik zu betreiben. Mit diesem Prinzip haben wir in Deutschland, wo nach dem Grundgesetz Regionalpolitik Ländersache ist, gute Erfahrungen gemacht. Seit den fünfziger Jahren haben wir ein Kartellgesetz, und in der ganzen Zeit ist nie jemand auf die Idee gekommen, die jeweils von den Ländern praktizierte Regionalpolitik verstoße gegen das Wettbewerbsgesetz. Statt an eine europäische Zuständigkeit für Regionalpolitik wäre eher an einen begrenzten Finanzausgleich zu denken, der allerdings nur im Zusammenhang einer grundlegenden Reform der Finanzverfassung vorstellbar wäre.

Diese würde durch die skizzierten Reformen der Agrar- und Strukturpolitik erheblich leichter, weil dadurch die beiden wesentlichen Blöcke auf der Ausgabenseite der EU drastisch reduziert würden. Nur unter dieser Voraussetzung wäre dann auch die berechtigte Forderung nach Senkung des deutschen Nettobeitrages zu den EU-Finanzen zu verwirklichen. Bei konsequenter Anwendung des Subsidiaritätsprinzips stünden den Organen der EU lediglich die Mittel zu, die sie zur eigenverantwortlichen Wahrnehmung und Deckung ihrer spezifischen Unionsaufgaben benötigen. Das würde kurzfristig eine deutliche Reduzierung der Finanzzuweisungen von den Mitgliedsstaaten bedeuten. Auf der anderen Seite sollten zumindet die Ausgaben, die zum Beispiel von der Zustimmung des Europäischen Parlaments abhängen, auf der Grundlage eines eigenen Hebungsrechts des Parlaments eingenommen werden, um die unmittelbaren Verantwortlichkeiten für jedermann deutlich zu machen. Allerdings sollte eine solche Zuständigkeitsübertragung bis zu dem Zeitpunkt aufgeschoben werden, an dem die Verantwortung des Parlaments gegenüber der Bevölkerung in Europa ebenso stark wahrgenommen wird wie heute die der nationalen Parlamente. Ohne einen solchen öffentlichen Kontrolldruck auf das Europäische Parlament wäre nach aller Erfahrung die Versuchung unwiderstehlich groß, tendenziell immer höhere Abgaben zu beschließen. Solange solcher Druck nicht gesichert ist, muß die EU vorläufig weiterhin – zusätzlich zu den Einnahmen aus Zöllen und Agrarabschöpfungen – durch die Beiträge der Mitgliedsstaaten finanziert werden. Deren Anteil an den nationalen Steuern sollte allerdings explizit ausgewiesen werden.

Diese kurze Skizze des Problem- und Diskussionsstandes bei der »Agenda 2000« macht die Mühsal deutlich, Integration und Subsidiarität nicht nur im Sinne der Effizienz, sondern auch der Schaffung von Legitimität in ein verträgliches und dennoch dynamisches Verhältnis zu bringen. Europäische Integration, will sie gelingen, ist, das liegt in der Natur ihrer

Wechselbeziehung zum Nationalstaat, auf Balance angewiesen. Für europäische Politik heißt dies, daß sie ihre Legitimation wesentlich aus ihrer Struktur gewinnen muß. Nation stiftet Identität und ist damit auf absehbare Zeit die entscheidende Legitimationsinstanz. Das Bauprinzip Europas muß sich das zunutze machen und dem Gedanken des Föderalismus folgen. Föderalismus ist organisierte Subsidiarität. Deutschland hat mit dem föderalen System gute Erfahrungen gemacht. Föderalismus ist die beste Vorkehr gegen die zentralistische Regelungswut eines supranationalen Europas. Eine föderale Struktur schafft Raum für die Verwirklichung regional differenzierter Lebensentwürfe und eröffnet eine Vielzahl von Möglichkeiten für politisches Handeln in der Demokratie. Eine föderale Ordnung setzt voraus, daß öffentliche Angelegenheiten von der regionalen Gemeinschaft selbst geregelt werden. Nur wenn die Möglichkeiten dafür nicht ausreichen, sollen sich der jeweilige Staat oder die Europäische Union damit befassen. Das ist der Kern des Subsidiaritätsgedankens, der aus der katholischen Soziallehre in das Werk der europäischen Einigung übernommen wurde.

Subsidiartiät hat also anders gesagt zwei Seiten: Grundsätzlich gilt der Vorrang für die kleinere Einheit, jedes Problem soll auf der niedrigsten möglichen Ebene geregelt werden. Allerdings gilt eben auch, daß jede Frage dort entschieden und geregelt werden soll, auf der dies am effektivsten und effizientesten geschehen kann. Daraus ergibt sich, daß es neben lokalen, regionalen und nationalstaatlichen Kompetenzen eben auch solche auf europäischer Ebene geben muß, wenn dort die beste Problemlösungskompetenz für das jeweilige Problem vorhanden ist. Was jedoch weitgehend fehlt, ist einerseits eine klare und transparente Zuordnung von Kompetenz und Verantwortung, andererseits Entscheidungs- und Handlungsfähigkeit auf jeder Ebene hinsichtlich der ihr zugewiesenen Aufgaben. Von beidem wird man nicht sagen können, es sei in der heutigen europäischen Wirklichkeit bereits optimal realisiert.

Allein die konsequente Anwendung des Subsidiaritätsprinzips bietet jedoch hinreichend Gewähr, daß wir auf die Herausforderungen der europäischen Zukunft in angemessener Form reagieren können. Dabei sind auch die ganz unterschiedliche Traditionen von Rechtsetzung und Rechtsanwendung in den verschiedenen europäischen Ländern zu bedenken. Sie führen zwangsläufig zu immer detaillierteren Einzelregelungen, um Einheitlichkeit sicherzustellen. Gerade auch deshalb ist mit europäischer Regelungszuständigkeit so zurückhaltend wie möglich umzugehen, wenn Europa nicht in einem Meer von Bürokratie ertrinken soll. Das gilt sowohl aktuell für die Fragen der »Agenda 2000« als auch für weiter in der Zukunft liegende Aufgaben. Dabei wird man sich vor der akademisch-philosophischen Wunschvorstellung hüten müssen, es seien ideale, auf dem Reißbrett entworfene europäische Zukunfts- oder Verfassungsentwürfe unmittelbar und von heute auf morgen in praktische europäische Politik zu übersetzen. Subsidiarität und Föderalismus sind als Wegweiser wichtig, damit wir in Europa wissen, in welche grundsätzliche Richtung wir uns bewegen. Allerdings kann man auch diese Prinzipien nicht wie eine Monstranz vor sich hertragen, sondern wird – wie auf allen anderen Gebieten der politischen Wirklichkeit auch – mit noch nicht perfekten Lösungen leben müssen und pragmatisch lieber kleine Fortschritte in die richtige Richtung erzielen, als energisch im Stillstand verharren, weil die ideale Welt der Blaupause nicht sofort zu erreichen ist. Gerade im komplexen und mitunter allzu unübersichtlichen Feld der europäischen Politik, die immer wieder des Konsenses ihrer Mitglieder bedarf, ist der Kompromiß das bestimmende Konstruktionsprinzip. Um ihn zu finden, ist ein klarer Kompaß vonnöten, der im Gestrüpp der Einzelfragen und im Dickicht der Regelungen die ausgelegten Fallen und Fußangeln zu umgehen hilft und auch im dichtesten Nebel Richtung halten läßt.

Da das Subsidiaritätsprinzip in seiner praktischen Umsetzung noch sehr zu wünschen übrigläßt, gibt es in der Debatte über die Legitimität Europas heute eine gewisse Neigung, weniger Fragen der Problemlösungskomptenz und der Effizienz zu betrachten, als sich mit einem vorgeblichen Demokratiedefizit der Europäischen Union zu befassen. In der Tat: Demokratische Legitimität ist in der Europäischen Union ein knappes Gut. Rechtsetzung findet auf europäischer Ebene im wesentlichen durch die Vertreter der mitgliedsstaatlichen Exekutive im Ministerrat im Zusammenwirken mit der Kommission statt. Die Kompetenzen der Kommission sind erheblich; sie verfügt über ein Budget von 85 Milliarden ECU und kann Teile davon in eigener Verantwortung ausgeben, ohne darüber Rechenschaft ablegen zu müssen. Für die nationalen Parlamente sind Ministerrat und Kommission – bei allem Respekt vor der Arbeit unseres Europaausschusses – nur schwer zu kontrollieren.

Das Europäische Parlament wird zwar seit 1979 direkt gewählt, es hat jedoch nur begrenzte Mitwirkungsrechte und füllt lediglich zum Teil die Funktionen aus, die einem Parlament, wie es alle Europäer aus dem Bezugsrahmen ihrer nationalstaatlichen Demokratien kennen, zukommen. Die Lebenswelt der Menschen in Europa erreicht das Europaparlament mit seinen Entscheidungen nicht immer. Ein gravierendes Problem ergibt sich dabei aus der Frage der Repräsentation. Das Europäische Parlament kann nicht repräsentieren, was es noch nicht gibt: das europäische Volk, die europäische Öffentlichkeit.

Wegen ihrer Gesetzgebungskompetenz braucht die Europäische Union aber zwingend parlamentarische Legitimation und Kontrolle auf der jeweiligen Entscheidungsebene. Hier liegt eine Hauptaufgabe für die dringend notwendigen institutionellen Reformen. Die Rolle des Europäischen Parlaments muß deshalb gestärkt werden. Sinnvoll wäre ein in seiner Mitgliederzahl begrenztes und dadurch überschaubares Europäisches Parlament, das insbesondere gegenüber der

Kommission mit klaren, einsichtigen Rechten ausgestattet sein muß. Überschaubare Größe ist stets eine wesentliche Voraussetzung für Effizienz. Mit steigender Zahl der Mitglieder der Europäischen Union wird es indes für das Parlament immer schwieriger werden, diesem Anspruch zu genügen. Doch die Alternative zum Europaparlament, eine kollektive erste Kammer mit Vertretern aus den nationalen Parlamenten, wäre eine Sackgasse für den Einigungsprozeß und ließe die Versuchung zu nationalen Eigenwegen erneut triumphieren. Die nationalen Parlamente sind ohnehin an den meisten europäischen Legitimationsfragen beteiligt: insbesondere dann, wenn es um die Übertragung von Zuständigkeiten geht, um die parlamentarische Zustimmung zur Ratifizierung oder überall dort, wo die Vertretungen der Mitgliedsstaaten etwa bei der Wahrnehmung von »opting-out«-Klauseln eigenständige Entscheidungsspielräume wahren.

Bei der Formulierung einer europäischen Verfassung kann das oft beklagte »Demokratiedefizit« auch dadurch behoben werden, daß die Kommission stärker europäisch, also durch das Parlament legitimiert wird. Auf diesem Weg könnte übrigens auch der entscheidende Mangel des Europäischen Parlaments behoben werden – das Manko nämlich, trotz aller in Amsterdam erreichten Fortschritte im Hinblick auf seine Kompetenzen letztlich für die Machtfrage in Europa irrelevant zu sein.

Eine höchst spannende Variante wäre dabei zum Beispiel, daß die Parteien künftig bei Europawahlen stärker auf das personale Element setzen. So könnten sie mit einer Art Spitzenkandidaten antreten, der ihr Kandidat für das Amt des Kommissionspräsidenten wäre. Ein solcher Schritt würde zum einen die Kommission, deren Präsident von den Regierungschefs vorgeschlagen wird, während dem Parlament lediglich eine Zustimmungspflicht verbleibt, stärker als bisher demokratisch legitimieren. Zum anderen würde eine solche Stärkung des Parlamentes und auch des personalen Elementes bei seiner Wahl erheblich zur Schaffung einer europäischen Öffentlichkeit und damit mittelfristig zur Verbesserung der Identität in Europa beitragen. Allerdings sind auch die Haken dieser Idee nicht zu übersehen. Solange die nationalen Parteien mit ihren europäischen Schwestergruppierungen nur in mehr oder weniger lockeren Verbänden zusammengeschlossen sind, es folglich so etwas wie eine europäisch-christdemokratische, europäisch-sozialdemokratische Identität und dergleichen mehr nur sehr eingeschränkt gibt, ist es schwer vorstellbar, wie ein direkt zu wählender Kommissionspräsident zu einer Mehrheit kommen könnte. Dazu müßte dann wohl die ganze Kommission vom Parlament mitbestimmt werden, damit genügend »Einigungsmasse« für Koalitions- und damit Mehrheitsbildungen gegeben wäre. Man sieht, welch schwierige Fragen jeder Reformansatz aufwirft – um so wichtiger ist es, daß die öffentliche Debatte darüber begonnen wird.

Identität und Grenzen:
Die unverzichtbare Rolle der Nationen

Immerhin zeigen solche Gedankenspiele auch, daß im nach wie vor zu konstatierenden Mangel an gemeinsamer europäischer Identität eines der entscheidenden Defizite des gemeinsamen europäischen Projektes liegt. Die Menschen identifizieren sich mit ihren Staaten. In der Nation erfahren sie, daß Staatsbürger sein mit Rechten und Pflichten verbunden ist. Europa verfügt insoweit bis heute überwiegend nur über mittelbare, durch die Nationalstaaten vermittelte Identität und Legitimität. Die Begründung politischer Herrschaft aus dem Prinzip der Nation ist genuin europäisch. Der Nationalstaat ist im immer enger zusammenwachsenden Europa des ausgehenden zwanzigsten Jahrhunderts die vorherrschende politische Realität. Er wird auch im Europa des 21. Jahrhunderts als subsidiär bestimmende Organisationsform erhalten bleiben. Im Sinne unterschiedlicher legitimitäts- und identitätsstiftender Ebenen behält er auch in einer Politischen Union seine prägende Funktion. Das Gewaltmonopol wird noch lange nur im nationalen Rahmen uneingeschränkt von den Menschen akzeptiert und im Gegenzug auch nur dieser erfahrbaren Ebene vom Souverän, dem Staatsvolk, zugebilligt werden. Im übrigen werden weder die Traditionen und Sprachen noch die verschiedenen Küchen und Kulturen glattgeschliffen. Dennoch wird der Europäischen Union als politischer Gemeinschaft zunehmend Identität zuwachsen, und zwar um so schneller, je besser die europäische Ebene angesichts der globalen Herausforderungen ihre Problemlösungs- und Steuerungskompetenz beweist und dies auch von den Menschen so wahrgenommen wird. Das Empfinden gemeinsam bewältigter Herausforderungen hat positiv prägende Funktion. Gerade deshalb war das europäische Versagen in Bosnien so katastrophal.

Gleichwohl ist eine wichtige Voraussetzung noch nicht erfüllt: Es fehlt eine europäische Öffentlichkeit, aus der sich ein Gefühl der Zugehörigkeit entwickeln könnte. Vor der letzten Europawahl gab es einmal für ein paar Monate ein Kooperationsprojekt einiger großer Tageszeitungen aus Deutschland, Frankreich, Italien und Großbritannien. Das war ein interessanter Ansatz in diese Richtung; eine dauerhafte Institution ist daraus nicht geworden. Die Völker Europas streben nach einer »immer engeren Union«, leben aber noch immer in weitgehend abgeschotteten Kommunikationsräumen, in denen ganz eigene Themen diskutiert werden und zwischen denen wenig Austausch stattfindet. Die Debatten des Europäischen Parlaments werden von den fünfzehn nationalen Öffentlichkeiten weitgehend ignoriert; im Bekanntheitsvergleich hat es fast jeder Europaabgeordnete gegenüber seinen Kollegen aus Bund, Land und Kommune wohl sehr schwer. Identitätsstiftend ist das alles nicht.

Natürlich kann eine europäische Identität nicht künstlich von oben übergestülpt oder verordnet werden. Dennoch bewirkt die Tatsache einer gemeinsamen Währung so etwas Ähnliches: Zwar gibt es keine gemeinsamen Zeitungen und nur rudimentär gemeinsame europäische Fernseh- oder Rundfunkprogramme, eines aber wird für die Mehrzahl der Europäer in Kürze gleich sein – sie werden die gleichen Münzen und Geldscheine in ihren Brieftaschen tragen. Die gemeinsame Währung wird also vielleicht mehr als alles andere auf Dauer dazu führen, so etwas wie eine europäische Öffentlichkeit zu schaffen. Einen vergleichbaren Effekt hätte vielleicht allenfalls eine europäische Armee, über deren Notwendigkeit im vorangegangenen Kapitel gesprochen wurde.

Rainer Lepsius hat recht, wenn er von der fortgesetzten Wahrnehmungs- und Verständigungsstruktur der europäischen Völker spricht. Europa muß Kommunikations-, Erfahrungs- und Erinnerungsgemeinschaft werden, auf die sich ein einheitliches europäisches Bewußtsein gründen kann. Hier kann und muß schon die Bildungspolitik ansetzen. In unseren Schulen und Universitäten wird Geschichte und Literatur immer noch zuvörderst im Rahmen des nationalen Kanons gelehrt und begriffen. Auch – oder gerade? – in der Zeit des Massentourismus haben sich nationale Klischees erhalten. Eine europäische Zeitung gibt es nicht, und die Bereitschaft, Fremdsprachen zu lernen, hält mit dem Tempo der Globalisierung nicht Schritt. Bis wirklich eine gemeinsame europäische Öffentlichkeit entsteht, wird wohl noch geraume Zeit vergehen. Erstaunlich ist in diesem Zusammenhang das Versagen der Intellektuellen. Ludger Kühnhardt und Hans-Gert Pöttering haben schon vor Jahren beklagt, daß man den »europäischen Intellektuellen« vergeblich suche. »Wenn wir an die Rolle der Intellektuellen als Führungselite bei der Formulierung kollektiver Identitäten denken, dann fällt auf, wie wenig sie an der Herausbildung einer kollektiven Identität der Europäischen Gemeinschaft beteiligt sind.« Selbst die Einführung

244

der gemeinsamen Währung hat, soweit es etwa die deutsche Szene betrifft, eine eher schwache und oberflächliche Resonanz gefunden. Es mag ja sein, daß viele der intellektuellen Helden der siebziger und achtziger Jahre immer noch unter dem Zusammenbruch des Sozialismus leiden, der sie ihrer schönsten Spielwiese beraubt hat. Aber wenn nicht einmal die seither stattfindenden ungeheuren Veränderungen in der Welt die kulturellen Eliten zu Betrachtungen und Diskussionen über Demokratie, Menschenrechte und globale Entwicklungen herausfordern, muß das Besorgnis über ihren Zustand auslösen. Dabei sind gerade die philosophischen Grundlegungen von Menschenrechten und Demokratie europäisches Erbe, ein wesentlicher Bestandteil abendländischer Geistesgeschichte, und es wäre mehr als nur opportun, ihre Gültigkeit unter den Bedingungen der Globalisierung zu überprüfen und wenn nötig neu zu fundieren. Doch dazu schweigt weithin der vormals kritisch sich nennende Intellektuellen-Geist.

Dabei gibt es Fragen, die einer derart vertieften Diskussion dringend bedürften. Denn das Problem einer sich herausbildenden europäischen Identität ist untrennbar verbunden mit der Frage, wo Europa endet. Oder positiv ausgedrückt: Wer gehört zu Europa? Jean Monnet hatte darauf eine einfache und klare Antwort: Jedes europäische Volk, das zu Europa gehören will und demokratisch regiert wird, gehört auch dazu. So richtig das grundsätzlich ist, so vielschichtig erweist sich der konkrete Einzelfall. Europa geographisch, Europa geopolitisch, Europa kulturell – das muß nicht unbedingt immer dasselbe sein. Die zugespitzte These, daß ein Land, das fraglos zu Europa gehört, damit noch lange nicht kompatibel zur Europäischen Union sein muß, hat möglicherweise nicht nur unter ökonomischen Konvergenzgesichtspunkten ihre Berechtigung.

Intellektuelle könnten eine solche Diskussion viel unbefangener führen als die politische Elite, die sich nicht folgenlos auf dem heiklen Feld von Benotung und möglicher Ausgrenzung bewegen kann. Daß die EU kein Closed-shop-Unternehmen sein darf, ist unter den Mitgliedsländern unbestritten. Doch jede Erweiterung trifft auf unterschiedliche Bewertungen. Wir Deutschen zum Beispiel, die wir für Teilungen und ihre Folgen besonders sensibel sind, treten nachdrücklich dafür ein, die Chance zu ergreifen, die die Öffnung der Europäischen Union für neue Mitglieder in der Mitte und im Osten unseres Kontinents bedeutet. Unter Stabilitätsgesichtspunkten, wie sie im vorigen Kapitel bereits behandelt worden sind, ist dieser Weg ohnehin richtig und ohne Alternative. Es wäre verhängnisvoll, wenn östlich der Linie Stralsund – Frankfurt/Oder – Görlitz eine neue Wohlstandsgrenze zementiert würde. Deutschland hat aber auch aus seiner Verantwortung vor der Geschichte hier Prioritäten zu setzen. Sollen die Menschen in Stettin, Eger, Preßburg oder Laibach dafür bestraft werden, daß sie bei Kriegsende aufgrund von Absprachen der Anti-Hitler-Koalition in die sowjetische Einflußzone geraten sind und deshalb über vier Jahrzehnte zum politischen Europa nicht dazugehören konnten? Ihre kulturelle Zugehörigkeit zu Europa steht dabei außer Frage. Insofern ist es folgerichtig, daß die Europäische Union Beitrittsverhandlungen mit Polen, Tschechien, Ungarn, Estland und Slowenien führt.

Andere können in einer zweiten Osterweiterungsrunde hinzukommen: Lettland und Litauen, Rumänien, Bulgarien und die Slowakei, möglicherweise in fernerer Zukunft auch weitere Staaaten auf dem Balkan. Bis dahin müssen wir versuchen sicherzustellen, daß sie nicht zurückfallen, nicht nachlassen in ihren Reformbemühungen und eben nicht (wieder) in instabile Situationen geraten oder gar zu Krisenherden werden.

Aber verträgt die Europäische Union diese Erweiterung? Überfordert sie nicht ihren bisher erreichten Zusammenhalt und ihr Integrationsvermögen? Hinter diesen Fragen nistet der Streit um den Vorrang von Vertiefung der politischen Integration oder von Erweiterung. Dabei geht es natürlich auch um die Notwendigkeit der institutionellen Reformen, ohne die eine erweiterte Gemeinschaft ihre Handlungsfähigkeit nicht wird bewahren können. Natürlich spricht eine gewisse Logik dafür, zunächst den Prozeß der politischen Integration weiter voranzutreiben, weitere wesentliche Politikbereiche zu vergemeinschaften und die gemeinsame Politik institutionell abzusichern. Das Argument, erst danach sei die EU aufnahmefähig für neue Mitglieder, hat jedenfalls Gewicht. Andererseits, und dieses Argument ist nur scheinbar schwächer, macht die Vorstellung von einer »Festung Europa«, vor deren dicken Mauern sich arme Völkerschaften drängen und um Einlaß oder Almosen betteln, eher frösteln. Denn wieviel Zeit läßt die Geschichte dieser EU noch, um sinnvoll steuernd und stabilisierend in Entwicklungen einzugreifen, die um sie herum ablaufen? Das auf den ersten Blick unlösbar erscheinende Problem relativiert sich deshalb nicht nur unter dem Gesichtspunkt des Flickenteppichs, dessen Haltbarkeit ohne solche Subnetze, wie die Erweiterung sie knüpft, auf jeden Fall schwächer wäre. Eine solche Schwächung würde sich auch auf die Resistenz der EU gegen Krisen auswirken. Die Lösung läßt sich auch integrationsverträglich gestalten, indem Erweiterung und Vertiefung nicht als sich ausschließende Alternativen verstanden werden, sondern als zwei Seiten derselben Medaille.

Der Amsterdamer Vertrag eröffnet diese Möglichkeit durch eine Generalklausel zur Flexibilisierung der Zusammenarbeit. Noch im September 1994 haben mein Fraktionskollege Karl Lamers und ich mit einem Papier zur Problematik der Entwicklungsdynamik in der EU heftige Diskussionen ausgelöst, weil wir genau diese Forderung erhoben haben mit dem Argument, das langsamste Schiff dürfe nicht das Tempo des gesamten Geleitzuges bestimmen. Die häufig als »Kerneuropa-Konzept« bezeichnete Idee einer »variablen Geometrie« ist zwar schon älteren Ursprungs – Giscard d'Estaings Europaminister Jean-François Deniau hat sie Ende der siebziger Jahre in die Diskussion gebracht. Doch das ihr innewohnende Element des Imperfekten ist erst durch die von uns angestoßene Debatte in seinen gestalterischen Vorzügen erkannt worden. Die Amsterdamer Generalklausel erlaubt es künftig denjenigen, die dazu willens und in der Lage sind, auf einzelnen Politikfeldern schneller gemeinsam voranzuschreiten – also eine integrierte, abgestimmte, auf nationale Souveränität verzichtende, eben eine europäische Politik zu betreiben, ohne daran von Skeptikern, Bremsern oder Fußkranken gehindert zu werden. Das Prinzip der flexiblen Integration, das wir gefordert haben und das die Bundesregierung gemeinsam mit unseren Partnern gegen manchen Widerstand durchgesetzt hat, ist für die Bewahrung der politischen Handlungsfähigkeit in einer Europäischen Union mit heute fünfzehn, bald aber mehr als zwanzig, in nicht allzu ferner Zukunft vielleicht gar dreißig Mitgliedsstaaten unabdingbar. Die Einführung der gemeinsamen Währung war im Prinzip die Feuertaufe dieses Konzepts, das sich angesichts der Erweiterungsproblematik erneut bewähren kann.

Eine Gefahr, die sich aus der differenzierten Integration ergibt, soll an dieser Stelle allerdings nicht verschwiegen werden: das mögliche Auseinanderdriften von *Ins* und *Outs*. Tony Blair hat sie beim Gipfeltreffen der europäischen Staats- und Regierungschefs im Dezember 1997 klar erkannt, als er mit aller Macht versuchte, Großbritannien Sitz und Stimme in dem Gremium zu sichern, in dem die wirtschafts- und finanzpolitischen Entscheidungen derjenigen Mitgliedsländer der EU künftig abgestimmt werden sollen, die am 1. Januar 1999 die gemeinsame europäische Währung einführen – obwohl Großbritannien aus eigenem Entschluß und zum Bedauern der anderen vorerst nicht an der Währungsunion teilnimmt. Sollte auch in anderen Bereichen der Integration das Vorangehen einer Gruppe von EU-Staaten ernsthaft befürchten lassen, daß andere schlicht abgehängt werden, empfiehlt es sich, über Möglichkeiten einer Anbindung nachzudenken. Ernstgemeintes Ziel dieser Anbindung müßte es allerdings sein, auch jene Partner an die höhere Integrationsstufe heranzuführen. Auf diese Weise ließen sich auch ähnliche Probleme bei der Erweiterung der EU entschärfen.

Das »Kerneuropa-Konzept«, das auch dem schon öfter angesprochenen Mehrebenenmodell für die Entwicklung der europäischen Einigung entspricht, macht also die kritischen Integrationsfragen bei der Erweiterung der EU beherrschbar. Das betrifft aber im wesentlichen die materiellen Konvergenzprozesse. Die geistigen lassen sich damit nur bedingt erfassen. Aber genau da verlaufen die Bruchlinien im Projekt Europa. Denn es gibt, auf den Punkt gebracht, einen entscheidenden Zusammenhang zwischen Identität und Grenzen. Gerade als politische und auch als politisch handlungsfähige Gemeinschaft braucht die Europäische Union ein möglichst hohes Maß an Identität. Zugleich muß sie diese Identität immer wieder stiften. Das europäische Haus verträgt nicht unbegrenzt neue Stockwerke, ohne das Fundament zu gefährden. Eine besonders ernsthafte Gefährdung würde darin liegen, wenn man sich über die Grenzen der Gemeinschaft nicht klar wäre – und andere Grenzen als die der Geographie werden sich schwerlich definieren lassen.

Es hat wenig Sinn, diplomatisch um den heißen Brei herumzureden und Illusionen und Erwartungen dort am Leben zu erhalten, wo sie nicht angebracht sind und die Wahrheit um so schmerzlicher wäre, je später sie ausgesprochen würde. Insofern gilt es, Sonderfälle in unserer Nachbarschaft zu bedenken und kreative Lösungen für solche Staaten zu finden, die zumindest auf lange Zeit nicht Mitglied der Europäischen Union werden können – eben weil ihr Beitritt die Identitätsfindung überfordern würde und damit sogar desintegrierend wirken könnte. Als Ausweg bietet sich an, zu Ländern, die teilweise, aber eben nicht ganz zu Europa gehören – wie die Türkei, aber auch Rußland und zumindest mittelfristig die Ukraine –, ein besonderes Beziehungsgeflecht zu schaffen. Ihnen allen muß man ehrlich sagen, daß eine EU-Mitgliedschaft für sie noch auf lange Zeit nicht in Frage kommt, schon aus Gründen der inneren Kohärenz, der inneren Balance und auch der Handlungsfähigkeit der Union. Aber nichts spricht dagegen, sie im Sinne des Flickenteppichs zum Beispiel durch einen auf den jeweiligen Einzelfall zugeschnittenen privilegierten Status für besonders enge Kooperation an den Flicken Europa anzubinden. Die dadurch erzielte stabilisierende Wirkung könnte dazu führen, daß von diesen Ländern aus weitere Subnetze entstehen und in das globale Muster eingefügt werden können.

Wieviele Fußangeln und Tretminen auf diesem Feld herumliegen, zeigt das Beispiel Türkei. Hätte es noch eines Beweises dafür bedurft, wie sensibel die Beziehungen sind, hätten die wütenden Reaktionen in Ankara nach dem EU-Gipfel im Dezember 1997 ihn geliefert. Die Türkei ist das Land, das am längsten einen Aufnahmeantrag gestellt hat, um Mitglied der Europäischen Union zu werden. Der Umgang damit ist deshalb so schwierig, weil in diesem Fall die europäische Identitätsfrage und das Erfordernis regionaler Stabilisierung hart aufeinanderprallen. Aus innertürkischen Gründen müßte man das Beitrittsgesuch besser heute als morgen positiv bescheiden und zügig Aufnahmeverhandlungen beginnen. Die prowestliche Strömung im Lande würde dadurch gestärkt, antidemokratische Kräfte gerieten in die Defensive, und vermutlich würde auch die Menschenrechtssituation verbessert.

Wenn dennoch für die absehbare Zukunft davon auszugehen ist, daß die Türkei nicht Mitglied der Europäischen Union werden kann und wird, dann liegt dies nicht in erster Linie am Kurdenproblem, an den Menschenrechtsverletzungen oder an Fragen des Demokratiedefizits. All dies – die historischen Beispiele belegen es – würde vermutlich im Prozeß der Beitrittsverhandlungen beseitigt oder zumindest wesentlich zum Besseren gewendet werden. Aber in der Abwägung der Vor- und Nachteile wiegt etwas anderes schwerer: Die Union würde aus inneren Gründen vermutlich eine Erweiterung um die Türkei

250

gegenwärtig nicht aushalten. Das hat nichts mit all den Vorwürfen von Engstirnigkeit und Hochmut zu tun – um nur die harmlosesten zu nennen –, zu denen sich die Türkei aus verletztem Stolz hat hinreißen lassen. Der eigentliche Grund ist, daß Europa, das ohnehin in den kommenden Jahren schweren Belastungsproben ausgesetzt sein wird, sich nicht auch noch zusätzlich eine Zerreißprobe im Hinblick auf seine innere Kohäsion zumuten darf. Das Projekt kann nur erfolgreich sein, wenn Europa im Inneren eine Identität aufbaut, die Bindekraft entwickelt. Im Fall der Türkei markiert die kontinentale Grenze deshalb auch eine Identitätsgrenze. Darin unterscheidet sich die EU dann eben doch von der NATO ganz fundamental.

Da eine entscheidende Grundlage europäischer Integration das gemeinsame zivilisatorische Erbe unserer Geschichte ist, darf keine Erweiterung dieses gemeinsame Bewußtsein und damit die Grundlage für Identität sprengen. Auf das gemeinsame zivilisatorische Erbe gründet sich auch unsere Verantwortung für die Welt im 21. Jahrhundert. Zwar wird auch im neuen Jahrtausend am europäischen Wesen nicht die Welt genesen, aber europäische Erfahrung, gerade auch leidvolle Erfahrung, kann doch bei der Bewältigung der Herausforderungen, vor die uns die Globalisierung stellt, ein hilfreicher Wegweiser sein. Und dies ist nicht nur eine Frage der europäischen Selbstbehauptung. Wir müssen uns mit unserem Anspruch, der eigentlich eher ein Angebot an andere Kulturen ist, nicht verstecken: Die europäische Geschichte ist nun mal eine der erfolgreichsten, wenn es um Entdeckungen, Entwürfe und Umsetzungen der zivilisatorischen Menschheitsideen von Freiheit, Demokratie und Menschenrechten geht. Der Westen kann und darf niemand zwingen, nach seinen Werten und politischen Ordnungsvorstellungen zu leben. Auf Dauer aber, wenn wir in Europa im Bewußtsein unserer Geschichte und unserer Tradition fortschreiten, wird unser gelebtes Vorbild ansteckend wirken.

251

Europa hat Erfahrungen anzubieten, die man nutzbar machen sollte. Es spricht vieles dafür, daß dem europäischen Kontinent in seiner kulturellen Vielfalt und aufgrund der Integrationsleistungen seiner politischen Kultur eine Schlüsselrolle bei der Vermittlung zwischen den Kulturen zuwächst. Europa hat eine lange Tradition sowohl der konfliktarmen als auch der konfliktträchtigen Nachbarschaft, und Europäer verfügen daher über vielfältige Erfahrungen darin, voneinander zu lernen und Spannungen zu bewältigen. Ein auf europäische Erfahrungen gegründetes Modell des Dialoges der Kulturen muß aber anerkennen, daß die von Europa ausgehenden Modernisierungsprozesse einen Zwang zur Selbstbehauptung anderer Kulturen ausgelöst haben.

Ob Europa aus sich selbst heraus eine Zukunft hat und ob wir in diesem Europa unsere Zukunft finden werden, hat nicht nur mit objektiven Tatbeständen wie gemeinsamer Wirtschaft, gemeinsamer Währung oder einer gemeinsamen Außen- und Sicherheitspolitik zu tun, die auch diesen Namen verdient. Mindestens genauso wesentlich ist die subjektive Seite, ist die Frage, ob die Menschen mitgenommen werden in diese Zukunft. Wir sollten uns keinen Illusionen hingeben: Die europäische Einigung wird für alle europäischen Völker eine womöglich noch größere Herausforderung sein, als es die Wiedervereinigung für uns Deutsche ist. Deshalb ist es für das Gelingen des Projekts Europa so ungeheuer wichtig, daß die Menschen sich damit identifizieren können, daß sie sich wiederfinden in der Politik der Europäischen Union, in den Entscheidungen der Kommission in Brüssel und des Europäischen Rates.

Das einzige, was uns dabei helfen kann, ist die vorbehaltlose Anerkennung der globalen Realitäten, aus denen sich die Elemente für den europäischen Bauplan ableiten lassen. Im Zuge rascher technischer und kultureller Entwicklungen verändern sich die Zuordnungsmuster der Gesellschaften und der Individuen mehr, als ihnen bewußt sein kann. Das Konstruktionsprinzip der europäischen Antwort darauf ist die Wiederentdeckung der Freiheit zur Bündelung von Kräften. Das begründet ihre Attraktivität. Manfred Henningsen, der als Politologe an der University of Hawaii die europäische Entwicklung aus der Distanz beobachtet, schrieb jüngst im »Merkur« (Heft 590): »So wie es im achtzehnten Jahrhundert kein Vorbild für eine territorial ausgedehnte Republik gab, fehlt es am Ende des zwanzigsten Jahrhunderts an Modellen für die EU. Es gibt aber heute in anderen Weltgegenden Beobachter, die auf die politische Entwicklung der Europäischen Union mit großer Faszination blicken, weil für sie die vorbildlose Entität bereits zum Vorbild neuer Politik geworden ist.«

Europa ist ein noch unvollkommenes, vielschichtiges, aber eben wegen seiner Modellhaftigkeit dynamisches Unternehmen, mit dem sich Zukunft gewinnen läßt. Und darum geht es.

Die Deutsche Bibliothek – CIP-Einheitsaufnahme

Schäuble, Wolfgang:
Und sie bewegt sich doch / Wolfgang Schäuble.
1. Aufl. – Berlin: Siedler, 1998
ISBN 3-88680-650-2

Der Siedler Verlag ist ein Unternehmen
der Verlagsgruppe Bertelsmann.

© 1998 by Wolf Jobst Siedler Verlag GmbH, Berlin

Alle Rechte vorbehalten,
auch das der fotomechanischen Wiedergabe.
Schutzumschlag: Venus & Klein, Berlin
unter Verwendung eines Fotos
von J. H. Darchinger
Satz: Bongé + Partner, Berlin
Druck und Buchbinder: GGP, Pößneck
Printed in Germany 1998
ISBN 3-88680-650-2
Erste Auflage